‖ 불교철학과 현대윤리의 만남 ‖

불교총서 12

불교철학과 현대윤리의 만남
The Buddhism and Contemporary Ethics

지은이   한자경
펴낸이   오정혜
펴낸곳   예문서원

편 집   김병훈
인 쇄   주) 상지사 P&B
제 책   주) 상지사 P&B

초판 1쇄   2008년 9월 20일
초판 2쇄   2010년 11월 15일

주   소   서울시 성북구 안암동 4가 41-10 건양빌딩 4층
출판등록   1993. 1. 7 제6-0130호
전화번호   925-5913~4 / 팩시밀리 929-2285
Homepage http://www.yemoon.com
E-mail   yemoonsw@empas.com

ISBN 978-89-7646-244-2 93150
ⓒ Han Ja-kyoung 2008 Printed in Seoul, Korea

YEMOONSEOWON #4 Gun-yang BD 41-10 Anamdong 4-Ga Seongbuk-Gu Seoul KOREA 136-074
Tel) 02-925-5914, Fax) 02-929-2285

값 18,000원

불교총서 12

불교철학과 현대윤리의 만남

한자경 지음

예문서원

지은이의 말

　불교를 논하려 할 때면 늘 마음속에 의혹이 일어난다. 석가가 설한 진리는 깊은 수행을 통해 스스로 증득해야 하는 것이지 범부의 언설분별을 통해서 밝혀질 수 있는 것이 아니지 않을까? 나를 위해서든 남을 위해서든 언어와 개념으로 왈가왈부하는 것이 무슨 의미가 있단 말인가? 그런데 여기서 내가 하고 있는 것, 그리고 할 수 있는 것은 단지 범부의 언설이고 분별일 뿐 그 이상이 아니다. 그럼에도 이렇게 글을 쓰는 이유는 무엇일까?

　그러면서 이런 생각을 해 본다. 범부가 범부이고 부처가 못되는 까닭이 언설과 분별로 얽혀 있기 때문이라면, 그 얽혀 있는 실타래는 가위로 잘라 버릴 것이 아니라 한 올 한 올 풀어야 하지 않을까? 땅에 걸려 넘어진 자는 땅을 딛고 일어서야 하듯, 언설로 얽힌 것은 언설로 풀어야 한다. 언설과 분별이 궁극 지점에서는 버려져야 할 것일지라도, 그 지점에 이르기까지는 불가피한 방편이다. 피안에 도달하여 버려질 뗏목이라고 그 뗏목을 아예 취하지도 않는다면 피안에 다가갈 수도 없지 않겠는가?

　그래서 나는 또다시 무아와 일심에 대해, 윤회와 해탈에 대해 생각하고 또 생각하면서 개념의 숲을 헤매고 다닌다. 이 지구상에 개념의 틀에 걸려든 미혹한 중생이 있다면, 그건 바로 우리 인간종이 유일할 것이다. 개념적 사유와 언어적 분별은 어쩔 수 없는 우리의 운명일지도 모른다. 이렇게 위안 내지 변명을 해 가면서 분별 가득한 이 한 권의 책을 세상에 내놓는다.

그러나 아무리 분별하고 분석해도 불교는 여전히 깨달음의 종교이다. 내적 깨달음보다는 외적 감각이, 자증적 확신보다는 객관적 논변이 더 중시되는 오늘날, 이 현대사회에서 불교가 갖는 의미는 무엇일까? 불교의 현대적 의미는 무엇일까? 오늘날 우리는 불교를 어떻게 이해해야 할까? 이것이 이 책 전체를 일관하여 내가 묻고 있는 근본물음이다.

불교의 '현대적 의미'를 발견하기 위해 사람들은 종종 현대의 과학적 세계관에 따라 불교를 재해석하는 작업을 시도한다. 2500년 전에 석가가 설한 진리가 현대의 자연과학적 진리와 일치한다는 것, 이것을 밝히는 것이 불교를 살리는 것이라고 여기는 것이다. 그런데 이것은 결국 종교를 과학의 잣대로 평가하겠다는 것이며, 일체 진리의 기준을 현대과학에 두겠다는 것이다. 그래서 흔히 불교 교리 가운데 현대과학과 비교적 잘 어울릴 수 있는 무아설은 수용되고 잘 어울리지 않아 보이는 윤회설이나 해탈설은 배제된다. 그러나 이런 식으로 종교를 현대과학의 기준에 따라서 재단하는 것이 과연 정당한가?

우리에게 필요한 것은 불교를 현대적 관점에서 읽어내는 것이 아니라 현대를 불교의 관점에서 읽어내는 것이 아닐까? 우리가 해야 할 것은 현대의 시대정신에 따라 불교를 해석하는 것이 아니라, 불교의 기본정신에 따라 현대의 시대정신을 비판하는 것이 아닐까? 그래야만 우리가 현대 너머에서 현대를 바라보며 현대가 안고 있는 문제들을 비판적으로 사유할 수 있지 않겠는가? 현대의 시대정신을 비판하고 넘어설 수 있게 하는 힘, 그것을 불교에서 구할 수 있을 때 비로소 참된 의미에서 불교의 '현대적 의미'가 살아나지 않겠는가?

　이런 생각에서 나는 불교를 현대의 관점에서 재해석하기보다는 불교를 불교 그 자체의 논리로 읽어 내고자 노력하였다. 불교 자체의 논리로 불교의 기본정신을 드러내는 것이 곧 불교의 현대적 의미를 밝히는 것이라고 보기 때문이다. 따라서 불교가 우리의 일반상식이나 현대과학의 주장과 일치하는 점을 찾아내려 하기보다는 오히려 그것과 다른 점이 무엇인지, 불교가 일반상식이나 과학지식을 넘어서서 우리에게 제시하는 통찰이 무엇인지를 밝혀 보고자 하였다. 불교를 서양철학과 비교하는 데에서도 둘 간의 공통점을 넘어서서 둘 간의 차이점을 밝히는 데에 주력한 것도 이 때문이다.

　이런 의도로 이 책을 구상하였지만, 전체의 글이 처음부터 하나의 책으로 기획되어 씌어진 것은 아니다. 이미 여러 학회지에 발표되었던 글들 가운데 '현재의 시점에서 불교를 어떻게 이해할 것인가', 이 물음 아래 묶일 수 있는 글들을 모으고 부족한 것을 보충해서 한 권의 책으로 엮어 보았다. 우선 불교의 가르침이 우리에게 하고자 하는 말은 무엇인지, 불교의 가장 기본적인 사유방법은 어떠한 것인지를 가능한 한 짧고 간단하게 오늘날의 우리가 알아들을 수 있는 말과 이해할 수 있는 논리로 설명해 보고자 하였다. 그것이 '제1장 불교의 근본사유'이다. '제2장 불교와 서양철학'에서는 불교를 보다 일반적인 철학적 지평에서 논하기 위해 동양의 불교와 서양의 현대철학을 비교하는 글들을 모았고, '제3장 불교와 현대윤리'에서는 현대사회에서 문제가 되는 생명과 윤리 그리고 생태학의 문제들을 불교적 관점에서 논하는 글들을 모아 보았다. 그리고 1장에서 논의된 무아와 윤회와 해탈에 관한 논쟁의 글들을 '무아론논쟁'이란 제목 하에 부록으로 덧붙여 놓았다.

나는 불교의 개념들이 불교의 전문용어로서 우리에게 낯선 것이 많지만 그 실질적인 내용은 불교전통의 우리에게 그렇게 낯선 것만은 아니라고 생각한다. 우리의 마음이나 삶 속에 이미 스며들어 있는 불교적 사고방식을 들추어내고 밝혀내는 것, 그것은 곧 나를 아는 것이고 역사 속의 우리를 아는 것이라고 본다. 마음이 불교에 머물러 있을 때의 편안함이 곧 몸이 우리나라 산속 절에 들어섰을 때의 편안함과 유사한 것도 그 때문이 아니겠는가?

2008년 8월 한자경

차례 불교철학과 현대윤리의 만남

지은이의 말 4

제1장 불교의 근본사유 13

1. 무아와 연기 15
   1. 어째서 무아인가 15
   2. 연기의 산물로서의 나 : 오온 16
   3. 경계의 무한한 확장 20
   4. 색즉시공의 진리 21
   5. 무아설의 지향점은 무엇인가 23

2. 공과 일심 25
   1. 무한과 공, 물질인가 마음인가? 25
   2. 무한에 이르는 길 28
   3. 공의 자기자각성 : 공적영지와 일심 31
   4. 일심과 신 33

3. 유식무경 36
   1. 식의 심층구조 36
   2. 아뢰야식의 전변 39
   3. 아뢰야식의 견분과 상분 40
   4. 아뢰야식과 일심의 관계 : 꿈의 비유 42

4. 본각과 시각 46
   1. 왜 깨어나지 못하는가 46
   2. 눈의 비유 47
   3. 물고기의 비유 49
   4. 말나식의 그릇된 분별과 집착 51

5. 윤회와 해탈 55
   1. 왜 윤회하는가 : 꿈의 비유 55
   2. 윤회의 길 57
   3. 해탈의 길 59
   4. 보살의 길 61

6. 상대와 절대 63
   1. 꿈과 환상 63
   2. 환상의 종류 64
   3. 환상의 구조 : '꿈꾸는 의식'과 '현실의 의식'의 동일구조 67
   4. 환상의 역설 69

제2장 불교와 서양철학   73

1. 불교와 독일관념론 — 공적영지와 지적 직관   75
   1. 본성의 자각에 관한 물음   75
   2. 마음의 본성 : 성   79
   3. 본성에 대한 무지 : 무명   88
   4. 본성의 확인 : 견성   96
   5. 윤리적 실천과 종교적 깨달음의 두 길   107

   최인숙 교수의 논평에 대한 답변   110
   윤세원 교수의 논평에 대한 답변   112

2. 불교와 마르크시즘 — 종교성과 소외   116
   1. 유한과 무한의 관계   116
   2. 마르크스의 종교비판   118
   3. 마르크스 종교비판의 문제점   124
   4. 불교와 소외의 문제   128
   5. 적극적 현실참여의 길은 무엇인가   131

   논평 : 불교적 인권사상과 그 실천방안 — 박경준 교수의「불성계발과 인권확장을 위한 현대적 방안」에 대하여   132

3. 불교와 현상학 — 유식의 아뢰야식과 후설의 초월자아   138
   1. 무엇을 비교할 것인가   138
   2. 현상학   140
   3. 유식철학   146
   4. 현상학과 유식철학의 비교   154
   5. 서양과 동양의 차이   158

제3장 불교와 현대윤리   161

1. 불교의 생명관 — 욕망과 자유의 갈림길   163
    1. 들어가는 말 163
    2. 윤회의 길 : 업력의 길 165
    3. 윤회를 벗는 해탈의 길 173
    4. 윤회를 완성하는 해탈의 길 : 불이법문 178
    5. 인간의 원 185

    안옥선 교수의 논평에 대한 답변 186

2. 불교의 생태학 — 현대의 체계이론에 대한 비판적 고찰   191
    1. 생태학적 위기상황과 불교 191
    2. 생태학적 관점에서 본 체계이론의 한계 195
    3. 불교의 생명관 201
    4. 생명의 자기 표출의 두 길 : 욕망과 자비 210
    5. 불교 생명관의 생태학적 함의 216

    임홍빈 교수의 논평에 대한 답변 219

3. 불교의 윤리관 — 불교의 불음계와 현대의 성윤리   225
    1. 간음, 왜 안 되는가 225
    2. 불교의 '계'란 무엇인가 228
    3. 소승비구계에서의 불음계의 의미 231
    4. 대승보살계에서의 불음계의 의미 236
    5. 보살 불음계의 현대적 의미 241

부록 : 무아론논쟁   247

1. 무아와 해탈의 문제: 정승석의 『윤회의 자아와 무아』에 대한 서평   249
   1. 무아설과 윤회설의 양립은 가능한가 249
   2. 『윤회의 자아와 무아』가 한국 불교학계에서 갖는 의미 251
   3. 『윤회의 자아와 무아』의 논지 정리 253
   4. 몇 가지 문제제기 257

2. 무아와 윤회의 문제: 김진의 『칸트와 불교』에 대한 서평   265
   1. 『칸트와 불교』의 의도 265
   2. 『칸트와 불교』의 논지 정리 267
   3. 몇 가지 문제제기 269

3. 무아와 윤회 그리고 해탈: 김진 교수의 반론에 대한 답변   275
   1. 무아론에 관한 김진 교수와의 논쟁 275
   2. 연기론의 위상 276
   3. 업의 상속 280
   4. 윤회 차원과 해탈 차원의 구분 282
   5. 불교적 무아설과 기독교적 요청설의 구분 288
   6. 사족 290

   김진 교수의 재반론에 대한 답변 291

찾아보기   295

제1장 불교의 근본사상

1. 무아와 연기

1. 어째서 무아인가

무아無我란 '자아는 존재하지 않는다'는 말이다. 그러나 나는 나의 몸이라는 경계를 따라 다른 사물이나 타자로부터 구분되어 있지 않은가? 또 나는 분명히 먼 과거로부터 오늘까지 하나로 이어지는 '나는 나다'라는 자기동일적인 자기의식을 가지고 있지 않은가? 그런데 어째서 그 나가 없다는 말인가? 도대체 불교는 왜 무아를 설하는가? 나에 집착하게 되면 그 '나'가 향유하고자 하는 돈이나 명예나 애인에 집착할 수밖에 없고, 그런 집착이 더 큰 욕망을 불러일으켜서 결국 어느 지점에서인가 좌절에 빠져 고통을 겪게 된다. 이런 고통을 없애기 위해 불교는 자아에 집착하지 말라고 설하는 것이다.

물론 나에게 진정 고통스러운 것은 향유할 돈이나 명예나 애인이 사라지는 것이 아니라 나 자신이 언젠가 무화된다는 사실 곧 '죽음'이겠지만, 그러한 고통도 결국은 '죽지 않을 나'에 대한 집착으로 인해 오는 고통일 뿐이다. 바로 그 집착만 버리면 고통스러워할 것도 없을 것이기에, 그래서 불교는 무아를 설하는 것이다.

그러나 사실, 자아 자체가 아예 없다는, 자아가 본래 무라는 '무아'의 주장이야말로 나의 향유대상의 소멸이나 나의 생의 끝인 죽음보다 오히려 우리에게 더 고통스럽고 더 당혹스러운 것일 터이다. 내가 본래 없는 것이라면 이렇게 살면서 괴로워하는 이것, 진리를 찾아 천길 벼랑 끝으로 나를 내몬 이것, 이것은 과연 무엇이란 말인가? 그냥 스치는 바람, 날리는 눈송이일 뿐인가? 내가 본래 없는 것, 무아이고 공空이라면, 그럼 그 공을 깨닫고자 하는 자, 그 공을 깨닫는 자, 그리고 이미 공을 깨달은 자 즉 부처는 과연 누구란 말인가? 깨닫기 위해서 누군가가 있어야 하지 않겠는가? 그 누군가가 있지 않다면 공이 어떻게 깨달아질 수 있다는 말인가? 공의 깨달음이 불가능하다면 부처는 무엇을 깨달았으며 나는 또 무엇을 깨닫고자 한다는 말인가?

2. 연기의 산물로서의 나 : 오온

불교는 우리의 자아의식이 허망하다는 것을 발견하였다. 우리가 흔히 나라고 생각하는 것은 몸과 마음의 결합체인 색色·수受·상想·행行·식識의 오온五蘊인데, 그 오온 안에서는 도저히 '이것이 바로 나다'라고 할 만한 것을 찾을 수 없음을 안 것이다.[1] 그래서 무상하고 고통스런 이 오온이 공이며 무아라고 설한다. 오온이 무아인 것은 그것이 자아라고 할 만한 핵으로부터 자라난 것이 아니라, 다른 무수한 중연衆緣들의 인연화합因緣和合의 산물이기 때문이다. 어떤 의미에서 그런가?

대지 위의 나무 한 그루가 기적처럼 의식을 갖게 되었다고 상상해 보자.

---

1) 五蘊의 蘊은 '쌓인 무더기'라는 뜻이다. 불교는 인간을 몸과 마음, 즉 물리적 色과 심리적 名의 결합으로 이해한다. 名을 더 분류한 것이 受(느낌), 想(지각), 行(의지), 識(인식)의 4온이며, 여기에 색을 더해 5온이 된다.

그러면 그 나무는 곁의 다른 나무나 주위의 공기와 흙, 물과 바람, 태양빛 등으로부터 자신을 구분하여 스스로를 경계지어진 자아로 의식하면서 '나는 나다'라는 자기의식을 갖게 될 것이다. 하지만 그 나무 밖에서 그것을 보는 우리는 안다. 그 나무는 본래 그 곁의 나무에 인연하고 있음을······. 그 곁의 나무에서 떨어진 씨 하나가 땅속의 양분과 물을 먹고 싹을 틔웠으며 바람과 공기와 햇빛을 취해 그 나무로 된 것임을······. 그 나무의 경계, 나무 자신과 자신 아닌 것으로 구획되는 그 경계는 고정되어 있지 않고 끊임없이 이동해 가는데, 그 이동을 관통하여 처음부터 끝까지 그 자신의 경계 안에 자기동일적인 것으로 남아 있는 것은, 그 '나'라고 칭할 만한 것은 존재하지 않는다는 것을 우리는 안다.

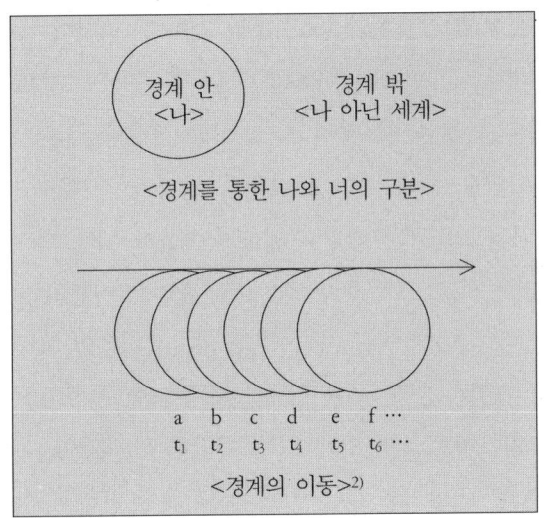

---

2) 이처럼 자신의 안팎을 결정하는 경계가 이동해 가다 보면 처음(t1)의 a와 마지막(t6)의 f에서처럼 상호간에 아무 공통점이 없게 될 수도 있지만, 그래도 우리는 a에서 f까지의 유사한 것들의 연속성에 입각해서 그들을 하나의 것으로 인식할 것이다. 서로 유사하다고 하여 그것들 전체를 관통하는 하나의 보편적인 무엇이 있으리라고 생각하는 것이 오류임을 비트겐슈타인은 '가족유사성' 개념을 통해 설명한다.

이렇듯 나무의 자기의식에 상응하는 자아란 존재하지 않는다. 그 나무의 자아의식은 허망한 것이다. 그래서 실제 나무는 그런 허황된 자기의식을 가지지 않는다.

그런데 인간은 그런 자아의식을 갖는다. 오온으로 보면 나무와 다를 바가 없는데도 말이다. 예를 들어 나는 배가 고프면 내 앞의 빵을 집어 먹는다. 빵을 먹는 나의 몸과 먹히는 빵은 나와 나 아닌 것으로 구분된다. 나는 나 아닌 빵을 먹는 것이다. 그런데 그 빵이 내 몸속에 들어가 소화가 되면 그 빵은 피가 되고 살이 된다. 내 몸이 되는 것이다. 이처럼 내 몸은 나 아닌 것이 나로 화한 것이다. 현재의 내 몸(색)은 과거 내 주위를 맴돌던 흙과 물과 불과 바람, 지수화풍地水火風의 사대四大가 나의 욕망을 타고 나의 경계 안으로 밀려들어와 나로 바뀐 것이다. 그것이 다시 나의 경계 밖으로 밀려나갈 때, 언제나 반복되는 나의 욕망은 그 다음의 공기와 물, 흙과 바람을 끌어들일 것이다.

마찬가지로 책을 통해 어떤 생각이나 관념을 접할 때, 나는 당연히 그것을 읽는 나와 그렇게 읽히는 관념을 구분한다. 나는 그 관념을 비판적으로 검토하기도 하고, 또 다른 사람이 그 관념을 비판하는 것을 들어도 아무렇지도 않다. 그런데 일단 나의 의식이 그 관념을 나의 것으로 소화해 내고 나면 그 관념은 결국 사유주체인 내가 되고 만다. 나는 그 관념에 따라 세상을 지각하고 해석하게 되는 것이다. 그 관념이 곧 내가 되어, 누군가 그 관념을 비판하면 나는 인격손상이라도 당한 듯 자존심이 상하게 된다.

나의 현재의 느낌(受), 지각(想), 의지(行), 인식(識)은 그처럼 현재 나의 경계 안으로 들어와 나의 마음(식)을 형성하면서 나로 되어 버린 것들이지만, 동시에 그것들은 과거 내 주위를 떠돌면서 내 마음을 출렁이게 하던 그의 느낌이고 그녀의 생각이고 그들의 의지이자 인식이었다. 이와 같이 경계는 그것들이 내 안으로 스며들고 다시 내가 그것들에게로 나아가는 끊임없는 유동 속에 놓여 있기 때문에 언제나 일관되게 경계 안에 자리잡고 있는 '나'란 찾아볼 수 없다.

결국 신체적인 면에서나 정신적인 면에서나 색·수·상·행·식의 오온 안에 본래 나라고 할 만한 것은 존재하지 않는다. 그래서 불교는 오온은 실체적 자아인 실아實我가 아니라 여러 인연이 화합하여 형성된 임시적 자아인 가아假我일 뿐이라고 말한다.

색은 물방울 같고
수는 물거품 같으며
상은 봄철 아지랑이 같고
행은 파초나무 같으며
식은 꼭두각시와 같다.3)

이는 자기 자신을 자아라고 구획짓고서 그 경계 안의 자아에 집착하는 것이 마치 실체 없는 물거품이나 아지랑이에 매달리는 것과 같이 허망한 일임을 강조하고 있다. 나는 원래 나 아닌 것들이 인연화합하여 형성된 연기緣起의 산물일 뿐이기 때문이다.4)

---

3) 『增一阿含經』제27권, 「第三十五邪聚品」, "色如聚沫, 受如水上泡, 想如春時焰, 諸行如芭蕉, 諸識法如幻."
4) 연기는 "~로 인하여(緣) 발생한다(起)"는 의미이다. 연기는 형식적으로 "이것이 있으므로 저것이 있다. 이것이 없으므로 저것이 없다" 등으로 표현되는데, 오온 내지 유정의 윤회과정을 내용적으로 설명하는 것이 12지연기이다. 12지연기에 대해서는 제5절 '윤회와 해탈'에서 상술한다.

3. 경계의 무한한 확장

이렇게 하여 흔히 나라고 여겨지는 오온의 실체성이 부정되면서 자아는 상호인과성이라는 연기적 관계 속으로 해체된다. 한 그루의 나무가 그 나무 밖의 다른 나무와 햇빛과 물과 공기를 머금어 그 나무로 자라났다는 것은 곧 그 나무 한 그루의 경계가 지구와 우주 전체에로 퍼져 나간다는 말이다. 공기가 지구 대기 전체와 연관되고 물이 지구 자원 전체와 연관되며 태양빛이 우주공간과 연관되기 때문이다. 그리고 그러한 연기의 인과고리는 무한히 반복된다. 그 나무는 그 이전 나무 안에 담겨 있던 우주 전체의 생명을 다시 반복하고 있는 것이다.

마찬가지로 나의 색·수·상·행·식 오온을 가능하게 한 그 숱한 중연에도 역시 우주 전체의 존재가 담겨 있다. 우주 모든 것의 역사가 나의 오온 안에, 몸의 세포 하나하나마다에, 생각 하나하나마다에 기억의 종자種子로 담겨 있는 것이다. 그렇게 억겁의 지구 역사가 나의 오온 안에 저장되어 있다.[5] 그 억겁의 역사를 따라 전생을 거슬러 올라가면, 과거 나는 독일 군인이었을 수도 있고 인도 승려였을 수도 있으며 시베리아 무당이었을 수도 있다. 또 사슴이었을 수도 있고 뱀이었을 수도 있으며 나비였을 수도 있다. 나는 과거에 모든 것이었을 수 있으며, 그 모든 것들의 기억이 내 안에 남아서 나를 이루는 것이 된다.

이렇게 해서 나의 경계는 무한으로 확대되며, 결국 무한으로 해체된다. 내가 무한이 되고 너도 무한이 되면 결국 나와 너의 구분이 없어지면서

---

[5] 과학에서 개체 태아의 역사를 통해 전체 인류의 역사를 압축적으로 표현하는 것이 가능하고, 또 개체의 한 세포 안에 개체 전체의 정보가 담겨 있으므로 체세포로부터의 개체복제가 가능하다고 말하는 것도 마찬가지의 원리일 것이다. 이것이 곧 의상의 『화엄일승법계도』에 나타난 "一微塵中含十方"의 진리가 아니겠는가?

일체가 하나의 무한이 되지 않겠는가? 상호인과성이라는 연기의 논리는 이처럼 각 개체의 경계를 끝없이 흩어서 일체를 하나로 만들어 놓는다. 그래서 그 어떤 것도 고립된 개체로 존재하지 않는다. 일체가 하나의 시스템 속 중중무진의 연기과정 즉 전체적인 상호인과의 작용 속에 놓여 있기 때문에, 나비의 가벼운 날갯짓 하나가 지구 반대편에 비를 몰고 오기도 하고, 허공 속 작은 미소 하나가 천 년 후 인간의 가슴 속에 그리움을 불러일으키기도 한다. 개체를 형성하는 경계는 차단하기 위해서가 아니라 통과의 지점을 알려 주기 위해, 그 너머로 나아가려는 향수와 욕망을 불러일으키기 위해 안과 밖이 내통할 수 있는 구멍들로 이루어진 허상일 뿐이다.

따라서 경계에 싸여 있는 모든 개별자는 하나의 무한이 허공에 그려놓은 무수한 가상의 원일뿐이다. 공중에 불어 놓은 비누방울처럼 둥근 막의 경계를 통해 안팎이 구분되면서 개체가 형성되지만, 그 모든 개체는 결국 경계가 흩어져 무한으로 되돌아갈 운명을 갖고 있다. 그렇다면 모든 개체가 되돌아갈 무한, 그것은 무엇인가?

4. 색즉시공의 진리

개체가 복귀하는 그 무한은 어떤 존재인가? 개체의 경계가 그 안으로 흡수되어 사라진 무경계의 무한은 어떤 존재인가?

우리가 어떤 것을 없지 않고 있는 것으로 인식할 수 있는 것은 그것을 그것 아닌 것과 구분짓는 경계에 의해서이다. 그 경계가 비록 찰나생멸의 무상하고 허망한 경계일지라도, 경계가 있지 않다면 우리는 그 있음과 없음을 구분해 낼 재간이 없다. 그런데 모든 경계지어진 개체를 포괄하는 전체는 그 자체로 경계 내지 한계가 없다는 의미에서 무한無限이다. 이 무한은 그러한 경계 없음으로 인해 그것의 있음과 없음을, 유와 무를 달리 분별해 낼 수 없는 것이 되고 만다. 유와 무를 넘어서는 것, 있다고도 없다고도 말할 수 없는 것, 그러면서도 다른 모든 것의 유와 무를 성립시키는 터전이 되는 것, 불교는 이것을 공空이라고 한다. 모든 개체의 경계가 유동화하고 흩어져 경계 너머로 흡수되고 무한으로 해체될 때, 일체를 품에 안는 그 무한은 곧 공이다. 개체가 되돌아갈 무한은 결국 공인 것이다. 그래서 불교는 '색즉시공色卽是空'이라고 말한다.

여기까지가 불교와 현대과학이 함께할 수 있는 영역이다. 수학이든 물리학이든 생물학이든 심리학이든, 현대(포스트모더니즘)의 과학이 수행해 온 작업은 근대(모더니즘)의 철통같은 경계들을 흩어 놓는 작업들이었다. 그것은 우주의 경계, 물질의 경계, 생명체의 경계, 의식의 경계를 흩어 버리는 작업, 그리하여 그것을 무경계의 공으로 확인하는 작업이다. 사물들이 놓일 절대적 좌표로서의 절대시공간이 무너진다는 것은 곧 그 안에 담길 시공간적 사물들의 지축이 흔들리고 사물들의 경계가 끝없이 유동하게 되리라는 것을 알리는 신호탄이었다.[6]

현대과학에 따르면, 물질을 구성하는 원자의 내부는 99.9% 비어 있으며, 원자를 구성하는 소립자는 입자로 존재하되 보이지 않는 암흑 속 자신의 대칭쌍인 반입자를 만나 함께 소멸한다. 이것은 우리가 보는 고체의 물질세계가 실제로는 비어 있는 공, 찰나생멸의 무상한 공임을, 즉 색즉시공을 말해 준다. $E=mc^2$의 공식도 질량을 가지는 물질이 질량을

---

[6] 서양철학에서 뉴턴식의 절대 시공간을 부정한 사람은 라이프니츠이며, 그러한 통찰에 입각해서 초월적 관념론의 체계를 완성한 철학자는 칸트이다.

갖지 않는 에너지와 일치한다는 점에서 색즉시공을 말해 주고 있으며, 이 장대한 우주가 눈에 보이지 않는 한 점 무한한 에너지덩어리의 빅뱅의 결과라는 것 또한 '색즉시공 공즉시색'의 진리, '일미진중함시방一微塵中含十方'의 진리를 증명하고 있다.

5. 무아설의 지향점은 무엇인가

이처럼 현대과학과 불교는 모두 연기성緣起性을 통해 모든 개체의 경계가 무한으로 해체되며, 그 무한에서 모든 개체가 하나가 된다는 것을 알고 있다. 연기성은 세계가 어떤 방식으로 존재하는가를 기술하는 사실명제이며, 우리는 그 연기에 따른 개체생성의 반복을 연기의 유전문流轉門으로 확인할 수 있다.

그런데 연기의 유전문은 모든 중생이 연기의 산물이라는 것만을 말해 줄 뿐이다. 나는 나무나 돌처럼, 사슴이나 나비처럼 인연화합의 산물일 뿐이다. 그렇다면, 내가 단지 인연화합의 산물일 뿐이라면, 나는 그냥 그 인연을 따라 살기만 하면 되는 것 아닌가? 악연이 쌓이면 악업을 짓고 선연이 쌓이면 선업을 짓고, 그렇게 끊임없이 인연의 고리를 따라 뭉쳤다 흩어지고 다시 뭉쳤다 흩어지면서 생사윤회를 반복하면 되지 않겠는가? 이것이 인연대로, 연기법에 따라 사는 것 아닌가? 그러나 이것은 개체의 생사를 기氣의 이합집산으로 설명하면서 자연에의 순응을 강조하는 유교나 도가와 다를 바 없다. 단지 연에 따라 인연법에 따라 사는 것이 목적이라면 스님들은 왜 모든 세간의 연을 끊고 출가한단 말인가?

불교가 연기로써 궁극적으로 지향하는 것은 연기의 유전문이 아니라 환멸문還滅門이다. 연기의 유전문이 '이것이 있으므로, 저것이 있다'라는 것이라면, 연기의 환멸문은 '이것이 없으므로, 저것이 없다'라는 것이다. 연기의 유전문이 인생의 고통과 그 고통의 집적 과정에 대한 진리인 고성제苦聖諦와 집성제集聖諦에 해당한다면, 연기의 환멸문은 그러한 고통의 소멸과 그 소멸에 이르는 해체 과정에 대한 진리인 멸성제滅聖諦와 도성제道聖諦에 해당한다.

사성제	연기
고성제-집성제	유전문
멸성제-도성제	환멸문

그런데 현대과학에는 연기의 유전문만 있고 환멸문은 없다. 유전문이 무명에서 비롯되는 생사윤회의 반복이고 고통이라면, 환멸문은 깨달음에서 비롯되는 해탈이고 열반이며 환희이다. 연기가 유전문일 수도 있고 환멸문일 수도 있듯이, 연기를 통해 밝혀지는 무아의 진리는 우리에게 고통일 수도 있고 환희일 수도 있다. 그렇다면 윤회와 해탈, 고통과 환희의 분기점은 과연 어느 지점인가? 그 지점은 바로, 연기를 따라 개체의 경계가 소멸한 뒤에 남겨지는 무한과 공에서 찾아볼 수 있을 것이다.

2. 공과 일심

1. 무한과 공, 물질인가 마음인가?

찰나마다 흔들리는 가상의 경계일지라도 우리는 일단 그 각자의 경계 안에서 의식을 갖고 살아간다. 경계 안의 것을 나로 느끼고 경계 밖의 것을 나 아닌 타자 또는 세계로 느끼며 산다. 이 개체의 경계를 무화시켜 무한과 공으로 복귀한다는 것, 이것은 무엇을 의미하는가? 개체의 경계가 흩어지고 사라져 일체 존재가 그 안으로 복귀할 무한, 그러나 그것이 전체이기에 있다고도 없다고도 할 수 없는 무한, 공空은 과연 무엇인가? 이러한 공에 대한 이해를 두 가지로 구분하여 볼 수 있다.

1) 공의 서양적 이해

프로이트는 개체의 경계가 사라진 무한을 다음과 같이 이해한다. 개별 유기체는 자기 경계를 유지함으로써만 생명체로서 살아갈 수 있다. 그래서 모든 생명체는 자기 경계를 유지하려고 한다. 이것이 '삶의 본능'이다. 그런데 자기 경계를 유지한다는 것은 경계에서 발생하는 끊임없는 자극으로 인해 지속적인 긴장이고 고통일 수밖에 없다. 삶에의 집착에 의해 비로소 고통이 생기는 것이 아니라, 삶 자체가 바로 고통인 것이다. 그래서 생명체는 또한 본능적으로 긴장과 고통을 피하려 한다. 경계에서의 자극과 긴장이 멈추기를 바라는 것이다. 경계에서의 자극과 긴장이 없는, 고통의 의식이 없는 무기물의 상태로 되돌아가려는 것, 이것을 '죽음의 본능'이라고 한다. 이와 같이 경계를 유지하고자 하는 삶의 본능으로부터 자극과 긴장과 고통이 생겨나며, 그것은 곧 고통을 소멸시키고자 하는 죽음의 본능으로 이어진다. 고통을 발생시키는 삶의 본능과 고통의 소멸을 지향하는 죽음의 본능은 이렇게 동전의 양면처럼 함께한다. 삶으로 인한 고통은 죽음으로 인해 소멸된다. 개체의 경계가 사라진 그 자리에 남겨지는 것은 결국 공이다. 이 공은 생명이 없고 의식이 없는 무기물 상태, 자기자각성이 없는 순수어둠, 순수물질이다.

그러면서 프로이트는 '죽음의 본능'을 불교적 개념을 따서 '열반원리'라고 불렀다. 고통이 지멸된 불교에서의 열반을 모든 고통의 의식이 소멸된 무기물 상태로 간주한 것이다. 이것이 흔히 서양인들이 불교를 이해하는 방식으로,[1] 그들 자신이 이미 개체가 자기 경계를 넘어 되돌아가게

---

[1] 서양인들은 불교뿐 아니라 유교도 이런 방식으로 이해한다. 동양사상 자체를 개체적 자기의식을 무화시키고 '무의식적 통일성'을 지향하는 자연주의적 전체주의의 사유체계로 간주하는 것이다. 개체성을 부정하고 몰아를 지향함으로써 발생하는 자기의식의 결여로 인해 결국 스스로를 자유로운 존재나 주체적 인격으로 자각하지 못한다고 보는 이해이다. 세계철학사를 구상하면서 유학을 이런 식으로 해석하여 동양에서는 진정한 철학이 전개되지 못했다고 논한 자가 바로 헤겔이다. 오늘날까지도 일반적인 서양인의 동양 이해는 이러한 헤겔식의 편견을 벗어나지 못하고 있다. 어디 일반적인 서양인뿐이겠는가? 헤겔식 동양관을 넘어서지 못한 채 동양사상에 대해 논하는 서양의 철학자들과, 그들의 사유체계를 절대적 진리처럼 좇고 있는 한국의 서양철학 전공자들, 그들의 공통적 특징이 바로 이러한 동양관일 것이다. 그것은 서양적 사유에서는 개체적 자아의식의 부정이 '절대적 無'로의 회귀 이상일 수 없기 때문이다. 그러므로 그들은 무로부터 자신을 구제해 줄 神을 필요로 한다. 반면 동양적 사유에서는 경계지어진 개체적 자아의식의 부정은 곧 무경계의 보편적 마음의 회복이다. 생멸심 근저의 여래심을 자각하는 것, 人心 근저의 道心을 깨우치는 것, 이것이야말로 진정한 개체적 자아의 자기실현이요 진정한 자유의 획득이었던 것이다. 신을 통한 구원이 아니라 스스로 부처가 되고 스스로 성인이 되는 것이 바로

될 개체의 근원을 무無로 간주하고 있기 때문이다. 기독교의 '무로부터의 창조'가 그것이다. 신은 세계를 무로부터 창조하였으며, 무로부터 나온 것은 무로 돌아간다. 그러면서 무로부터의 구원을 기독교는 개체 바깥의 신神에게서 구한다. 개체의 근원인 무(순수물질)와 그것 너머의 신(순수정신)을 이원화하는 것이다.2) 그런데 개체가 되돌아갈 무한을 물질로 생각하는 것은 현대의 진화론도 마찬가지이다. 일체 개체가 형성되기 이전의 무한이나 공은 현대과학에서 순수물질 또는 물리적 에너지일 뿐이지 자기자각성이나 의식성을 갖는 마음이 아니다. 이 점에서 기독교와 현대과학은 상통한다.

2) 공의 불교적 이해

불교에 있어 개체의 경계가 사라지면서 그 자리에 드러나는 무한과 공은 의식성이나 자기자각성이 배제된 순수물질이 아니라 마음이다. 무한의 마음, 공의 마음이다. 공의 깨달음이란 곧 개체의식의 생성 이전 또는 소멸 이후 그 자리에 드러나는 무한과 공이 무기물의 물질 또는 무가 아니라 자기자각성의 마음이라는 사실의 깨달음이다. 마음이 스스로 공이 되어 자신의 본성을 공으로 자각하는 것이다.

마음이 자신의 본성을 자각하여 공의 마음이 되면, 일체 유정의 마음 또한 각각의 경계 너머에서 그 공의 마음과 하나가 됨을 알게 된다. 그래

동양의 이상이었다. 우리는 서양적 사고에 길들여진 나머지 너무 쉽게 동양적 이상을 망각하고 그들의 틀에 따라 우리 자신을 바라보고 있는 것이 아닐까?
2) 이러한 이원론적 사고는 중세 교부철학 이전에, 이미 고대 희랍철학에서 확립된 것이다. 현상세계의 개체를 질료와 형상으로 설명하면서 그 양극단에다 순수질료와 순수형상을 설정한 것, 그리고 개체성의 근거를 순수질료(물질)로 환원시키고 순수형상(정신)을 그러한 개체 너머의 신으로 규정한 것, 이러한 아리스토텔레스의 형이상학이 서구적 이원론의 기본틀을 형성했다고 본다.

서 그 무한한 공의 마음을 한마음, 일심一心이라고 한다. 불교는 우리 모두가 공을 깨달아 그 근본자리인 일심에 이를 수 있다고 말한다.

2. 무한에 이르는 길

연기를 통해 개체의식의 경계가 무한히 확산된다는 것은 곧 경계 바깥의 것이 경계 안으로 들어오고 또 경계 안의 것이 경계 바깥으로 나감으로써 그 경계가 사라지게 된다는 말이다. 그런데 개체를 구획짓는 경계가 사라지는 길, 따라서 개체 없이 전체만이 남겨지게 되는 길에는 두 가지 방식이 있을 수 있다. 하나는 경계 안의 의식을 극소로 무화시킴으로써 전체의 무한을 얻는 것이고, 다른 하나는 반대로 의식을 극대로 확산시킴으로써 전체를 얻는 것이다.

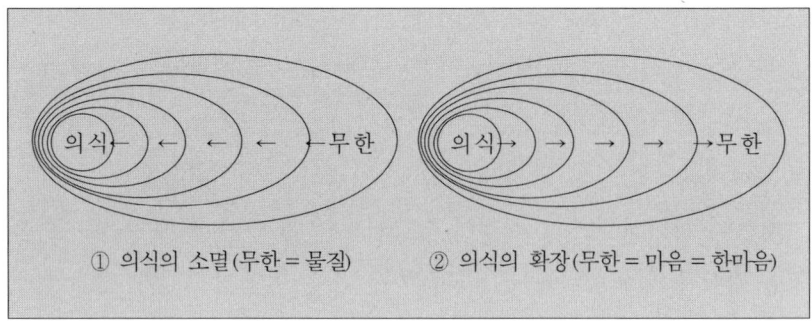

1) 의식의 소멸

의식이 소멸하고 남겨지는 무한은 의식성이 없는 물질일 뿐이다. 이처럼 의식의 소멸을 통해 무한이 성립된다고 여기는 것은 유한과 무한,

의식(인식)과 존재를 영원한 대립으로 놓는 것이다. 이 경우 무한은 결코 자각될 수 없다. 자각할 의식이 남아 있는 한 경계가 남아 있는 것이 되고, 따라서 경계 없는 무한은 도달된 것이 아니기 때문이다. 이처럼 무한 자체가 의식성 내지 자각성을 갖지 않는 한, 즉 물질인 한, 의식이 무한과 공을 의식한다는 것은 불가능하다. 결국 무한을 물질로 생각하는 의식은 자기 자신이 의식할 수 없는 무한을 논한다는 점에서 자기부정과 자기모순의 의식이 된다.[3]

2) 의식의 확장

의식을 확장함으로써 무한에 도달한다는 것은 개체의 경계를 없애면서도 의식이 깨어 있다는 것이다. 개체적 자기의식의 경계를 넘어 무한의

---

[3] 이 모순은 마치 아무도 있지 않은 빈방을 직접 확인하고자 하는 것과 같다. 방이 비었는지를 확인하기 위해 방에 들어간다면 더 이상 빈방이 아니게 되기 때문이다. 유물론은 의식이 없는 순수물질을 의식을 갖고 논한다는 점에서, 다시 말해 우리가 결코 추상할 수 없는 것을 추상하려 하고 또 추상했다고 착각한다는 점에서 이와 동일한 자기모순에 빠지는 것이다. 의식은 결코 추상할 수 없다는 것, 의식의 사실을 추상하거나 부정하는 것은 자기모순에 빠지고 만다는 것을 서양철학 내에서 처음으로 분명히 깨달은 사람은 데카르트이다. 사유하고 의심하는 한, 사유하는 나의 존재를 부정하는 것은 자기모순이라는 것을 깨달았기 때문이다. 그런데 이러한 통찰로부터 인식과 존재, 의식과 물질이 일치하는 지점을 확립할 수도 있었을 터이지만, 데카르트는 스스로 자신의 통찰을 제대로 해석하지 못하고 다시 이원론적 사고의 틀로 복귀하고 만다. 다시 '사유와 독립적으로 존재하는 연장적 실체'를 주장함으로써 빈방의 실재를 주장하는 것과 마찬가지의 모순에 빠져든 것이다. 서양철학 전반에 걸쳐 서양인들은 이 모순을 해결하기 위해 인간의 의식과는 질적으로 다른 神의 의식을 떠올린다. 우리는 빈방에 들어가야 그 비어 있음을 확인할 수 있지만, 신은 빈방에 들어가지 않고도 비어 있음을 알 수 있다는 것이다. 그래서 인간은 무한의 물질을 의식할 수 없어도 무한의 정신인 신은 그 물질을 의식할 수 있다고 보며, 이런 식으로 물질의 존재를 확립하려고 한다. 그러나 그러한 신을 떠올리는 의식 자체도 결국은 인간의 의식, 인간의 마음이 아닌가? 이처럼 순수물질의 주장이나 인간 바깥의 신의 존재의 주장에는 동일한 구조의 자기모순이 포함되어 있다. 유물론과 기독교사상은 여러 가지 점에서 상통하고 있는 것이다.

의식, 공의 마음, 한마음이 되는 것이다. 확산의 궁극 지점에서 '무한의 공'과 '무한을 의식하는 마음'은 둘이 아닌 하나가 된다.4) 무한의 공이 그 자체 자기자각성을 가지는 마음인 것이다. 그 무한의 마음, 공의 마음이 바로 '한마음', '일심'이다.

그러나 이때의 의식의 확장이 단순히 개체적 자기의식의 확장일 수는 없다. 개체적 자기의식은 경계를 통해 성립하는 의식으로서 언제나 주객의 대립 속에 있기 때문이다. 그러한 의식으로 경계 없는 무한에 이른다는 것은 불가능하다. 주객대립 속에서 밝혀지는 무한은 단지 의식에 의해 대상으로 사유된 무한일 뿐이며, 무경계의 무한이 아니다.

그러므로 의식의 확장은 주객대립을 이루는 의식내용을 따라서가 아니라 의식을 철저하게 비움으로써만 가능하다.5) 이러한 수행방식을 무심법無心法이라고 한다. 의식내용을 비우고 마음의 산란함을 없앰으로써 적적寂寂한 빈 마음으로 나아가되 그 의식이 잠들지 않고 성성惺惺함(깨어 있음)을 유지할 수 있다면,6) 그 빈 마음은 자기 경계를 넘어 점점 더 넓은

---

4) 바로 이 지점에서 주관과 객관, 인식과 존재가 이원화되거나 분리되지 않고 하나로 일치하는 無分別智가 성립하게 된다. 무한의 의식은 나와 너를 구분짓고 의식과 의식대상을 구분짓는 경계 내지 한계가 사라진 경지, 주객의 분별이 멈춘 경지이기 때문이다. 분별이 사라지면서도 의식이 잠들거나 멈추지 않고 의식으로 깨어 있는 경지이기에 무분별지라고 하는 것이다.
5) 배타성이 아닌 보편성으로의 의식의 확장은 의식의 내용을 채워 감에 의해서가 아니라 오히려 그 내용을 비워 감에 의해서만 가능하다. 왜 그런가? 이는 의식의 내용이 더해짐에 따라 서로를 구분짓는 분별이 증가하게 되기 때문이다. 예를 들어, 학년이라는 내용을 갖고 분별하면 1학년생과 2학년생이 서로 다르지만, 학년이란 내용을 빼고 보면 그 둘은 같은 대학생이 된다. 거기에 다시 어느 대학생인가를 분별하면 x대생과 y대생이 서로 다르지만, 그 분별을 버리면 같은 학생인 것이다. 국적에 따라 분별하면 한국 학생과 중국 학생이 다르지만, 그 분별을 넘어서 보면 같은 사람이다. 이런 식으로 내용을 더함은 분별과 차이를 만들 뿐이고, 내용의 비움은 그 분별과 차이를 넘어 동일한 지평을 드러낸다. 이는 곧 종차적 내포가 많아질수록 유가 종으로 분화되면서 외연이 줄어들게 되고, 내포가 줄어들수록 종차를 넘어 유로 통합되면서 외연이 늘어나는 것과 같다.

범위로 확장되어 갈 것이다. 그 비움이 무한에 이른다면 그 마음은 공이되 깨어 있는 무한의 마음, 한마음일 것이다. 그렇게 무한과 공에 이르러 한마음이 된 자를 각자覺者(깨달은 자) 또는 부처라고 부른다.

3. 공의 자기자각성: 공적영지와 일심

불교는 언제나 일체 존재를 품고 있는 무한과 공이 자기자각성 없는 어둠 또는 물질이 아니라 자기자각성을 지니는 빛이요 밝음이며 한마음 이라는 것을 강조한다.

> 모든 법이 다 공한 곳에 신령스러운 앎이 어둡지 않으므로, 무정無情한 것과는 달리 성性이 스스로 신령스럽게 안다. 이것이 바로 그대의 텅 비고 고요하며 신령스럽게 아는 청정한 마음의 본체이니, 이 청정한 공적의 마음이 곧 삼세제불의 수승하게 밝고 맑은 마음이며 중생이 본원에서 깨닫는 성이다. 그것을 깨달아 지키면 앉아서 진여가 되어 움직이지 않고도 해탈하며, 그것을 미오迷悟하여 등지면 육도를 왕래하며 윤회할 것이다.7)

'모든 법이 다 공한 곳'은 모든 개별적 사물이나 개체 의식의 경계가 사라진 곳을 뜻한다. 모든 개체의 경계를 넘어선 무한과 공이 그것이다. 불교는 이 공이 추상적인 빈 공간, 또는 무정의 무기물이나 순수질료

---

6) 이를 적적함과 성성함을 함께 유지한다는 의미에서 말 그대로 '寂惺等持法'이라고 부른다.
7) 知訥, 『牧牛子修心訣』(이하 『修心訣』로 약함), "諸法皆空之處, 靈知不昧, 不同無情, 性自神解. 此是汝空寂靈知淸淨心體, 而此淸淨空寂之心, 是三世諸佛勝淨明心, 亦是衆生本源覺性. 悟此而守之者, 坐一如而不動解, 脫迷此而背之者, 往六趣而長劫輪廻."

같은 것이 아니라, 그 안에 신령한 앎인 영지靈知가 빛나고 있는 것, 그런 점에서 마음이라는 것을 강조한다. 공은 영지의 마음이다. 이처럼 무한의 공이 '스스로를 신령스럽게 아는 것'을 원효는 '성자신해性自神解'(성이 스스로 신령스럽게 아는 것)라고 하였고, 지눌은 그것을 '공적영지空寂靈知'(텅 비고 고요하며 신령스럽게 아는 것)라고 하였다.

그러면서 불교는 이 공적영지의 마음이 특정한 부처만의 마음이 아니라 모든 유정有情의 마음이라는 것을 강조한다. 개체의 경계가 있는 그 자리가 바로 그 경계가 무한히 확산되어 도달해야 할 한마음이 있는 곳이다. 그래서 지눌은 공적영지를 '바로 그대의 청정한 마음의 본체'라고 말한다. 모든 유정의 마음은 공적영지를 갖고 있다. 마음 자체가 무한이고 공이며 따라서 공적영지로서 존재하는 것이다. 자신 안의 이 청정한 공적의 마음을 깨달아 알면 진여가 되고, 이것을 깨닫지 못하면 육도를 윤회하게 된다고 설한다.

이 성자신해, 공적영지의 마음을 원효는 중생이라면 누구나 갖추고 있는 보편의 마음이라는 뜻에서 한마음 즉 '일심一心'이라고 칭하였다. 개체 안에 있는 무한은 진망眞妄 일체를 포괄하는 것이기에 일一이라고 하고, 그 일 내지 무한은 무정물과 달리 스스로 알 수 있는 능력이 있기에 심心이라고 한다는 것이다.

> 무엇을 일심이라고 하는가? 염정染淨의 모든 법이 그 본성이 둘이 없으며 진眞과 망妄의 두 문이 서로 다름이 없기 때문에 일一이라고 이름하며, 이 둘이 없는 곳이 모든 법 중의 실질로서 허공과 달리 그 본성이 스스로 신비스럽게 알기 때문에 심心이라고 칭한다.[8]

---

8) 元曉, 『大乘起信論疏』, "何爲一心. 謂染淨諸法其性無二, 眞妄二門不得有異, 故名爲一, 此無二處, 諸法中實, 不同虛空, 性自神解, 故名爲心."

이처럼 불교는 개체의 경계를 벗어나서 도달한 무한을 무정물로 보지 않고 그 무한에서 발산되는 영지로서 각자 안에 깃든 한마음으로 이해한다. 개체의 경계를 벗은 마음이기에 그것은 각자의 마음이면서 또 동시에 보편적인 하나의 마음, 일심이다.

4. 일심과 신

불교의 핵심은 이 한마음에 놓여 있다. 이것은 우주 삼라만상 모든 개체의 경계를 넘어서는 전체, 포괄자, 공, 일자 내지 무한을 유정의 마음 바깥에 존재하는 어떤 객관적 실재, 예를 들어 순수물질이나 신이나 이데아적 관념 등으로 설정하지 않고 바로 각각의 유정의 마음으로 이해하는 것이다. 각각의 개체는 현상적으로 보면 인연에 따라 생겨났다가 인연이 다하면 사라지는 무상한 존재이지만(무아의 의미 1), 그 무상한 현상 자체를 창출해 내는 무한의 힘은 유정의 바깥에 따로 존재하는 것이 아니라, 바로 그 각각의 개체 내면에 개체성을 벗은 하나의 마음으로, 일심으로, 진여로 드리워져 있다(무아의 의미 2).[9] 자신 안의 이 본성, 한마음, 불성을 깨달아서 아는 것이 바로 부처가 되는 것, 곧 성불成佛이요, 이에 미혹하면 생사윤회를 반복하게 되는 것이다.

---

[9] 불교의 무아론을 논할 때, 여기서 구분한 첫 번째 의미의 무아만을 강조하고 두 번째 의미의 무아를 부정한다고 해석하는 것은 불교의 핵심을 놓치는 것이라고 생각한다. 여래나 진여 또는 일심의 존재를 배제하고는 연기의 환멸문, 해탈이나 성불이 불가능할 것이기 때문이다. 흔히 여래나 진여나 일심을 논할 경우 "그것은 眞我를 인정하는 有我論이지 무아론이 아니지 않는가?"라는 비판이 제기되지만, 자아와 타자의 경계를 넘어선 진여, 너와 나에게 동일한 보편적 마음인 일심을 왜 굳이 我라고 칭하겠는가? 더구나 이 진여 내지 일심의 깨달음이 바로 일체 我의 경계를 넘어섬으로써 비로소 가능하기에 無我라고 칭하는 것이 아니겠는가?

이러한 무한의 일심은 모든 유한한 현상적인 것들의 존재와 생성의 근거이다. 일심은 우주 존재를 일으키는 공이고 무한이다. 그 무한과 공의 근본자리를 석가가 깨달아 부처가 되었기에, 부처의 지혜가 인생과 우주 전반, 존재와 생성에 관한 일체지一切智일 수 있는 것이다. 그리고 부처가 깨친 그 한마음이 모든 유정에게 공통적인 하나의 마음이기에, 부처가 그 마음을 자각함으로써 결국 우리 모든 유정이 다 자각가능성을 갖게 된 것이다. 그래서 '부처성불시 산천초목 동시성불'이라고 말한다. 우리 중생은 표층의 경계에 따라 제한된 마음에 매여 있어 그 일심의 깊이를 여실하게 알지 못하지만, 모든 경계가 해체된 무한의 깊이에서 한마음으로 존재하는 부처의 마음은 우주만물 모든 유정의 아픔을 직접 느끼고 직접 위로할 수 있는 것이다.[10]

서양적 사유는 인간과 신, 유한과 무한의 사이를 무無의 심연으로 벌려 놓았다. 하지만 신을 인간 각자의 마음의 기도소리를 들을 수 있는 존재로 믿는다는 점에서는 기독교의 신 또한 부처의 마음으로서의 일심과 다를 바 없다고 생각된다. 그러니까, 부처의 마음인 한마음과 기독교의 신은 다른 것이 아닐 것이다. 다만 기독교는 그 한마음을 외화하여 외재적 존재로 여기고, 부처는 수행을 통해 그 한마음을 깨달았기에 한마음이 곧 모든 유정의 마음이라는 것을 안 것이다. 한마음을 대상화해서 외적 초월성으로 간주하는가, 자기자각성 속에서 내적 초월성으로 깨닫는가 의 차이이다.

일자적 근원을 갈구하는 마음에 주어지는 '그게 바로 너이니라!'(우파니

---

[10] 이런 점에서 불교는 스스로의 깨달음에 의한 구원을 주장하는 자력종교이면서도 동시에 아미타신앙이나 미륵신앙 등에서 보이는 타력종교적 측면을 가질 수 있다. 타력신앙이라도 그것이 자신의 마음을 청정하게 하여 깨달음으로 나아가게 하는 데에 도움이 된다면 방편으로 수용될 수 있는 것이다.

사드)의 깨달음, 무한과 영원의 빛에 직면한 영혼에게 들려온 '내 마음이 곧 네 마음이다!'(최제우)의 목소리, 이 모든 종교적 깨달음은 결국 다 하나로 통할 것이다. 우리 모두의 마음이 결국 무한의 깊이에서 한마음으로 귀결되기 때문이다. 바로 여기에 모든 종교가 서로 대화하고 화합할 수 있는 길이 있다고 본다.

3. 유식무경

1. 식의 심층구조

유한한 개체의 경계는 유동적인 가상일 뿐이기에 유한은 결국 무한의 공으로 화한다. 색즉시공色卽是空이다. 그런데 그 무한과 공이 물질이나 물리적 에너지가 아니라 의식가능성과 자기자각성으로서의 마음, 모든 유정의 일심이라면, 어떻게 그러한 공으로부터 구체적 색色의 세계가 형성될 수 있는가? 공즉시색空卽是色, 진공묘유眞空妙有는 어떻게 성립할 수 있는가? 어떻게 공으로부터 색이 생길 수 있으며, 마음으로부터 물리적 현상세계가 만들어진다고 할 수 있는가? 오히려 우리의 일반상식이나 과학은 반대로 마음이나 의식이 물질의 산물이라고 여기지 않는가? 물질세계는 분명 우리 마음 바깥에 독립적으로 존재하는 객관적 실재로 여겨지고 있지 않은가?

우리는 일상적 상식에 따라 내 몸이 위치한 이 세계를 나의 의식 바깥의 객관 실재로 여기지만, 불교는 이 세계가 오히려 유정의 마음, 한마음, 공으로부터 드러난 현상으로서의 색色이라고, 따라서 마음이 그린 세계라고 논한다. 유식의 '유식무경唯識無境', 화엄의 '일체유심조一切唯心造'가 그것이다. 세계는 마음 바깥에 따로 존재하는 것이 아니다.

불교의 이 주장이 우리의 상식과 상충하지 않는 것은, 불교에서의 한마음, 세계의 근본자리로서의 한마음은 그 세계 속에 자리한 우리의 표층의 식과는 구분되는 마음이기 때문이다. 불교는 우리의 마음을 다층적 구조, 즉 '표층적이며 개체적인 유한한 마음'과 '심층적이며 본원적인 무한한 마음'으로 구분하고 있다.1)

```
표층식:  나의 마음(주)  ↔  나의 신체 / 세계(객)
  ↕         └─────────────────────────┘
심층식:       주·객을 포괄하는 식
```

마음의 심층구조를 유식은 다음과 같이 논한다. 우리의 가장 표층적인 식은 안眼·이耳·비鼻·설舌·신身의 오근五根이 색色·성聲·향香·미味·촉觸의 오경五境을 포착하는 감각으로, 이 다섯 가지 식을 전오식前五識이라 한다. 그 다음 식은 개체적 사유기관인 의意가 주객분별의 구도 아래 법경法境을 대상으로 파악하는 제6 의식意識이다. 그런데 우리가 대상을 인식할 때는 대상만 의식하는 것이 아니라, 대상을 인식하는 자기 자신에

---

1) 마음의 작용 및 그 작용에 따른 시각의 차이를 이처럼 두 차원으로 구분하여 논한 대표적인 서양의 철학자는 칸트이다. 칸트에 따르면 경험적 자아는 시·공간 형식 안에 주어지는 물리·심리적인 현상적 자아이며 초월적 자아는 그러한 물리·심리 세계를 구성하는 주체로서 현상초월적인 무제약자이다. 따라서 경험적 자아의식의 관점에서 보면, 세계는 그 자아의 바깥에 그 자체 객관적으로 실재한다. 이 점에서 칸트철학은 '경험적 실재론'이다. 그러나 초월적 자아, 순수통각의 관점에서 보면, 세계는 그 자아에 의해 구성된 현상일 뿐이다. 이 점에서 칸트철학은 동시에 '초월적 관념론'이다.

경험적 관점: 심리적 자아 ↔ 물리적 세계 : 세계는 물자체 = 경험적 실재론
초월적 관점: 초월적 자아   : 세계는 현상   = 초월적 관념론

대한 의식도 함께 갖게 된다. 법경을 인식하는 의식작용에는 그 의意의 자기의식이 함께하는 것이다. 이 의의 자기의식이 바로 제7 말나식末那識이다. 말나식이란 'manas'(意)를 그대로 음역한 것이다. 이는 개체적 자아가 스스로를 의식하는 것으로, 개체적 자아식 또는 개체적 자기의식이라고 할 수 있다. 그런데 우리의 표층의식은 깊은 잠이나 기절에서 끊어짐이 있다. 만약 우리의 마음이 표층의 의식작용으로만 그친다면 마음의 연속성 내지 마음이 포착하는 세계의 통일성은 유지되기 힘들 것이다. 그런데도 각자의 마음이 연속성을 지니고 마음이 보는 세계가 통일성을 지닐 수 있는 것은, 그 마음 심층에 더욱 근본적인 하나의 식의 흐름이 있기 때문이다. 이 심층 근본식을 제8 아뢰야식阿賴耶識이라고 한다.[2] 의식이나 말나식의 작용인 업業은 그 업의 흔적인 업력業力을 종자種子의 형태로 남기는데, 이들 종자의 흐름이 바로 그 심층 아뢰야식이다.

'유식무경'의 식, '일체유심조'의 심은 의식이나 말나식이 아니라 그보다 더 심층의 식인 아뢰야식이다. 그렇다면 이 아뢰야식은 과연 어떤 식인가?

---

[2] 물론 깊은 잠이나 기절 등에서 끊어지는 표층의식은 제6 의식이지 제7 말나식은 아니다. 제6 의식이 끊어졌다가 다시 생겨나도 나로 하여금 그 의식 자체를 연속적이며 개체적인 나의 의식으로 느끼게끔 하는 것은 제7 말나식이다. 반면 제6 의식의 내용이 바뀌어도 그것을 나의 의식내용으로 총괄적으로 파악하게 함으로써 나(유근신)를 포함한 세계 전체를 하나의 통일체로 인식하게 만드는 것은 그보다 더 심층의 아뢰야식 때문이다. 결국 연속적인 말나식 자체가 아뢰야식의 작용에 근거한 것이라고 볼 수 있다.
이와 유사하게 라이프니츠는 자아의 연속성을 설명하기 위해 의식의 단절 너머에 있는 심층 마음의 작용을 논하였다. 그는 자극의 미세함으로 인해 표층적인 의식차원으로까지 올라오지 못하지만 그럼에도 불구하고 세계를 지각하고 있는 영혼의 무의식적 활동을 '미세지각'이라고 칭하였다. 이 미세지각의 차원에서 보면 세계는 지각 내지 영혼과 독립적으로 따로 존재하는 것이 아니다(연장적 실체의 부정). 복잡하게 구성된 물리세계는 단일한 영혼 모나드에 의해 지각된 것으로서만 존재한다. 이러한 라이프니츠의 통찰이 칸트의 초월철학을 가능하게 했을 것이다.

2. 아뢰야식의 전변

의식이나 말나식의 활동인 업은 종자를 남기는데, 그 종자는 아뢰야식에 심어진다(現行熏種子). 아뢰야식에 심어진 종자들은 찰나생멸을 거듭하며 하나의 흐름으로 이어지다가(種子生種子) 인연이 닿으면 다시 구체적인 모습으로 현실화된다(種子生現行). 이는 마치 땅 위의 나무로부터 꽃과 열매를 거쳐 그 씨앗인 종자가 땅에 떨어지고(현행훈종자), 그 종자가 겨우내 땅 밑에서 살아 있다가(종자생종자) 봄이 되면 다시 땅 위로 싹을 틔워 나무로 자라나는 것과 같다(종자생현행).

```
                현행                     현행
  현행훈종자    ↓                        ↑      종자생현행
                종자  →  ……  →  종자
                        종자생종자
```

여기서 땅 밑에 심어져 가려진 채 생멸을 거듭하는 종자들의 흐름으로 있는 아뢰야식이 '잠재식으로서의 아뢰야식'이라면, 그 종자가 싹이 되고 나무가 되어 구체화된 아뢰야식은 '현행식으로서의 아뢰야식'이다. 종자에서 종자로의 바뀜이 전轉이고, 종자에서 현행으로의 바뀜이 변變이다. 아뢰야식의 전변轉變은 종자생종자, 종자생현행의 과정을 말해 준다.

이처럼 아뢰야식은 종자의 흐름으로서의 잠재식에 그치는 것이 아니라 종자가 구체화되고 현실화된 현행식이기도 하다. 결국 종자를 남기는 현행식(의식과 말나식)과 종자로부터 구체화된 현행식(의식과 말나식을 포함한 아뢰야식)은 구분되어야 한다. 의식과 말나식이 어떤 주어진 것에 대한 인식작용의 식이라면, 아뢰야식은 그런 인식대상(세계)을 형성해 내는 존

재생성의 식이라고 볼 수 있다. 땅속의 씨앗으로부터 지상의 줄기와 가지와 잎이 나오듯이 잠재 아뢰야식의 종자로부터 구체적 현실세계가 펼쳐지는데, 그 현실세계를 형성하는 식이 바로 현행 아뢰야식인 것이다.

```
                        현행 (아뢰야식)    : 현행 아뢰야식 ― 세계구성작용
                            ↑
(의식/말나식) 현행      ↑ ↱→↴ 현행       : 현행 의식/말나식 ― 인식작용
        ↓               ↑↑   ↓
                     종자 → …… → 종자  종자 : 잠재 아뢰야식
```

3. 아뢰야식의 견분과 상분

아뢰야식에 심어진 종자는 무한하다. 나의 경계가 인연화합의 연기를 따라 무한의 지평으로 확대되기에, 나는 전생에 군인이나 승려나 무당이었을 수도 있고 사슴이나 나비였을 수도 있다. 이러한 종자의 무한성은 억겁을 윤회하며 지은 무한한 업의 결과일 수도 있고, 또 현생의 1분도 무한한 순간들을 담고 있기에 그 무한성은 현생에서의 무한한 업의 결과일 수도 있다. 그렇게 무한한 기억이 무한한 종자로서 나의 아뢰야식 안에 담겨 있다. 그리고 너의 아뢰야식 안에도 그렇게 무한한 종자가 담겨 있다. 이렇게 해서 대개의 유정은 공통의 종자를 공유하게 되는데, 이러한 공통의 종자를 공업종자共業種子라 하고, 그렇지 않고 각 유정마다 다소 차별적으로 갖는 종자를 불공업종자不共業種子라고 한다.

불교에 따르면 특정 순간 현상적으로 존재하는 것은 모두 다 그 이전 순간까지 아뢰야식 안에 심어진 종자들의 현행결과이다. 마치 지상에

존재하는 나무가 씨앗의 발현인 것과 같다. 우리가 모여 사는 이 공통의 기세간器世間은 공업종자의 현행결과이며, 그 세계 속에 사는 각각의 유근신有根身은 불공업종자의 현행결과이다. 그래서 우리는 공통적인 하나의 세계를 갖게 되고, 또 그 안에서 서로 다른 몸을 갖게 되는 것이다. 그 외에 우리 의식이 포착하는 관념들도 종자의 현행결과이다.

이렇게 불교는 나의 몸인 유근신과 그 몸이 속하는 기세간, 의식이 포착하는 관념(종자)을 아뢰야식 내 종자의 전변결과로 본다. 구체적인 객관 모습으로 변화한 이것을 아뢰야식의 객관적 부분인 상분相分이라고 하고, 이 상분을 바라보고 아는 아뢰야식의 료了의 활동을 아뢰야식의 주관적 부분인 견분見分이라고 한다. 결국 아뢰야식이 현행한다는 것은 아뢰야식 자체가 견분(주)과 상분(객)으로 이원화한다는 뜻이다. 주객미분의 아뢰야식이 현행화하면서 주관과 객관으로 이원화하는 것이다.

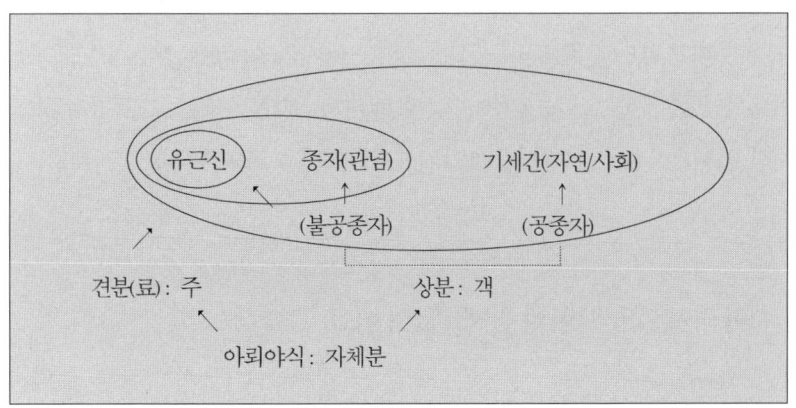

그런데 아뢰야식의 이러한 전변활동 자체는 의식보다 심층의 활동이어서 의식이 포착하지 못하지만, 그런 활동의 결과물들은 의식에 주어진다. 이 결과물들이 의식될 때, 제6근인 의意는 아뢰야식의 료(견분)를 의

자신의 작용으로 여겨서 그 의가 자리한 유근신을 자아로 간주하게 된다. 이로써 아집이 생긴다. 이로부터 더 나아가 의는 유근신 이외의 기세간(자연/사회)과 종자(관념세계)를 자기 바깥의 객관세계로 간주하게 된다. 이로써 법집이 생겨나는 것이다.

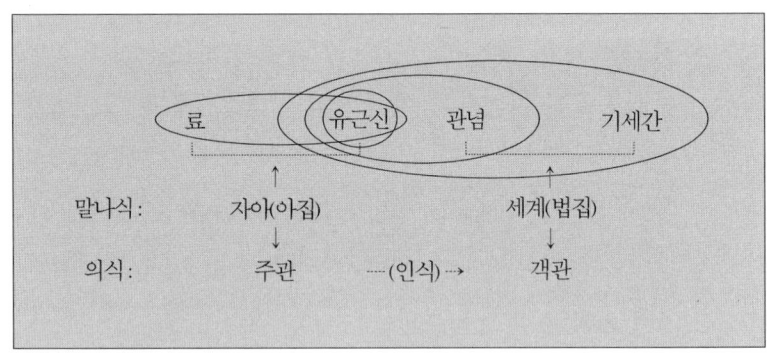

유근신과 기세간과 관념은, 그것을 의식하는 마음과 독립적으로 마음 바깥에 객관적으로 존재하는 실유實有가 아니라 아뢰야식의 식소변識所變으로서만 존재하는 가유假有이다. 식 이외의 별개의 것이 아니기에 '유식무경'이며, 마음이 그린 존재이기에 '일체유심조'이다.

4. 아뢰야식과 일심의 관계: 꿈의 비유

유식무경이 의미하는 바 자아나 세계가 유정 각각의 심층 아뢰야식 내 종자의 변현결과라는 말은 결국 나의 의식이 보는 세계는 나의 아뢰야식이 그린 세계라는 말이다. 그렇다면 이는 각자가 각자의 세계를 그려내고 그것을 인식한다는 유아론唯我論이 아닌가?

각각의 유정이 각각의 세계를 그려내고 그 세계를 인식한다는 것은 맞는 말이다. 그러나 그렇다고 해서 그것이 유아론으로 빠지지 않을 수 있는 것은, 그렇게 세계를 그려내는 아뢰야식이 그 근본에 있어서는 하나의 마음이기 때문이다. 모든 아뢰야식이 그 안에 무한의 업으로부터 심어진 무한의 종자를 품고 있기에, 각각의 아뢰야식은 그 개체성에도 불구하고 결국 하나의 식, 하나의 마음이다. 그래서 각각의 아뢰야식이 그려내는 각각의 세계도 결국은 하나의 세계, 하나의 공통의 기세간이 될 수 있는 것이다. 이것이 바로 화엄이 강조하는 '일즉다一卽多 다즉일多卽一'의 진리이다. 우리가 의거해서 사는 세계가 하나인 것은 그것을 그려내는 우리 각자의 심층식이 보편적인 하나의 식이기 때문이다.

이처럼 개체적 의식의 심층에 존재하는 아뢰야식은 무한수의 종자를 간직하고 있으며, 궁극적으로는 표층적 개체성을 넘어선 보편적 하나의 마음, 일심으로 존재한다. 마치 땅 위에 무수한 별개의 개체로 뻗어 나간 풀잎들이 땅 밑에서는 하나의 뿌리로 연결되어 있듯이, 개체의식이 자기 경계를 해체시킴으로써 도달하는 공은 바로 심층의 한마음이다. 일一의 마음이 각각의 유정을 통해 다多로 실현되어 있는 것이다.

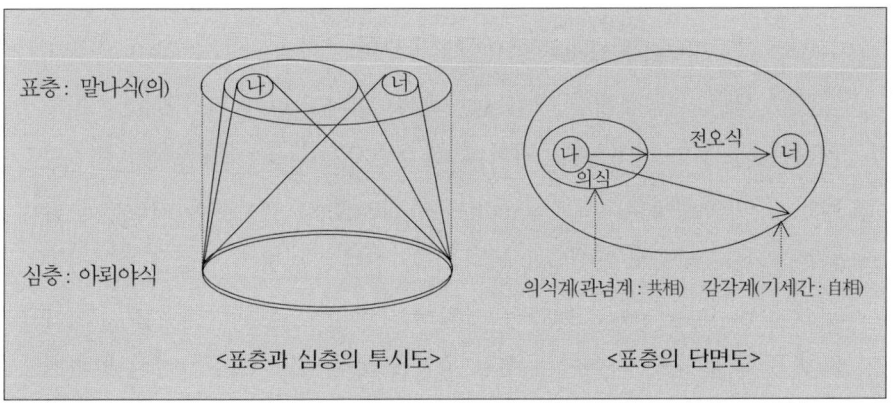

<표층과 심층의 투시도> <표층의 단면도>

3. 유식무경

세계를 그려내는 식이 무한의 종자를 포함하고 있는 각자의 심층식으로서 하나의 보편적 마음인 일심인데도, 그 식이 업에 따라 윤회하는 생멸식이고 번뇌의 아뢰야식인 까닭은 무엇인가? 생멸심으로서의 아뢰야식과 불생불멸의 진여심은 서로 어떤 관계에 있는가?

세계는 그것을 인식하는 마음을 떠난 객관적 실유가 아니라 마음이 그려놓은 것이고, 따라서 그 마음에 대해서만 그렇게 존재하는 것이라는 통찰은 곧 깨어서 보는 세계를 꿈에서 보는 세계와 마찬가지 방식으로 이해하는 것이다. 꿈에서 본 세계가 꿈꾸는 마음이 그려놓은 세계이기에 그 마음을 떠나 따로 존재하지 않는 것처럼, 이 현실세계도 그렇게 심층의 마음인 아뢰야식이 그려놓은 세계, 꿈의 세계라는 말이다. 다만 개인적이고 임의적인 꿈이 아니라 인간 모두가 함께하는 꿈, 그래서 같은 결과로서 하나의 세계에 이르게 되는 그런 꿈이다.

그런데 우리는 꿈을 꾸고 있는 한, 자신이 꿈을 꾼다는 사실, 자신이 등장하는 그 세계가 자신에 의해 꿈꾸어진 세계라는 것을 전혀 모르고 있다. 그것을 아는 순간 꿈에서 깨어나게 된다. 꿈이 꿈임을 아는 순간이 곧 꿈에서 깨어나는 순간인 것이다. 이와 마찬가지로 현실에서도 우리는 우리 안에 이 세계를 그려내는 아뢰야식의 활동이 있음을, 우리가 객관 실유로 간주하는 이 세계가 아뢰야식의 전변결과임을 결코 알지 못한다. 그것을 모르기에 세계를 객관 실유로 간주하며, 나의 마음활동을 표층 의식활동으로만 알고 있는 것이다. 현실세계는 심층 아뢰야식의 작용결과일 뿐 마음 바깥의 객관 실유가 아니라는 것, 그 유식성을 깨닫는 순간 나는 현실의 꿈에서 깨어나게 된다. 그때가 바로 마음의 공성을 자각하는 순간이며 스스로 공이 되는 순간이다.

결국 꿈을 꾸는 의식이 무수한 종자를 통해 현실세계를 형성해 내는 아뢰야식에 해당한다면, 꿈을 깨는 의식은 이 현실이 바로 꿈이라는 것을 깨닫는 마음, 식 자체의 본성을 자각하는 마음, 한마디로 진여심에 해당한다고 볼 수 있다. 전자가 계속적으로 꿈꾸는 의식, 꿈의 세계를 형성하여 스스로 그 안에 되돌아오는 의식, 한마디로 윤회하는 식이라면, 후자는 꿈을 깨는 의식, 세계의 공성을 자각한 의식, 한마디로 해탈하는 식이다. 그런데 꿈꾸는 마음과 꿈을 깨는 마음은 서로 다른 별개의 마음이 아니다. 바로 꿈꾸던 자가 꿈에서 깨어나는 것이기 때문이다. 그러므로 생멸의 아뢰야식과 불생불멸의 진여심은 서로 다른 별개의 심이 아니다. 하지만 그렇다고 그 둘을 완전히 동일한 것이라고도 할 수 없다. 하나는 꿈을 꾸며 육도윤회하는 심이고 다른 하나는 꿈에서 깨어 해탈하는 심이기 때문이다.3) 따라서 다른 일체의 것과 마찬가지로 아뢰야식과 진여심, 생멸심과 불생불멸심에 대해서도 불일불이不一不二를 말하게 된다.

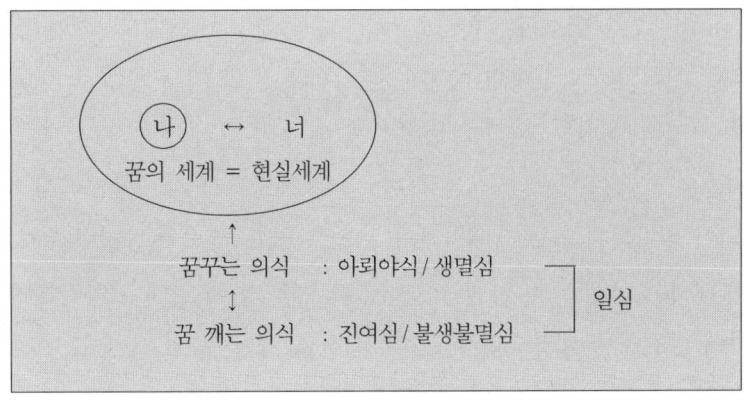

---

3) 섭론종은 청정한 진여심을 有漏의 제8 아뢰야식과 구분해서 따로 번뇌 없는 9번째 식, 즉 제9 阿末羅識이라 칭한다. 그러나 유식은 아뢰야식 자체에 생멸과 진여의 두 측면이 청정분과 염오분으로 함께 포함되어 있는 것으로 간주한다. 染淨不二 사상이라고 볼 수 있겠다. 이 점을 특히 더 강조하는 것이 『대승기신론』의 불이법문으로, 생멸심과 진여심, 생멸문과 진여문이 둘이 아닌 하나임을 논하고 있다.

4. 본각과 시각

1. 왜 깨어나지 못하는가

유근신과 기세간을 만드는 것이 아뢰야식이되 그것이 곧 한마음이라면, 그리고 그 한마음의 작용인 공적영지가 이미 내 안에서 일어나고 있다면, 나는 왜 그것을 알지 못하는가? 왜 나의 마음의 작용을 자각하여 알지 못한 채 그러한 한마음의 작용을 나의 개인적인 의意의 작용으로 간주하여 아집을 일으키는 것일까? 왜 무명 속에 머문 채 꿈에서 깨어나지 못하는 것인가? 왜 무명과 아집으로 인해 집착의 업을 짓고 그 업력에 따라 다시 태어나는 윤회를 반복하게 된단 말인가?

지눌은 "그것(청정한 마음의 본체, 한마음)을 깨달아서 지키면 앉아서 진여가 되어 움직이지 않고도 해탈하며, 그것을 미오迷悟하여 등지면 육도六道를 왕래하여 윤회할 것이다"라고 하였다. 차라리 내 안에 없다면 열심히 찾아서 발견하여 깨달으리라는 희망이라도 가질 수 있을 텐데, 이미 내 안에 있는데 단지 내가 모를 뿐이라고 한다면 그것은 더 절망적이지 않은가? 그 무명無明을 도대체 어떻게 걷어낼 수 있는가? 무명의 정체는 과연 무엇인가?

2. 눈의 비유

마음의 본성, 그 근본자리인 한마음을 깨달아야 진여가 되어 윤회를 벗어날 수 있다. 그렇다면, 어떠한 방법으로 그 한마음을 깨달을 수 있을 것인가? 지눌은 다음과 같이 묻고 답한다.

문: 어떤 방편을 써야 한 생각에 기틀을 돌려 문득 제 성을 깨달을 수 있을 것인가?
답: 다만 그대 자신의 마음인데 다시 무슨 방편을 쓰겠는가? 만일 방편을 써서 다시 알기를 구한다면, 그것은 마치 어떤 사람이 제 눈을 보지 못하므로 눈이 없다 하여 다시 보려고 하는 것과 같다. 이미 제 눈인데 왜 다시 보려 하는가? 잃지 않았음을 안다면 그것이 곧 눈을 보는 것이다. 다시 보려는 마음이 없는데 어찌 보지 못했다는 생각이 있겠는가? 자기의 신령한 앎도 그와 같다. 이미 제 마음인데 어찌 다시 알려 하는가? 만일 알려고 하면 얻을 수 없음을 알게 되리니, 다만 알 수 없는 것임을 알면 그것이 곧 성을 보는 것이다.[1]

깨닫고자 하는 본성인 한마음을 세계를 보는 눈에 비유한 것이다. 우리가 이미 한마음으로 세계를 보고 있는데, 그 보는 눈을 다시 보려고 하는 것이 적절하겠는가?[2] 보는 눈을 다시 본다는 것은 결국 한마음을 그 자체로서가 아니라, 그 한마음에 의해 보여진 어떤 것, 세계 내의 사물과 마찬

---

1) 知訥, 『修心訣』, "問, 作何方便, 一念廻機, 便悟自性. 答, 只汝自心, 更作什麽方便. 若作方便, 更求解會, 比如有人, 不見自眼, 以謂無眼, 更欲求見. 旣是自眼, 如何更見. 若知不失, 卽爲見眼. 更無求見之心, 豈有不見之想. 自己靈知, 亦復如是. 旣是自心, 何更求會. 若欲求會, 便會不得, 但知不會, 是卽見性."
2) 비트겐슈타인 또한 세계를 보는 눈이 눈 자신을 볼 수 없다는 것을 강조한다. 세계를 보는 눈, 그 형이상학적 자아에 대해서는 어떤 의미 있는 인식도 가능하지 않다는 것이다. 그것은 우리가 인식할 수 있는 경계 너머의 것이므로 그에 대한 언급은 무의미한 헛소리(Unsinn)가 된다. 결국 "말할 수 없는 것에 대해서는 침묵해야 한다"라는 것이 그의 결론이다.

가지의 것으로 다시 대상화해서 파악하겠다는 것이 아닌가?3) 무한과 공의 마음은 그 자체 보여질 수 없고 말로 표현될 수 없는 것이다. 보여질 수 없기에 '본래무일물本來無一物'이라고 하고, 말로 표현될 수 없기에 '언어도단言語道斷'이라고 하는 것이다.

그러나 이 대답도 여전히 답답한 마음을 달래주지는 못한다. 그것을 여실히 알지 못하기에, 그 무명 때문에 진여가 못 되고 윤회한다고 하면서도 그걸 알고자 물으면 "알려고 하지 마라. 알 수 없음을 아는 것이 곧 성을 보는 것이다"라고 답한다면, 이는 곧 무명을 영원히 벗어날 수 없다는 것, 우리는 영원히 진여에 이르지 못하고 끝없이 윤회할 수밖에 없다는 말 아닌가? 그러나 알 수 없는 것이기에 알지 못할 뿐이라면 알지 못하는 것이 당연한데, 그것이 왜 무명이란 말인가? 벗어날 수 있는 것이기에 무명이라고 하는 것이라면, 그렇다면 어째서 석가는 홀로 그 무명을 벗어나서 깨달음에 이르고 우리 중생을 그 무명 속에 버려둔단 말인가? 이런 절망감에서 다시 묻고 다시 답한다.

문: 내 근기에 맞게 설명하자면, 어떤 것이 공적영지의 마음인가?
답: 그대가 지금 내게 묻고 있는 바로 그것이 곧 그대의 공적영지의 마음인데, 왜 돌이켜서 보지 않고 아직도 밖에서 찾는가?4)

---

3) 칸트가 『순수이성비판』 「변증론(오류추리론)」에서 전통 형이상학(합리적 심리학)의 잘못된 범주 적용을 비판한 것, 하이데거가 『존재와 시간』에서 서양의 전통 형이상학을 '사물존재론'이라고 비판한 것도 이런 맥락에서 이해될 수 있다. 현상세계 사물들의 인식과 판단에만 타당할 수 있는 개념과 원칙들을 현상 너머의 무제약적인 것에까지 적용해서 판단하는 것은 곧 무제약자를 제약된 현상사물과 마찬가지 존재로 파악하는 것이기 때문이다. 현상적 범주로 포착될 수 없는 생명이나 영혼을 현상적 사물과 동일한 방식으로 인식하여 분별하려는 것에 대한 비판이다.
4) 知訥, 『修心訣』, "問, 據吾分上, 何者是空寂靈知之心耶. 答汝今問我者, 是汝空寂靈知之心, 何不返照, 猶爲外覓."

공적영지의 마음이 우리 자신의 마음이라는 것은, 우리가 그 공적영지의 마음을 모르는 것이 아니라 이미 알고 있다는 말인가? 이미 알고 있는 것이기에 다시 더 알 바가 없다는 것인가?

이처럼 일심은 우리가 이미 아는 것이기도 하고 모르는 것이기도 하다. 일심이 우리 자신의 마음이기에 이미 안다는 것을 본각本覺이라고 하고, 그러면서도 또한 무명에 싸여 여실하게 알지 못하는 것을 시각始覺의 부재라고 말한다. 우리는 한마음에 대해 본각을 갖지만 시각을 갖지 못한다. 그런데 도대체 우리가 무엇을 알고 무엇을 모른다는 것인가?

3. 물고기의 비유

물속에 사는 물고기는 결코 물 밖을 경험한 적이 없으므로 자신이 물속에 살고 있음을 알지 못한다. 그 자신에게는 물이 전체이기 때문에 물고기는 물을 의식하지 못하는 것이다. 이처럼 경계가 없으면, 그래서 경계 밖으로 나가보지 못하면 그 밖을 알지 못할 뿐 아니라 그 안도 알지 못한다. 강물과 바닷물을 왔다 갔다 하면 그 있음과 없음이 구분되는 물속의 소금맛은 의식할 수 있지만 언제나 있어서 그 있음과 없음이 구분되지 않는 물맛은 느낄 수 없다. 이것이 우리가 전체를 의식하지 못하는 까닭이다. 전체가 있어도 그 있음이 전체이기에 그것의 없음과 구분되지 않는다면 그것에 대한 의식을 갖기 힘든 것이다.

이것은 왜 우리가 무한한 공의 마음, 한마음을 '있는 것'으로 의식하기 힘든가를 보여 준다. 우리 각각이 바로 그 마음이기에, 언제나 그 마음으로 존재하며 그 마음 바깥으로 나가본 적이 없기에, 그것이 전체이기에,

한마디로 그것의 경계를 의식할 수 없기에 그것이 있다는 것을 알기 어려운 것이다. 우리가 '있음'을 인식할 수 있는 것, 유·무를 판별하고 규정할 수 있는 것은 모두 자기 경계와 한계를 가진 것, 유한한 것이다. 무한은 한계가 없는 것이기에 무한 그 자체로 자각되기가 힘들다. 그래서 우리는 유무의 상대성을 넘어선 공을 그런 것으로 의식하기 힘들 수밖에 없다. 마치 물고기가 물을 알지 못하듯이……

그런데 물고기가 정말로 물을 알지 못하는 것일까? 어느 날 물고기가 물 밖에 던져진다면, 그는 숨막혀하면서 즉각적으로 물이 없음이 어떤 것인가를 알게 될 것이다. 그런데 물이 없음을 아는 것은 이미 물의 있음을 알고 있어야 가능한 것이 아닌가? 아는 것이 경계를 통해서라면, 없음을 알기 위해서는 있음을 알아야 하기 때문이다. 물고기가 물 밖에 나가서 비로소 물을 알게 되었다고는 말할 수 없다. 물 밖에는 물이 없으므로, 물 밖에서 알게 된 것은 물의 있음이 아니라 물의 없음인 것이다. 결국 물 밖에 나서는 순간 물의 없음을 알게 되는 것은 물 밖에 나서기 전에 이미 물의 있음을 알고 있었기에 가능한 일이다. 만약 물의 있음을 정말 몰랐다면 물 밖에서 물의 없음을 아는 일도 불가능했을 것이다. 물고기는 물 안에서 이미 물을 알고 있었던 것이다.

그렇다면 앞서 물고기가 물 바깥에 나가기 전에는 물을 모른다고 한 것은 무엇인가? 물고기는 무엇을 모른 것인가? 물고기가 물 바깥에 나가기 전에 알지 못했던 것은 물이 아니라, 자신이 물을 안다는 사실이었던 것이다. 물고기는 물속에서 물을 안다. 이미 물의 의식을 갖고 있는 것이다. 물고기 자체가 물과 구분되지 않으며, 물고기의 의식 자체가 곧 물의 의식인 것이다. 그가 알았던 소금의 맛도 소금물맛이고, 그가 느꼈던 감촉도 물의 감촉이다. 그가 보는 것과 먹는 것 모든 것에 이미 물이 스며들어 있다. 모든 것이 다 물인 것이다. 그렇게 모든 것이 물이기에, 물고기의 의식 자체가 온통 물의 의식이기에, 그는 물을 안다고 할 수 있다. 다만 그 스스로 자신이 물의 의식을 갖고 있음을 알지 못한 것일 뿐이다. 물의 의식이 자신의 전체의식이기에, 자신이 그 바깥으로 나가본 적이 없기에, 그 스스로 전체의식을 갖고 있되 자신이 그 의식을 갖고 있다는 사실을 알지 못하고 있을 뿐이다.[5]

4. 말나식의 그릇된 분별과 집착

각각의 유정이 자기개체성을 넘어서서 도달하게 되는 무한의 지평, 그 전체의 무한이 단지 추상적 빈 공간이나 무기물적 물질이 아니라 자기자각성을 갖는 한마음이라는 것, 그리고 각각의 유정이 모두 그 한마음으로 존재한다는 것, 이것은 우리가 이미 한마음을 자각하고 의식하며 이미 알고 있다는 것을 말해 준다(本覺의 존재). 그런데 그러면서도 우리는 또한 그 한마음 밖으로 나가 본 적이 없기에, 그 한마음을 한마음으로 깨달아 알지를 못하고 있다(始覺의 부재).

여기서 우리는 '무엇을 아는 것'과 '무엇을 그 무엇으로 분별하여 아는

---

5) 여기서 우리는 두 종류의 인식을 서로 구분해야만 한다. 하나는 상대가 없는 절대, 무경계의 것에 대한 인식이고, 다른 하나는 경계지어진 것, 상대적인 것에 대한 인식이다. 전자는 그것에 대한 부정을 생각할 수조차 없는 그런 인식이고, 후자는 오히려 그 부정을 통해서만 의미를 파악할 수 있는 그런 인식이다. 데카르트가 의심의 방법을 통해 확립하고자 한 인식이 전자의 인식이라면, 비트겐슈타인이 참 또는 거짓으로 판별 가능한 의미 있는 인식으로 규정한 인식은 바로 후자의 인식이다. 이 두 종류의 인식을 이하 본문에서는 '무엇을 아는 것'과 '무엇을 무엇으로 분별하여 아는 것'의 차이로 설명해 본다. 전자는 '선술어적인 비명제적 앎'이라고 할 수 있고, 후자는 '술어적 앎' 또는 '명제적 앎'이라고 말할 수 있다.

것'을 구분해야 한다. 우리가 한마음을 아는 것은 우리가 그 마음의 작용을 하며 산다는 것이다. 우리는 기세간을 보고 자신의 유근신을 알며 종자도 의식한다. 이들은 모두 아뢰야식의 상분이며, 이 상분을 보고 아는 마음작용은 바로 아뢰야식의 견분이다. 우리는 아뢰야식의 상분과 견분을 모두 의식한다. 아뢰야식의 자체분의 전변작용을 우리 마음 스스로 하고 있으며, 그 작용이 바로 우리 자신의 마음이기에 각자가 그것을 직접 알고 있는 것이다. 다만 아뢰야식 자체가 전체이기에 우리는 그 마음의 작용을 바로 그런 것으로 알고 있지 못할 뿐이다. 그래서 아뢰야식의 마음작용을 잘못 분별하게 된다. 어떻게 잘못 분별하는가?

우리는 전변작용을 통해 세계 전체를 형성하는 아뢰야식을 바로 그런 것으로 자각하지 못한 채 오히려 아뢰야식을 그 작용에 의해 형성된 세계 속의 나, 유근신인 나로 간주한다. 그리하여 세계 전체를 보는 아뢰야식의 견분작용인 료了를 그렇게 보여진 세계 속의 나인 유근신의 의意의 작용으로 간주하게 된다. 한마디로 보편적 일심의 마음작용을 개체적인 의의 작용으로 읽는 것이다. 그렇게 해서 일심의 마음작용은 개체적 유근신의 의의 작용에 의해 다시 가려지고 왜곡되고 오도된다.

아뢰야식은 세계를 형성하고 세계를 보는 활동성의 식으로, 모든 유정은 그러한 의식을 지니고 있다. 그렇기 때문에 자신을 알 수 있고 세계를 알 수 있는 것이다. 다만 유정에게는 그 아뢰야식이 경계 없는 전체여서 자신으로부터 그것을 추상할 수 없기에, 그것을 바로 그런 것으로 분별하여 알지 못하고 어떤 다른 경계지어진 것으로 잘못 분별하게 된다. 다시 말해, 아뢰야식의 견분과 상분을 그런 것으로 바로 알지 못하여 자신의 식으로부터 독립적인 그 자체 실재하는 자아와 세계로 간주하게 되는 것이다. 그렇게 해서 아집과 법집을 갖게 된다.

본래적 앎: 무엇을 알다	: 본각 차원의 앎
분별적 앎: 무엇을 무엇으로 알다	: 시각 차원의 앎
┌ 자성분별: x를 x로 알다 (바로 앎)	(시각의 회복)
└ 계탁분별: x를 y로 알다 (잘못 앎)	(시각의 부재)

시각 부재 상태에서의 잘못된 분별과 집착
  망분별: '아뢰야식의 견분과 상분'을 '식 독립적 자아와 세계'로 잘못 분별하다
      ↓   ↓   ↓
  망집착: 이로부터 아집과 법집을 갖게 된다

   이처럼 아뢰야식의 견분과 상분을 그러한 것으로 올바르게 알지 못하고 잘못 분별하여 그것을 식과 무관한 독립적 자아와 세계로 이원화하고 실체화하는 것이 바로 무명無明이다. 아뢰야식의 견분을 의意의 작용으로 여김으로써, 아뢰야식의 마음작용을 세계를 보는 눈의 작용으로 읽지 않고 '보여진 세계 속의 나', '의의 근을 가지는 유근신인 나의 작용'으로 읽는 것이다. 그렇게 망분별함으로써 아뢰야식의 작용은 나의 유근신 속에 갇히게 되고, 또 세계는 유근신의 바깥에 있기 때문에 내 마음 바깥의 객관 실체로 간주되고 만다. 그리하여 나와 세계를 주객대립의 것으로 파악하게 되며, 결국 우리는 주객을 포괄하는 전체로서의 마음을 잊어버리게 되는 것이다. 세계 전체를 보는 보편적 눈으로서의 한마음을 잊고 자신을 사적 의지주체, 사적 욕망주체로서만 간주하면서 우리는 망분별과 망집착을 쌓아 가게 된다.

   이와 같이 우리는 한마음을 자기 자신으로 여실히 알지 못하는 무명으로 인해, 즉 시각始覺의 부재로 인해 아집과 법집에 싸여 집착의 업을

짓고 산다. 그러나 그렇다고 해서 자아와 세계를 그려내는 아뢰야식 자체를 아예 모르고 사는 것은 아니다. 누구나 자아와 세계를 알고 있으며, 그만큼 자신의 마음을 알고 있는 것이기 때문이다. 결국 누구나 한마음에 대한 본각本覺을 갖고 있는 것이다. 그렇기 때문에 인간은 이미 누구나 부처라고 말할 수 있게 된다.

5. 윤회와 해탈

1. 왜 윤회하는가 : 꿈의 비유

지눌은 "그것(청정한 마음의 본체, 한마음)을 깨달아 지키면 앉아서 진여가 되어 움직이지 않고도 해탈하며, 그것을 미오하여 등지면 육도를 왕래하여 윤회할 것이다"라고 하였다. 일심을 알면 해탈하고, 그것을 모르면 윤회하게 되는 것은 무슨 까닭일까? 단지 알고 모름의 차이일 뿐인데 어째서 여기에서 윤회와 해탈이 갈라지게 된단 말인가? 일심을 아는 것과 모르는 것이 어떤 차이를 만들기에, 그로 인해 윤회와 해탈이 갈라지게 되는 것인가?

일체 존재는 식의 전변을 통해 그려진 식소변이다. 세계가 유정의 식을 떠난 객관 실유가 아니라 마음이 그려놓은 것이고, 따라서 그 마음에 대해서만 존재하는 것이라는 통찰은 우리가 대면하고 있는 이 세계를 꿈에서 보는 세계와 마찬가지의 방식으로 이해하는 것이다. 꿈의 세계가 꿈을 꾸는 식을 떠나 따로 존재하지 않는 것처럼, 이 현실세계는 그 세계를 보는 우리의 마음을 떠나 따로 존재하지 않는다. 이렇게 보면 꿈의 의식과 현실의 의식은 다음과 같은 공통의 구조를 가진다.

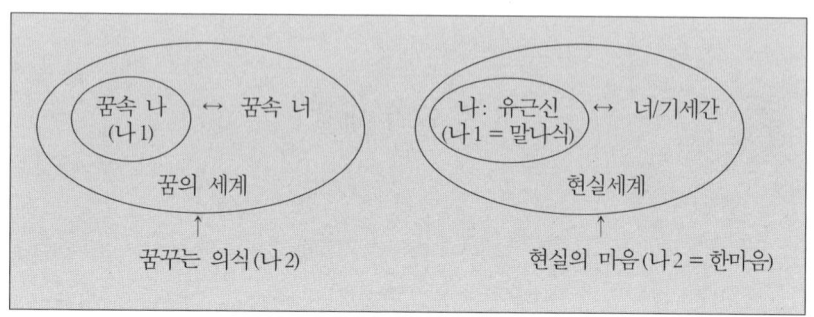

꿈의 세계를 가능하게 한 것은 꿈꾸는 의식인 나2인데, 꿈속의 나는 이를 모른 채 나2의 작용을 나1의 작용으로 여기기 때문에 너를 포함한 세계를 나의 바깥에 실재하는 객관세계로 여긴다. 그러다가 꿈에서 깨어나게 되면 내가 나1이 아니라 나2라는 것을 알아차리게 된다. 그때 비로소 꿈의 세계가 나2의 작용결과로서, 꿈꾸는 의식(나2) 바깥의 객관 실유가 아니라는 것을 알게 된다.

현실에 있어서도 이 현실세계를 가능하게 한 것은 나2(한마음)인데, 현실의 나는 이를 모른 채 한마음의 작용(아뢰야식의 견분인 료)을 나1(말나식의 의)의 작용으로 여기기 때문에 너를 포함한 세계를 나 바깥의 객관 실유로 간주하게 된다. 그러다가 내가 나 자신을 세계 속의 일부분인 나1이 아니라 세계 전체를 그리는 나2로 자각하게 되면서 비로소 현실이 꿈과 같다는 것, 이 세계는 나2인 한마음의 작용결과로서 마음 바깥의 객관 실유가 아니라는 것을 알게 된다. 이것이 바로 유식성의 깨달음이고 현실의 꿈으로부터의 깨어남이며 참된 공성의 자각이다.

그러면 우리는 왜 꿈에서 깨어나지 못한 채 계속 꿈속을 헤매고 계속 윤회하는가? 꿈은 내가 꿈꾸는 의식(나2)으로 활동하되, 단지 그렇다는 사실을 모르고 있는 한에서만 꿈으로 유지된다. 즉 나(나2)의 의식활동을 모두 꿈속의 나(나1)의 의식활동으로 착각하고 있는 한에서만 꿈이 유지되는 것이다. 그래서 꿈속의 나는 나를 나2로 알지 못하고 나1로만 여기는 것이다. 마찬가지로, 현실의 꿈이 유지되는 것도 내가 한마음(나2)으로 활동하며 세계를 그려내되, 내가 나를 나2로 바로 알지 못한 채 나1로만 여기고 있기 때문이다. 나1은 곧 개체의식, 말나식이다. 이 말나식이 아뢰야식의 작용(나2의 견분)을 자기 자신의 작용으로 잘못 분별하기에 나는 나를 나2로 알지 못하고 나1로만 여기게 되는 것이다. 그렇게 나2를 알지 못하기에 꿈이 지속되는 것이다.

2. 윤회의 길

내가 나를 한마음으로 알지 못하고 의로 간주하는 것이 문제의 발단이다. 그렇다면 그렇게 잘못 분별하게 되는 의는 과연 어떤 존재인가?

의意는 안眼·이耳·비鼻·설舌·신身·의意 육근六根 중의 제6근이다. 육근을 가진 유근신有根身에 속하는 것이다. 그런데 유근신은 바로 아뢰야식의 식소변識所變 중의 하나일 뿐이다. 결국 내(나2)가 스스로 세계를 그리면서 그 세계 속에다 다시 나 자신(나1)을 그려 넣고서는 그것을 진짜 나라고 착각하는 것이다. 마치 화가가 그림을 그리면서 그 그림 속에 자기를 그려 넣고 나서, 그것을 자기로 여기면서 자기 자신이 화가라는 사실을 잊어버리는 것과 같다.

그러고서 나는 그려진 세계의 모든 것을 바로 그 그려진 나1의 관점에서 다시 읽어 내려고 한다. 그렇게 함으로써 나는 나2의 마음을 망각한 채 그려진 나1의 의식으로 살아가게 되는 것이다. 망각하였기에 되돌아갈 줄 모른다. 나는 나를 세계 속 나1로 여기므로, 언제까지나 이 세계 속에서 나1로 머무르고자 한다. 나1에의 집착이 아집이고, 나를 둘러싼 세계에의 집착이 법집이다. 나1에 머무르려는 아집과 나를 둘러싼 세계에 머무르려는 법집, 그 두 집착에 따라 업을 지음으로써 바로 그 업력, 그 욕망의 힘으로 인해 나는 이 세계로 되돌아오게 된다. 욕망이 실현되는 것이다. 나는 그 업력에 따라 또 다른 나1(새로운 오온)을 형성하여 이 세계로 되돌아온다. 그것이 윤회이다.

꿈이 다음의 꿈을 불러일으켜 꿈의 세계가 계속되듯, 한 세계에서 지은 업이 업력을 남기고 그 업력이 다시 그 다음 세계를 형성함으로써 윤회의 세계는 계속 이어진다. 그 세계 속에서 허망한 자아의식과 자아집착도 계속된다. 이 윤회의 과정을 불교는 십이지연기十二支緣起로 설명한다.

무명	→	행	→	식	→	명색	→	육입처	→	촉	→	수	→	애	→	취	→	유	→	생	→	노사
無明		行		識		名色		六入處		觸		受		愛		取		有		生		老死

자아와 세계가 그 자체로 실재하는 것이 아니라 유정의 식이 인연을 따라 그린 가상이라는 것, 그 아공我空과 법공法空을 모르고 아집과 법집에 머무르는 것이 무명無明이다. 자신을 한마음으로, 진여로 자각하지 못하는 것이 무명이다. 이 무명으로 인해, 아집과 법집으로 인해 업을 짓게 되는데, 그 업이 곧 행行이다. 행이 남기는 업력이 종자로서 아뢰야식에 심어지면, 그 식識은 자신의 업력에 따라 부모의 수정란에 들어가서 새로운 오온인 명색名色을 이룬다. 그렇게 형성된 오온이 안·이·비·설·신·의 육근인 육입처六入處를 갖추면 모의 태 바깥으로 나오게 되고, 이에 육경의 세계와 접하는 촉觸이 이루어진다. 촉으로부터 고苦·락樂·사捨

의 느낌인 수受를 갖게 되는데, 이로부터 거의 자동적으로 낙수樂受를 좋아하고 고수苦受를 싫어하는 애증愛憎의 감정과, 좋아하는 것을 취하고 싫어하는 것을 버리는 취사取捨의 집착이 있게 된다. 이러한 애愛와 취取의 집착적 행위가 곧 새로운 업을 짓는 행위이며, 그 업력은 다시 새로운 윤회를 일으키는 유有가 된다. 그 업력의 존재로 인해 다시 새로운 오온으로 생生하여 노사老死의 삶을 살게 되는 것이다. 이처럼 12지연기는 무명으로 인해 업을 짓고 그 업력으로 인해 다시 태어나며, 다시 또 업을 짓고 그 업력으로 인해 태어나게 되는 순환과정을 3세에 걸쳐 표현하고 있다.

무명 → 행 → 식 →	명색 → 육입처 → 촉 → 수 →	애 → 취 → 유 →	생 → 노사
전생	현생		내생
	(태내)	(태 밖)	
인	과	인	과

3. 해탈의 길

그렇다면 이런 업業과 보報로서 반복되는 윤회를 벗어나는 해탈은 어떻게 가능한가? 해탈은 현실세계가 가상이라는 유식성을 깨달아 현실의 꿈을 깨는 것이다. 그런데 꿈은 과연 어떻게 해야 깨게 되는가?

우리는 언제 꿈을 깨는가? 마음 바깥에 다른 실재가 없으므로 잠자는 나를 깨워 줄 다른 존재는 없다. 나는 스스로 깨어나야 한다. 자다가 스스로 깨는 경우는 언제인가? 잠을 충분히 다 자서 깨어날 수도 있지만, 악몽을 꿈으로써 깨어나기도 한다. 꿈속에서 나1이 더 이상 나1로서 살아가기 힘들 때, 예를 들어 누군가에게 쫓겨 벼랑 끝에서 떨어지는 순간, 누군가에게 죽임을 당하는 순간, 청천벽력 같은 소리를 듣고 그 슬픔을 견딜 수 없는 순간, 그때 우리는 더 이상 그 꿈의 세계에 머무르지 못하고 빠져나오게 된다. 내가 더 이상 나1로 머무를 수 없을 때, 즉 나1이 무화되고 있을 때 나는 나1이기를 멈추고 꿈에서 깨어나게 된다. 나1을 벗어나서 나2로 되는 것이다.

우리가 이 현실세계에서, 이 꿈속에서 불교로부터 듣는 무아의 소리는 바로 우리의 꿈을 깨우는 소리이다. 스스로 나1로 머무르지 말고 나1을 무화시키라는, 즉 나1을 버리고 나2로 깨어나라는 소리이다. 나1인 유근신과 이 기세간이 모두 꿈이며 한마음의 식소변임을 깨달아서 그 꿈에서 깨어나라는 것이다.

꿈에서 깨어난다는 것은 일체 존재가 실유가 아닌 가유, 공이라는 것을 깨닫는 것이다. 공을 깨닫는다는 것은 곧 그 속에서 이루어지는 너와 나의 분별이 허망분별일 뿐이고 아와 법에의 집착이 허망집착일 뿐이라는 것을 깨닫는 것이다. 자아가 공이라는 아공의 깨달음, 세계가 공이라는 법공의 깨달음이다. 아공의 깨달음은 아집을 멸하고 법공의 깨달음은 법집을 멸하여 집착으로 인한 업을 더 이상 짓지 않게 함으로써 업력으로 인한 윤회를 벗어나게 만든다. 이것이 해탈이다.

해탈한다는 것, 꿈에서 깨어난다는 것은 마음이 더 이상 자아나 세계의 생멸상을 그려내지 않는다는 말이다. 꿈에서 깨어나면 꿈의 세계를 이루는 모든 생멸상, 자아나 세계 등 일체의 표상이 사라진다. 우리의 마음에서 감각 표상, 지각이나 의식의 표상, 말나식의 표상이 다 사라지는 것이다. 그래서 마음은 생멸상이 사라진 공空이 된다. 공으로 드러난 본성을 진여眞如라고 한다. 일체의 표상이 사라진 빈 마음은 그 자체 생멸을 넘어선 불생불멸의 진여이다. 꿈에서 깨어 자신을 진여로, 한마음으로 자각하는 것이 바로 해탈이다.

4. 보살의 길

그렇다면 그렇게 해탈해서 무엇 할 것인가? 꿈을 깨어서 무엇을 어찌하겠다는 것인가? 해탈을 하려는 것은 고통의 삶의 윤회로부터 벗어나고자 하는 것이다. 꿈에서 깨어난다는 것은 고통의 삶으로부터 벗어난다는 것이다. 생로병사生老病死의 고통, 애별리愛別離·원증회怨憎會·구부득求不得의 고통으로부터 벗어나겠다는 것이다. 깨달음을 통해 고통의 삶으로부터 해탈한 자가 아라한阿羅漢이다.

그런데 아무리 꿈이라 해도 이 세계 안에 모든 중생이 다 함께 살고 있지 않은가? 고통의 삶이라 해도 우리가 함께하는 이 세계를 떠나, 세계 속 중생을 떠나 어디로 나아간단 말인가? 내가 해탈해서 나아간 자리가 중생을 외면한 자리라면 그게 무슨 의미가 있단 말인가?

꿈에서 깨어난 후 아직도 꿈꾸고 있는 중생의 고통을 아파하면서 다시 그 꿈의 세계로 되돌아와 고통을 함께하는 자가 바로 보살菩薩이다. 모두가 업과 인연으로 인해 이미 꿈을 꾸고 있다면, 꿈을 꾸되 좀더 아름다운 꿈을, 좀더 인간적인 꿈을, 좀더 행복한 꿈을 꾸자는 것이 보살의 원願이다. 보살은 이 꿈이 각자의 꿈이 아니라 우리 모두가 같이 꾸는 꿈이므로 모두가 행복하지 않으면 나도 진정으로 행복할 수 없다는 것을 알고 있다. 행복한 꿈, 아름다운 꿈은 꿈을 꾸되 망집착과 망분별을 버린 그런 꿈이어야 한다. 그러므로 종국에는 꿈에서 깨어나야 한다는 것, 분별과 집착을 버려야 한다는 것을 강조하며 무아와 공을 설하지만, 그럼에도 불구하고 보살은 열반을 구해 생사를 버린다거나 부처되기를 구해 중생을 버리지는 않는 것이다.

우리가 자아라고 집착하는 오온, 꿈속에서 윤회하는 오온은 가상이지만, 그 가상을 그리는 진여, 일심은 실재이다. 그것이 바로 공적영지의 마음, 공의 마음이기 때문이다. 그럼 왜 무아라고 하는가? 진여나 일심은 자아가 아니기 때문이다. 일심은 곧 나와 너의 개체성을 벗은 것이다. 그래서 그것은 더 이상 나가 아니라 바로 우리이다. 하나의 우리, 한울이다. 우리의 선조는 여기에 존칭 '님'자를 붙여서 한울님, 하늘님, 하느님이라고 불렀다. 하느님은 곧 한마음이고 부처심이며 하늘(天)이고 태극이다. 하늘의 주인 곧 천주이고, 하나님이다. 그래서 나는 모든 종교가 궁극적으로는 이 한마음, 일심을 통해 하나로 관통한다고 본다.

6. 상대와 절대

1. 꿈과 환상

장자의 호접몽은 우리가 경험하는 이 세계와 그 안에서의 우리 인생이 나비가 꾸는 꿈일 수도 있다는 것을 말해 준다. 데카르트도 어느 겨울날 난롯가에 앉아 명상하다가 문득 자신이 바라보는 난롯가의 풍경이 그 자신의 모습까지를 포함해서 모두 어딘가에 누워 자고 있는 자기 자신의 꿈의 내용일 수도 있으리라는 생각을 한다. 영화 《매트릭스》도 우리의 이 숨 가쁜 현실세계가 실은 두뇌조작을 통해 의식 안에 떠오른 가상세계일 수 있음을 말해 주고 있다.

인생이 꿈일 수 있다는 주장에 대해 그것을 현실적 삶의 팍진함을 모르는 한가한 형이상학자들의 희론이라고 치부하는 것은 옳지 않다. 그것을 컴퓨터의 가상현실에 중독되어 그 안에서 익명으로만 살아가는 현실도피증 환자의 변명 정도로 폄하하는 것도 옳지 않다. '이 현실(나 자신을 포함하는 현실)이 꿈일 수도 있지 않을까?'라는 물음은, 자신의 사유를 극한으로 몰고 가서 그 경계와 무경계, 사유와 비사유 사이를 비틀거리며 방황해 보지 않은 한 제기될 수도 이해될 수도 없는 물음이다. 그 물음은 마치 깨어서 꿈을 꾸고(寤寐一如) 살아서 죽음을 체험하려는(生死一如) 시도처럼 역설을 담고 있지만, 그 역설이 바로 우리 자신의 존재의 역설이라면 그것이 곧 진리일 수도 있지 않겠는가?

현실세계를 꿈과 같이 여긴다는 것은 그것을 인간 의식 바깥의 객관적 실재성으로 간주하지 않는다는 말이다. 꿈의 세계가 꿈꾸는 의식이 만든 가상세계이듯, 현실세계 또한 인간 의식이 만든 가상세계에 지나지 않는다고 보는 것이다. 그렇다면 우리는 우리 자신의 상상력이 만든 상상의 세계 속에 사는 것이 된다. 그 세계는 실재와 비실재, 참과 거짓을 자신 안에 포괄하는 거대한 환상체계이다. 환상이란 어떤 방식의 존재인가? 현실이 어떻게 꿈에 비유될 수 있는 것일까?

2. 환상의 종류

1) 개인적 환상 : 경험적 환상

인간은 누구나 환상을 가지고 살아간다. 과거에 대한 기억의 힘도, 미래에 대한 기대의 힘도 모두 현재의 현실을 넘어서게 하는 환상의 힘이다. 현재가 과거와 미래를 잇는 점적인 순간일 뿐이기에, 어쩌면 현재에 빠지지 않고 (징검다리를 건너듯) 과거에서 미래로 건너뛰며 환상세계에만 매달려 사는 것이 가능할는지도 모른다. 아니, 현재라는 공간 자체는 시간적 선후로서 주어지는 각 순간의 얼룩과 반점(감각자료)들을 좌우와 앞뒤와 상하의 3차원 공간으로 펼쳐 냄으로써 형성되는 것이기에, 현재의 공간 속에 이미 과거와 미래의 환상이 스며들어 있으며 현실을 사는 것 자체가 이미 환상을 사는 것일는지도 모른다. 그러므로 사실 문제가 되는 것은 환상이 아니라 오히려 현실이다.

그런데 이 문제가 되는 현실을 그냥 객관적 실재로 전제하면서 그 현실을 벗어난 것을 환상이라고 간주할 경우, 그렇게 현실과 대비된 환상은 경험적 차원의 환상, 즉 주관적이고 개인적인 환상이다. 우리는 이런 개인적 환상을 다시 두 경우로 구분할 수 있다. 개인이 환상을 갖되 스스로 그것이 환상임을 아는 경우와 그것이 환상임을 알지 못하는 경우가 그것인데,[1] 후자의 경우에 해당하는 사람을 흔히 정신병자라고 한다. 대부분의 인간은 일상적·상식적으로 실재와 환상을 구분해 내지만 후자의 경우는 실재와 환상을 구분해 내지 못하기 때문이다. 자신이 보고 듣는 환시와 환청을 실재로 여겼던 영화 ≪뷰티풀 마인드≫의 주인공은 이 상식의 세계에서 정신병자로 간주될 뿐이다. 환상 아닌 실재에 대한 확신이 강할수록 정상인과 정신병자의 구분이 엄격해질 것이다.

2) 종적 환상 : 선험적 환상

개인적 차원에서 실재 내지 현실로 간주되는 것이 실은 그 개인이 속한 종족 모두가 갖는 보편적·선험적 환상에 지나지 않는다는 것이 불교의 관점이다. 현실의 환상성을 논하기 위해 불교가 흔히 제시하는 비유가 '일수사견一水四見'이다. 인간에게 물은 투명한 액체로서 갈증을 해소시켜 주지만 그것이 주위에 넘치면 숨이 막혀 죽게 된다. 반면 물고기에게 물은 인간에게 있어서의 공기처럼 주위에 가득해야 하는 것으로, 그 물 밖으로 던져지면 죽을 수밖에 없다. 인간에게 있어서의 물이 물고기에게

---

[1] 정신의학에서는 환상을 갖되 스스로 환상임을 아는 상태를 신경증(뉴로시스)이라 하고 스스로 환상임을 모르는 상태를 정신병(사이코시스)이라 하여 둘을 구분한다. 강박증(노이로제)이나 전이신경증(히스테리)이 전자에 속한다면, 편집증(파라노이아)이나 정신분열증(스키조프레니아), 조울증은 후자에 속한다. 전자가 일으키는 상상을 환상이라고 한다면 후자의 상상은 망상이라 부를 수 있을 것이다.

는 공기와 같고 천인에게는 맑게 빛나는 보석과 같으며 아귀에게는 피고름과 같다고 한다면, 그럼 실제 물 자체는 어떤 존재인가?

불교는 이 물음을 잘못 제기된 물음으로 간주한다. 대상세계인 경境은 그것을 인식하는 유정의 기관인 근根에 상응해서만 그런 것으로 존재하는 것이지, 근과 무관하게 그 자체로 존재하는 실재가 아니라는 것이다. 색깔 있는 세계는 시각기관을 가진 존재에게만 있고, 소리의 세계는 청각기관을 가진 존재에게만 있으며, 감촉의 세계는 촉각기관을 가진 존재에게만 있고, 사유로 질서잡힌 세계는 사유기관을 가진 존재에게만 있는 것이다. 그러므로 인식주관의 근을 떠나서 객관세계 자체의 존재를 논한다는 것은 불가능하다.

같은 종류의 기관을 가진 종에게 세계는 특정 형태의 하나의 세계로 간주되지만, 그것은 세계가 실제로 그런 것이기 때문이 아니라 인식주관이 하나의 종으로서 같은 종류의 근을 가지고 있기 때문이다. 실제로 세계는 그 종에게만 그런 형태로 존재하는 것이지, 그 종의 근을 떠난 자체 존재가 아닌 것이다. 주관이 그린 세계일 뿐 주관을 떠나 실재하는 것이 아니라는 의미에서 그 세계는 환상이다. 다만 종 전체가 공통적으로 그리는 세계이기에, 이를 종적 환상이라고 할 수 있다.

불교에 따르면 유정이 윤회하는 육도六道는 모두 거기 머무는 유정에 대해서만 그런 세계로 존재할 뿐이다. 악업을 짓고 고과苦果를 받는 지옥 중생에게만 지옥이 있고, 선업을 짓고 낙과樂果를 받는 천인天人에게만 천상이 있으며, 선악의 업에 따라 고락苦樂의 과果를 받는 인간에게만 이 기세간器世間이 존재하는 것이다. 이처럼 우리가 실재라고 간주하는 현실세계는 그렇게 인식하는 유정의 식을 떠난 존재가 아니다. 단지 식이 그린 세계일 뿐이다.

3. 환상의 구조 : '꿈꾸는 의식'과 '현실의 의식'의 동일구조

세계가 그것을 인식하는 마음을 떠난 객관 실유가 아니라 마음이 그려 놓은 것으로서 그 마음에 대해서만 그렇게 존재하는 것이라는 통찰은 곧 깨어서 보는 세계를 꿈에서 보는 세계와 마찬가지의 방식으로 이해하는 것이다. 꿈의 세계가 꿈꾸는 식을 떠나 따로 존재하지 않는 것처럼 이 현실세계는 그것을 지각하는 유정의 식을 떠나 따로 존재하지 않는다. 꿈과 현실의 의식은 다음과 같은 공통의 구조를 가진다.

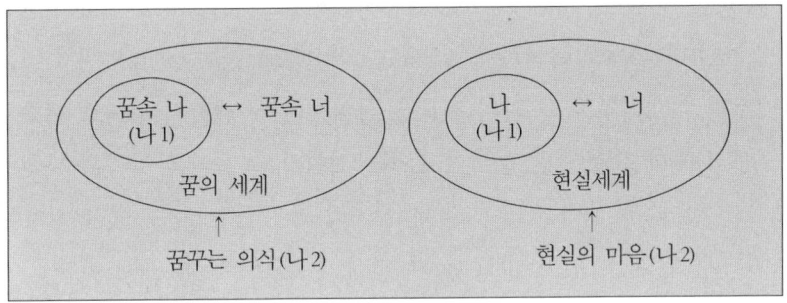

1) 꿈의 의식구조

꿈속에서 나는 나를 꿈의 세계 속의 일부분(나1)으로 의식한다. 나는 객관세계 속에 던져져 있고, 나 아닌 너와 대면하여 그 관계 속에서 행동한다. 나는 네가 아니기에 네게 말을 건네고 너의 대답을 기다리며, 그 대답에 따라 고락의 감정이나 애증의 욕망을 갖는다. 그러나 사실 그러한 나(나1)는 꿈꾸는 의식(나2)이 그려놓은 나일 뿐이고, 나와 대면한 너 또한 꿈꾸는 의식(나2)이 그려놓고 투사한 대상일 뿐이다. 다만 꿈속의 나는 그 사실을 전혀 모른 채 너와 세계를 내 밖의 실재로 간주하고 있는 것이다. 그 사실을 알게 되는 것은 꿈에서 깨어나면서이다. 꿈에서 깨어나야 비로소 나는 꿈의 세계가 실재하는 것이 아니라 내 마음(나2)이 그린 세계이며, 그 세계 속의 나(나1)와 너, 그리고 나와 너의 그 애증 얽힌 관계들이 모두 내 마음이 그린 것임을 알게 된다.

그렇다면 꿈에서는 왜 그런 점을 모르는 것일까? 꿈에서 나2의 의식활동이 없기 때문에 그런 것은 아니다. 꿈의 세계 자체가 나2에 의해 형성된 것이며, 꿈에서도 나는 나1뿐만 아니라 너와 너를 포함한 세계도 모두 의식하고 있다. 그러므로 실제 꿈은 나2의 의식활동에 의해 유지된다. 다만 나는, 꿈꾸는 의식(나2)으로 활동하면서도 그것을 바로 알지 못하고 축소하여 나를 세계 속 일부인 나1로만 의식하고 있는 것이다. 내가 나를 나1로만 의식하므로 그 외의 것들은 나의 바깥의 객관적 실재로 간주되며, 그러는 한 그것이 꿈으로 유지되는 것이다. 그것이 꿈이라는 사실을 모르는 한 꿈은 계속되고, 그것이 꿈이라는 사실을 아는 순간 꿈에서 깨어나게 된다. 이것이 바로 우리 의식이 갖는 역설의 구조이다.

2) 현실의 의식구조

의식의 이런 구조는 현실의 의식에 있어서도 마찬가지이다. 꿈의 세계가 꿈꾸는 의식(나2)이 그린 세계이듯 현실세계 또한 현실의 마음(나2)이 그린 가상세계이다. 그런데도 나는 나를 나의 바깥에 실재하는 객관적 현실세계의 일부분인 나(나1)로만 의식한다. 그래서 나1은 내 바깥의 너와 애증의 관계로 얽히고설키면서 고락의 삶을 살게 된다.[2] 그렇지만 꿈의 세계가 꿈꾸는 의식(나2)에 의해 그려진 세계이듯, 현실의 나1이

---

[2] 이렇게 자아존재는 '경험적 자아' 즉 '세계 속의 나'(나1)와 '초월적 자아' 즉 '세계를 구성하는 나', '세계를 보는 눈으로서의 나'(나2)의 두 차원으로 구성된다.

객관세계라고 여기는 현실세계 또한 마음(나2)에 의해 그려진 세계이다. 내가 현실세계를 의식한다는 것은 곧 내가 현실의 마음(나2)으로 활동하고 있다는 것을 뜻한다. 다만 나는 나를 그 마음(나2)으로 자각하지 못하고 나1로만 간주하고 있을 뿐이다. 꿈에서 나를 '꿈꾸는 나2'가 아니라 '꿈꾸어진 나1'로만 의식하듯이, 현실에서도 나는 나 자신을 마음(나2)이 아니라 그 마음에 의해 그려진 현실세계의 일부(나1)로만 의식하는 것이다. 내가 나를 나2로 자각하면 꿈에서 깨어나듯, 내가 나를 마음(나2)으로 자각하면 나는 현실의 꿈에서 깨어나게 된다. 즉 현실이 가상이고 환상이라는 것을 깨닫게 되는 것이다.

그렇다면 현실의 꿈을 깨어 세계 속 일부인 나1의 자아의식에서 벗어나서 나를 마음(나2)으로 자각한다는 것은 무엇을 의미하는가? 이는 나를 '보여진 세계 속의 일원'으로가 아니라 '세계를 보는 눈'으로 자각한다는 말이다. 자아의식에서 보면 나는 너와 대립해 있고 세계와도 대립해 있지만, 세계를 보는 눈(나2)에서 보면 나와 너, 나와 세계는 그 주객포괄의 마음(나2) 안에서의 이원화일 뿐이다. 나를 마음(나2)으로 자각하면 그 순간 모든 이원화의 경계가 무너지면서 나와 너 그리고 세계가 곧 우리 모두가 한마음(나2)으로 함께 그리는 영상세계, 환상이라는 것을 알게 된다. 그렇다면 이 마음(나2)은 어떤 존재인가? 그것도 환상인가?

4. 환상의 역설

1) 일체는 환상이다

세계를 보는 눈(나2)은 보여진 세계 속에 있지 않으므로 세계와 하나가 아니지만, 그렇다고 해서 보여진 세계와 철저하게 분리되어 있는 것도 아니다. 세계를 보는 눈은 곧 세계를 그리는 마음인데, 그 마음이 앞으로 어떤 형태의 세계를 그리게 될 것인가는 이미 그려진 세계 속에서 그 마음이 현재 무엇을 경험하고 무엇에 집착하고 있는가에 의해 결정되기 때문이다.3) 보여진 세계가 보는 눈에 의존하듯이 보는 눈은 보여진 세계에 의존한다. 그래서 그 둘은 서로 상대적이다. 보여진 세계가 나와 너를 포괄하는 하나의 세계인 것처럼 보는 눈 역시 나와 너의 자아의식을 넘어선 포괄적인 하나의 마음(나2)이다. 마찬가지로, 보여진 세계가 보는 눈에 의해 그려진 비실유非實有의 환상인 것처럼 보는 눈 또한 환상을 그리는 환상의 눈일 뿐이다. 그래서 불교는 현상세계 속의 자아(나1)에 대해서뿐만 아니라 현실세계를 그리는 식(나2, 아뢰야식)인 윤회하는 자아에 대해서도 역시 무아를 설한다. 윤회하는 유정이 사는 현실세계인 기세간만이 주관이 그린 환상이 아니라, 그런 기세간을 그리는 유정의 마음 또한 환상인 것이다. 그래서 "일체는 환상이다"라고 말할 수 있게 된다. 객관은 주관에 의존하며 주관은 객관에 의존한다. 그래서 "일체는 상대적이다"라고 말할 수 있다. 어느 것도 그 자체로 존재하는 것이 아니므로 비실유인 것이다. 일체는 가假이고 공空일 뿐이다.

2) 환상을 깨는 의식 : 해탈의 순간

그렇다면 일체가 환상이라는 이 앎 또한 환상인가? 일체가 상대적이라

---

3) 이러한 순환구조는 아뢰야식에서 전변하는 종자가 실은 제6 의식이나 제7 말나식의 분별작용을 통해 훈습된 종자라는 데서도 여실히 드러난다. 한순간 우리가 이 세계에 대해 어떤 언어적·개념적 분별작용을 일으키며 업을 지으면 그 업력을 담은 명언종자가 우리의 아뢰야식 안에 심겨지며, 결국은 다시 그 종자로부터 우리의 현상세계가 형성되기 때문이다.

는 이 인식 또한 상대적일 뿐인가? 일체가 공이라는 깨달음 또한 공인가? 여기서 부닥치게 되는 것이 바로 존재의 역설, 사유의 역설이다.

이 역설을 가장 세련된 형식으로 표현한 것이 바로 '거짓말쟁이 역설'이다. "나는 거짓말쟁이다"라는 명제는, 만일 이 말이 참이라면 나는 거짓말쟁이이고 내가 한 이 말 또한 거짓이 되어야 하며, 반대로 만일 이 말이 거짓이라면 나는 거짓말쟁이가 아니므로 참말을 하는 사람이고 내가 한 이 말 또한 참이 되어야 한다. 마찬가지로 "모든 것은 상대적이다"라는 명제는, 만일 이 말이 절대적이라면 그처럼 절대적 진리가 있으므로 모든 것이 상대적이라는 그 말 자체가 부정되며, 만일 이 말이 상대적이라면 절대적인 것이 있을 수 있으므로 다시 모든 것이 상대적이라는 말이 부정된다. 그러니 어떻게 "일체는 상대적이다"를 말할 수 있겠는가? 그런데도 이 말이 의미 있게 말해질 수 있는 근거는 무엇인가?

'거짓말쟁이 역설'은 차원을 구분함으로써만 해결가능하다. 그 명제가 표현하고 있는 차원과 그 명제를 발화하는 차원, 즉 그 명제에 의해 말해진 나(me)와 그 명제를 말하는 나(I)를 둘로 구분하는 것이다. 그 명제에 따르면 나는 거짓말쟁이이지만 그 명제를 발화하는 나는 거짓말쟁이로서의 내가 아니라 내가 거짓말쟁이라는 것을 아는 나이다. 내가 거짓말쟁이라는 것을 아는 순간 그 나는 거짓말쟁이가 아닌 것이다. 마찬가지로 "모든 것은 상대적이다", "모든 것은 환상이다"라고 말할 때 이 말은 그 상대적인 것, 환상 속에 다시 포함되지 않는 절대의 시점, 환상 너머의 시점에서 말해지고 있다. 상대의 인식 안에 감추어져 있는 이 절대의 시점, 환상의 말 속에 숨어 있는 이 '말할 수 없는 것', 이것이 바로 철학의 알파요 오메가이며 불교가 말하고자 하는 궁극의 지향점이다.

그러나 상대 너머의 절대, 환상 너머의 실재는 상대의 바깥이나 환상의 바깥에 있는 것이 아니다. 그것은 환상을 환상으로 아는 의식 안에, 일체의 환상을 환상으로 성립시키기 위한 절대의 조건으로서만 존재한다. 그것은 또 다른 객관적 실재로 실체화될 수 있는 것이 아니다. 그래서 불교는 공이 공이라는 것을 강조한다. 공은 신이나 물질로, 또는 관념이나 언어로 실체화되거나 객관화될 수 있는 것이 아니다. 현상세계 만물의 경계, 그리고 선과 악, 유와 무, 음과 양 등 모든 이원화의 경계를 흔들고 녹여 사라지게 만드는 절대의 시점, 그것이 바로 공이다.

불교는 이 절대의 시점인 공空이 바로 '공을 공으로 아는 각자의 마음'이라는 것을 안다. 그래서 그 마음을 한마음(一心), 진여라고 말한다. 물론 내 마음이 바로 공이고 절대라는 것을 깨닫는 길은 마음이 실제로 공이 되는 길, 마음이 절대의 시점에서 깨어나는 길밖에 없다. 환상의 세계를 그려내는 것이 아니라 환상으로부터 깨어나는 것이다. 그래서 불교의 존재론은 곧 수행론이다. 마음이 공이 되기 위해서는 마음이 포착하는 이 세상 모든 것이 상대적인 것이요 인연화합의 산물임을, 그 모든 것이 무자성이요 비실유의 가假요 환상임을 깨닫는 순간, 즉 세계의 공성을 깨닫는 순간 그 깨달음의 내용에 도취해 있지 말고 거기에서 깨어나야 한다. 그것이 바로 '이 뭐꼬'의 화두가 풀리는 순간이고, 깨달음의 내용인 팔만대장경의 법문이 염화미소 속에 녹아 버리는 순간이다. 색이 사라지고 상이 사라진 허공에서 마음이 마음을 보고 눈이 눈을 보는 순간이다. 바로 그 순간이 환상으로부터 깨어나는 해탈의 순간이 아니겠는가?

제2장 불교와 서양철학

1. 불교와 독일관념론 — 공적영지와 지적 직관

1. 본성의 자각에 관한 물음

이 세계는 내가 보든 보지 않든, 혹은 의식하든 의식하지 않든 동일한 모습으로 존재하고 있다. 그래서 우리는 이 세계를 인간의 의식이나 마음으로부터 독립해 있는 객관적 실재로 간주한다. 그러나 우리는 또한 이 세계가 인식기관 및 인식능력에 의거하여 그와 같이 보여지는 세계라는 것을 알고 있다. 지렁이나 박쥐가 보는 세계, 천인天人이나 신이 보는 세계는 우리가 보는 이 세계와 완전히 다른 세계일 수도 있는 것이다. 따라서 우리는 이 세계를 인간 마음이 그려내는 세계, 인간의 마음에 종속된 세계로 간주하기도 한다. 이렇게 보면 세계와의 관계에서 인간 마음은 이중적인 의미로 이해된다. 하나는 객관으로서의 세계와 대면하여 수동적으로 인상을 받아들이는 주관적 마음(마음 a)이고, 다른 하나는 주관과 객관, 나와 세계 둘 다를 자발적·능동적으로 산출해 내는 주객포괄의 마음(마음 A)이다.

---

* 이 글은 2002년 불교학연구회에서 발표한 후『불교학연구』제5집(불교학연구회 편, 2002)에 「마음의 본성과 견성의 문제」라는 제목으로 실은 글이다. 학회발표 시에 최인숙 교수와 윤세원 교수의 논평이 있었는데, 그 논평에 대한 나의 답변을 본문 말미에 덧붙여 놓았다.

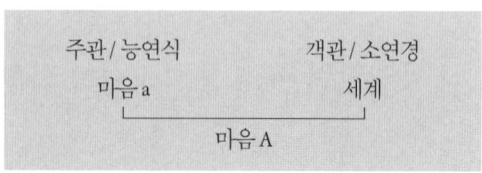

주객분별의 현상세계는 마음 A의 활동에 의해 형성된 것으로 마음 A를 떠나서는 존재하지 않는 가상假象이다. 이 점에서 마음 A와 현상세계는 세계를 비추는 거울과 그 거울에 비쳐진 상, 세계를 보는 눈과 그 눈에 의해 보여진 세계에 비유될 수 있다. 거울이 없이는, 눈이 없이는 세계도 없다. 우리 마음의 본성은 바로 마음 A의 활동성인 것이다.

불교나 서양 형이상학(독일관념론)에서는 인간의 본성을 마음 a가 아닌 마음 A로 밝히고자 한다. 현상세계 안에서 우리가 집착하는 주객, 능소, 자타 등의 대립은 결국 극복되고 지양되어야 할 망분별이며, 궁극적으로 주객미분의 무분별지無分別智 또는 주객포괄의 절대적 동일성에 도달해야 한다는 것이다. 인간의 근원적 마음을 주객대립 속에서 대상에 따라 응하는 수연隨緣의 마음 a가 아니라 주객대립의 현상 너머에 있는 절대와 무한의 불변不變의 마음 A로 간주하는 것이다.[1] 이런 마음 A의 활동성을

---

[1] 불교에 대한 이하의 논의가 불변의 마음, 진여, 일심 등을 중심으로 전개된다는 점에서 이 글이 대승사상에 국한된 것이 아닌가 하는 의문을 제기할 수도 있을 것이다. 그러나 불성과 여래장, 진여심과 일심을 강조하는 대승사상은 원시근본불교사상과 상충되는 것이 아니라 그것의 전개이고 완성이다. 애초에 불교가 오온윤회를 벗고 해탈에 이르고자 하는 것인 한에는 윤회의 현상세계와는 다른 차원인 적정열반의 경지가 인정되어야 하며, 그 적정은 단지 추상적 허공이나 단순한 무가 아니라 그 상태를 자각하는 유정의 마음의 경지여야 하기 때문이다. 진여나 일심이 무아나 공의 깨달음을 통해 비로소 도달가능한 것이라는 점에서 대승사상은 석가 무아설의 부정이 아니라 오히려 그 완성인 것이다. 만일 이 점을 부정한다면 대승불교에 속하는 한국전통불교를 非佛說로 간주해야 하는 억지가 발생하게 된다. 우리나라 불교는 처음부터 마음 a와 마음 A를 구분하면서, 마음 a 너머에 있는 그 마음바탕으로서의 마음 A를 내 안에서 발견하고 실현하고자 노력하였다. 선에서 一物이라고 부르는

불교는 '공적영지空寂靈知'라고 하고, 독일관념론은 '사행事行'이라고 한다. 그것은 주객으로 이원화된 현상세계를 산출해 내되 그 자체는 현상적인 주객대립과 능소분별을 넘어서 있는 능동적 활동성이며 자아의 자기정립이다.2) 그것은 일체 중생 안에서 이미 작용하고 있는 마음의 근원적 활동성으로 본성本性이며 본각本覺이다.

그러나 본성이 이미 영지이고 각이라면 본성은 이미 우리에게 알려져 있는 것이 아닌가? 달리 견성이 필요한 까닭이 무엇인가? 본성이 이미 본각이라면 깨닫기 시작하는 시각始覺이 왜 다시 필요한 것인가?

이는 우리에게 영지와 본각이 있어 우리 마음의 활동성을 의식할 수는 있지만, 그것을 바로 그런 것으로서 인식하지는 못하기 때문이다. 거울은 상을 비출 뿐이며, 눈은 세계를 볼 뿐이다. 그리고 우리는 비쳐진 것, 보여진 것만을 보고 알 수 있으며, 그것만을 있는 것으로 간주할 뿐이다. 마치 꿈을 꾸는 의식이 있어야 꿈꾸는 세계가 있지만 꿈속에서는 그것이 꿈인 줄을 모르듯이, 우리는 마음 A로서 현상세계를 만들어 그 안에서 마음 A와 세계를 의식하며 살아가지만 정작 그 세계가 자신의 마음 A가

이 마음 A를 원효는 一心이라 하였고 지눌은 眞心이라 하였다. 己和는 종밀의 개념을 따라 마음 a, 마음 A 각각을 주로 肉團心과 堅實心으로 불렀는데, 그의 『儒釋質疑論』에서는 각각 肉團生滅心과 眞如淸淨心으로 부르고 있다.

2) 물론 불교의 '공적영지'라는 개념과 독일관념론의 '사행'이라는 개념은 그 함축적 의미가 서로 다르다. 공적영지가 그 자신의 활동성에 의해 생성된 세계로부터의 차이성에 주목한 것이라면, 사행은 그런 세계에로의 연관성에 더욱 주목한 것이라고 볼 수 있다. 근원적 활동성(마음 A/心)과 그것의 결과(현상세계/跡)와의 관계에서 본다면 공적영지는 그 둘 사이의 不雜에, 사행은 그 둘 사이의 不離에 치중하고 있다고 하겠는데, 그럼에도 불구하고 불교나 독일관념론 둘 다 일체의 차별적 현상세계를 그러한 절대적 무차별성의 마음활동 위에 비로소 가능한 것으로 간주한다는 점에서는 마찬가지이다. 그리고 그 둘 다 차별적 현상세계를 가능하게 하는 궁극적 근거를 외적 神이나 객관적 물질에서가 아니라 인간 자신의 마음이나 정신의 활동성에서 구한다는 점에서, 즉 절대적 마음 내지 정신을 현상세계인 假의 구성주체로 삼는다는 점에서 唯心論이며 觀念論이다.

만든 가假의 현상임을 알지는 못한다. 이것이 바로 자신의 본성을 알지 못하는 무명無明이다. 세계를 보는 눈(마음 A)은 눈 자신을 보지 못하고 알지 못하기 때문에 주객분별의 현상세계를 그 자체로 존재하는 실유로 착각한다. 꿈속의 나(견분)와 꿈속의 세계(상분)를 실아實我와 실법實法으로 간주하는 것이다. 이것이 아집과 법집이며, 현상세계를 마음으로부터 독립된 객관 실재로 정립하는 독단(dogma)이다.[3]

불교와 독일관념론은 인간 본성을 능동적 활동성의 마음 A로 보지만, 우리의 일상적 의식이 망집과 독단에 빠져있음을 간과하지 않는다. 그들이 궁극적으로 지향하는 것은 본성을 가리는 무명을 벗어 망집과 독단을 극복하는 것이다. 무명에서 명으로의 전환, 본성의 확인, 견성見性, 자기 직관, 지적知的 직관이 요구되는 것이다. 자신의 본성을 현상세계를 형성하는 마음 A의 능동적 활동성으로서 깨달아야 하는 것이다. 그러나 그런

---

[3] 우리는 마음 A로 세계를 보지만 그렇게 세계를 보는 마음 자체(마음 A)를 보는 것이 아니라 그 마음에 의해 보여진 현상세계만을 보기 때문에 그 보여진 현상세계만을 존재하는 것으로 간주하게 된다. 이와 같이 하여 그 보는 마음을 사상해 버린 채 물리적 현상세계 자체를 존재로 간주하는 외부세계실재론이 성립되는데, 이것이 바로 피히테의 용어로는 '독단론'이며 현대 용어로는 '자연주의' 내지 '물리주의'이다. 이런 독단을 후설은 세계존재의 '일반정립'(Generalthesis)이라고 부른다. 마음 A 바깥에 대상세계가 그 자체로 실재한다고 보는 法執이다.
이러한 일반정립 또는 법집에 따라 물리적 현상세계가 실유로 간주되고 나면, 그 세계를 보는 마음 A의 작용까지도 '보여진 현상세계 속의 나'인 현상적 자아(假我/色身)의 마음(마음 a)의 작용(수상행식)으로 간주하게 된다. 그래서 자기 자신을 주객포괄적 마음 A가 아닌, 세계의 일부분으로서의 주관적, 심리적 개체인 오온으로 간주하여, 그 오온에 집착하는 我執이 발생하게 되는 것이다.
이렇게 보면 무명이란 마음 A에 대한 완전한 무지가 아니라, 마음 A의 작용을 개체 오온인 마음 a의 작용으로 잘못 아는 것이라고 할 수 있다. 공적과 영지를 모르는 것이 아니라, 다만 그 공적과 영지를 색신과 망념으로 혼동하는 것이 문제인 것이다. 그러므로 지눌은 "다만 공적을 자신의 본체로 삼아 색신을 인정하지 말고, 영지를 자신의 마음으로 삼아 망념을 인정하지 말지어다"(但以空寂爲自體, 勿認色身, 以靈知爲自心, 勿認妄念)라고 말하며, 자신의 본체는 空寂의 法身이지 色身이 아니라는 것, 자신의 마음은 영지이지 망념이 아니라는 것을 강조하는 것이다.(知訥, 『眞心直說』; 한국불교전서 제4권, 723쪽 中下. 이하 '한국불교전서'는 '한불전'으로 약함.)

견성 내지 지적 직관은 어떻게 가능한가? 세계를 보는 눈이 과연 눈 자신을 볼 수 있는 것인가? 꿈을 꾸는 의식이 스스로 꿈이라는 사실을 확인할 수 있는 것인가?

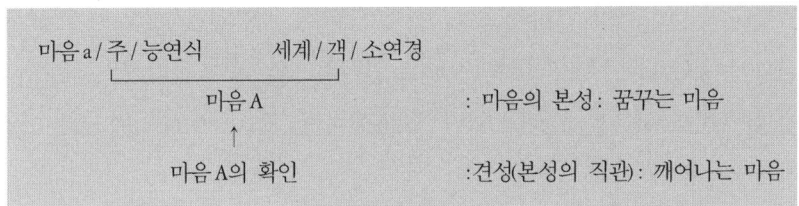

2. 마음의 본성 : 성

1) 불교 : 공적영지

인식주관인 자아가 인식객관인 세계에 대해 갖는 앎은 주객의 구도 속에서 성립하는 분별적 앎이다. 그것은 명자(종자/개념)와 언설(말)에 따라 시설된 차별상이고 심연상心緣相(상분/표상)이며 경계상境界相이다. 따라서 그것은 망유妄有이고 가유假有일 뿐, 실유實有가 아니다. 우리가 일상적으로 인식하는 것이 이처럼 우리의 헛된 경계지음에 따른 망분별이라는 사실을 자각하는 것은 그런 망념을 떠난 진실에의 추구가 있기 때문이다. 그러나 능소의 분별, 개념에 따른 차별상을 여의고 나서 남겨지는 진실은 과연 무엇인가?

일체의 모든 법은 오직 망념에 의하여 차별이 있으니, 만약 망념을 여의면 일체의 경계상이 없을 것이다. 그러므로 일체의 법은 본래부터 언설상을 여의고 명자상을

여의고 심연상을 여의어 궁극적으로 평등한 것이어서, 변하거나 달라지는 것도 없고 파괴될 수도 없다.[4]

망념에 의한 일체의 차별상을 여의고 남겨지는 무망념, 무차별의 진실, 평등하여 변하거나 멸하지 않는 진실은 과연 무엇인가? 우리의 일상적 의식에서 능소의 대립이 없어지고 능연식과 소연상이 사라지면 그 자리에 남겨지는 것은 아무것도 없다. 일체가 멸한 고요함(寂滅)이며 공空이다. 이를 공적空寂이라고 한다.

마치 거울에서 거울의 상이 사라지면 상에 대한 비춤도 함께 사라지고 텅 빈 무상無相의 거울만 남게 되듯이, 일상의식에서 의식대상인 객관사물을 제거하고 나면 주관적 의식작용도 함께 제거되면서 텅 빈 허공만 남는다. 그 빈 허공, 빈 거울이 공적이다. 그런데 불교의 공은 단순한 없음이 아니다. 적정열반이 아무것도 없이 일체가 소멸하였음을 뜻하는 것은 아니며, 공의 깨달음(空觀)이 아무것도 보지 않고 아무것도 깨닫지 않음을 뜻하는 것은 아니다. 말이 끊어지고 상이 사라진 그곳, 주객의 대립이 사라진 그곳에 비로소 마음의 본성이 드러나는 것이다.

거울에서 거기 비친 상들이 사라지고 상에 대한 비춤이 사라진다고 해도 거울 자체는 거기 남아 스스로를 비추고 있다. 비쳐진 상(소연/상분)과 상의 비춤(능연/견분)의 근저에 거울의 자기비춤(자증분)이 있는 것이다. 이와 마찬가지로 의식에서 일체의 대상과 대상의식이 모두 사라진다 하더라도 마음 자체는 거울의 자기비춤처럼 각성覺性, 각조覺照로서 스스로에

---

4) 元曉, 『大乘起信論疏記會本』, 제2권(한불전 1, 743中; 은정희 역, 『원효의 대승기신론소·별기』, 일지사, 2000, 103쪽), "一切諸法, 唯依妄念而有差別, 若離心念, 則無一切境界之相. 是故一切法從本已來, 離言說相, 離名字相, 離心緣相, 畢竟平等, 無有變異, 不可破壞." 이하 은정희의 책은 『대승기신론소·별기』로 약함.

게 자각되어 있는 것이다. 이것이 바로 불교가 능연식과 소연경이 사라져 허공처럼 드러나는 공적을 단순한 무정無情의 추상적 공간이 아닌 성자신해性自神解(자신의 空性을 스스로 신묘하게 자각함)의 자기자각성으로 이해하는 까닭이다. 모든 차별상이 사라진 이 공으로서의 마음을 원효는 차별적 다양성을 떠났기에 '일一'이라 하고 성자신해를 지녔기에 '심心'이라 하여 '일심一心'이라고 칭하였다.

> 염정의 모든 법이 그 본성이 둘이 없으며 진망의 이문이 서로 다름이 없기에(일체의 차별상을 떠났기에) 일一이라 이름하며, 이 둘이 없는 곳이 모든 법 중의 실질로서 허공과 달리 그 본성이 스스로 신묘하게 알기에(性自神解) 심心이라 이름한다.[5]

이처럼 불교에서의 공은 추상적 허공, 단순한 없음이 아니다. 그것은 비어 있되 그 자체가 신령한 앎을 지녀 어둡지 않은(虛靈不昧) 것으로, 이 허령불매의 성자신해가 바로 일체 중생의 진면목이고 마음의 본성이다. 마음은 현상적 차별상이 사라질 때 더불어 사라지는 그런 현상적 존재가 아니다. 거울에서 온갖 색상과 모양의 상(소연상)들이 다 멸하고 그 상들에 대한 비춤(능연식)까지 함께 사라져도 그 상의 바탕에 거울 자체의 무색무형의 비춤이 남겨지듯이, 우리의 대상의식의 근저에는 그런 대상적 현상들의 출현을 가능하게 하되 그 자체는 현상들로 환원될 수는 없는 마음의 자기활동성이 작용하고 있는 것이다.

지눌도 원효가 강조한 일심의 성자신해, 마음 자체의 자기활동성에

---

5) 元曉, 『大乘起信論疏記會本』, 제1권(한불전 1, 741上; 『대승기신론소·별기』, 88쪽), "染淨諸法其性無二, 眞妄二門不得有異, 故名爲一, 此無二處, 諸法中實, 不同虛空, 性自神解, 故名爲心." 여기서의 분별인 염정과 진망은 주객 또는 능소의 분별과 마찬가지로 현상적 차별상 즉 거울에 비친 상에서의 차이일 뿐이며, 거울 자체로서의 인간 마음은 본성상 이런 차별상을 여읜 것으로 이해된다. 차별상을 떠났기에 一이라 하고 거울 자체의 비춤처럼 자기자각성을 가지기에 心이라 하는 것이다.

주목하였다. 그는 대상적 의식작용의 근저에는 일체의 망념과 차별상을 떠나 그 자체 고요히 비어 있되 자기 자신을 자각하는 신령한 앎이 작용하고 있음을 주장한다. 이처럼 일체의 개념과 말, 망념을 떠나 존재하는 마음의 본래적 자기활동성을 '공적영지空寂靈知'라고 한다. 이 가운데 공적 즉 고요한 비어 있음은 마음의 체이며, 영지 즉 신령한 앎은 마음의 본래적 용이다.6)

모든 것이 사라져 일체의 근과 경, 일체의 망념, 나아가 갖가지 모양과 갖가지 명언을 모두 구할 수 없으니, 이것이 어찌 본래공적本來空寂, 본래무물本來無物이 아니겠는가? 그러나 모든 법이 다 공한 곳에 신령스런 앎이 어둡지 않아 무정과는 달리 성이 스스로 신령스럽게 안다. 이것이 바로 그대의 텅 비고 고요하며 신령스러이 아는(空寂靈知) 청정한 마음의 본체이다.7)

---

6) 마음은 그대로 거울로 비유된다. 거울의 자기비춤은 거울의 상과 그 상에의 비춤이 사라져도 남겨질 거울 자체의 비춤이다. 거울의 자기비춤은 거울 자체의 本用으로서 마음의 본성 내지 본래적 작용(자기의식)이고, 상에의 비춤은 대상에 따라 작용하는 隨緣의 應用으로서 마음의 우연적 속성 내지 작용(대상의식)이라고 볼 수 있다. 중요한 것은 대상에 감하고 응하여 일어나는 수연응용 이외에 바로 거울 본연의 용인 자성본용이 있다는 것이다. 이와 같이 자성본용으로서 마음의 아는 작용(知・明・覺・照)은 혜능의 제자 하택신회에서 종밀로 이어졌지만, 이는 혜능의 또 다른 제자인 남악회양으로부터 마조도일을 거쳐 임제의현으로 이어진 임제종 계통에서 보면 반계이다. 지눌은 종밀의 『법집별행록』에 있는 다음 구절을 강조한다(知訥, 『法集別行錄節要幷入私記』; 한불전 4, 745下). "진심의 본체에는 두 종류의 용이 있다. 하나는 자성본용이고 다른 하나는 수연응용이다. 마치 구리거울에 있어 거울의 질은 자성체이고 거울의 밝음은 자성용이며 밝음에 의해 영상이 드러나는 것은 수연용인 것과 같다. 영상은 대상에 임해 비로소 나타나며 천차만별이 있지만, 밝음은 항상 밝은 것으로서 오직 한 맛이다. 이를 마음에 비유하면, 마음의 항상된 寂은 자성체이고 마음의 항상된 知는 자성용이며 그 지가 능히 말하고 분별할 줄 아는 것은 수연용이다."(眞心本體, 有二種用, 一者自性本用, 二者隨緣應用. 猶如銅鏡, 銅之質是自性體, 銅之明是自性用, 明所現影是隨緣用. 影卽對象方現, 現有千差, 明卽常明, 明唯一味. 以喩, 心常寂, 是自性體, 心常知, 是自性用, 此知能言語能分別等, 是隨緣用.)
마음의 체 : 공적 / 거울 자체
마음의 용 : 자성본용 : 영지 / 거울 자체의 비춤 ── 본연의 의식 : 주객미분
　　　　　　수연응용 : 상을 비춤(주)과 비친 상(객) ── 일상적 의식 : 주객분리

지눌은 이 공적영지의 마음 A가 바로 인간 마음의 본성이고 인간의 본래면목이며 부처와 조사가 비밀히 전한 법인이라고 말한다.[8] 이러한 공적영지는 경험적 차원의 주관적 의식과 객관적 존재, 정신과 물질, 나와 너, 나와 세계의 이분법을 넘어선 절대평등의 무분별지이다. 능소분별을 넘어선 무분별이고, 이분적 상대성을 넘어선 절대이며, 상대적 차별성을 벗어난 평등인 것이다.

```
주관적 의식        ⟷        객관적 의식대상
인식(견분)                   존재(상분)
         마음 A: 공적영지(자증분)
```

인식과 존재, 정신과 물질, 마음과 몸 등 우리의 일상적인 이원적 분별은 공적영지의 마음 안에 그려진 상들의 차별상, 거울 안에 비쳐진 상들의 차별상일 뿐이다. 우리의 일상적 의식은 차별적 상에 접해서만 깨어 있다가 그 상이 사라질 때 덩달아 잠들어 버리므로 오로지 현상적 상들만을 실재라고 간주하는 대상의식의 차원에 머물러 있다. 그러나 그 대상의식의 순간에도 의식 자체는 일체의 차별상을 포괄하는 거울 자체처럼 공적영지로서 작용하고 있다. 차별적 색상들을 지우고 나면 비로소 드러나는 무색의 바탕이 실은 처음부터 거기 있었던 것이듯이, 차별적 상들을 여의

---

7) 知訥, 『修心訣』(한불전 4, 710下), "旣挖無如是, 一切根境, 一切妄念, 乃至種種相貌 種種名言, 俱不可得, 此豈非本來空寂本來無物也. 然諸法皆空之處, 靈知不昧, 不同無情, 性自神解. 此是汝空寂靈知清淨心體."
8) 知訥, 『修心訣』(한불전 4, 711上), "제법이 공한 곳에 영지가 있어 어둡지 않으니, 이 공적영지의 마음이 바로 그대의 본래면목이며 삼세 모든 부처님과 역대 조사들과 천하 선지식의 비밀히 전한 법인이다."(諸法皆空之處, 靈知不昧, 卽此空寂靈知之心, 是汝本來面目, 亦是三世諸佛歷代祖師天下善知識, 密密相轉底法印也.)

고 발견되는 거울 자체의 비춤이 처음부터 상을 비추던 바로 그 비춤이었듯이, 공적영지의 마음은 주객분별의 대상의식에서도 언제나 함께하고 있던 마음이다. 다만 마음은 자기 자신을 비어 있는 것으로 의식할 뿐이어서, 우리는 그것을 미처 확인하지 못하였던 것이다.

공적영지로서의 마음활동을 바로 그런 것으로서 확인하기 위해서는, 의식에서 의식대상을 없애어 능소의 분별을 넘어서면서도 잠들지 않고 의식의 깨어 있음을 유지해야 한다. 그래야만 능연상과 소연상이 멸한 후 남겨지는 마음의 허령지가 의식될 수 있을 것이기 때문이다. 그러므로 불교는 공적영지를 주장하면서 더 나아가 각자가 수행을 통해 자신 안의 그 공적영지를 확인하는 견성에 이를 것을 요구한다.

2) 독일관념론 : 사행

서양철학 내에서 능소, 주객의 분리를 넘어선 절대를 인간 마음의 심층 활동성으로 포착하려는 시도는 '초월적 관념론'에서 발견된다.[9] 칸트는 '초월적 통각' 또는 '순수통각'이라고도 불리는 '초월적 자아'의 개념을

---

[9] 근세 이전까지 서양에서는 인간존재는 상대적이고 유한한 것으로, 인간의 의식활동은 주관 영역의 심리적 작용으로 간주되었기에 주객포괄의 절대는 상대적 주객 너머의 제3자적 존재로 간주되었다. 스콜라철학에서의 기독교적 神이 그런 존재이다. 그러다가 근세 이후 무분별적 절대를 외적인 신에서가 아니라 인간 내면에서 발견하고자 하는 '초월적 관념론'이 시도된다. 일체의 의심가능근거가 배제된 절대적 인식을 추구하는 과정에서 데카르트가 발견한 의식주체의 사유활동성이 그 발단이다. 그 후 라이프니츠가 표층적 의식보다 더 심층에서 작용하는 인간 마음의 활동성을 주장하며 그것을 의식되지 않는 지각 즉 '미세지각'으로 제시하였다. 미세지각 차원에서는 지각하는 마음과 지각된 세계가 이원적으로 분리되지 않는다. 이 미세지각론에 근거해서 그는 현상세계를 오직 지각된 것으로서만 인정하며, 그렇게 세계를 지각하는 마음의 활동성을 소우주로서의 마음 A, 모나드의 본질적 활동성으로 논할 수 있었다. 이러한 마음의 능동적 활동성을 현상구성의 절대적 활동성으로 체계화한 것이 칸트철학이고, 그 체계를 완성한 것이 독일관념론이다.

제시하였는데, 이것은 주객대립의 경험적 현상세계를 구성해 내는 현상초월적 주체이다. 그 자신에 의해 구성된 현상세계를 바라보는 세계의 한계선에 있는 눈이라고 할 수 있다.

현상세계를 구성하고 현상세계를 바라보는 이 '초월적 자아'는 우리가 일상적으로 나(주관)라고 간주하는 '경험적 자아'와 구분되어야 한다. 후자는 객관세계에 대면해 있는 현상의 일부분으로서의 자아, 주객대립 속의 자아(마음 a)이며, 전자는 그러한 주와 객, 세계와 경험적 자아를 포괄하는 현상초월의 자아(마음 A)인 것이다. 바로 이 주객동일성으로서의 초월적 자아를 발견하기 위해 피히테는 주객으로 분리된 일상적 의식차원에서 출발하여 다음과 같이 묻는다.

주체인 나와 나의 앎의 대상인 사물과의 끈은 무엇인가?[10]

그리고 그는 주객과 능소를 매개하는 이 끈을 주체-객체성 또는 주객동일성으로서의 '자아'로 간주한다. 주객동일성으로서의 자아는 주객대립으로 주어지는 경험적 자아와 구분되는 초월적 자아이다.[11]

---

10) 피히테, 한자경 역, 『인간의 사명』(서광사, 1996), 88쪽.
11) 초월적 자아를 주객동일성으로 간주할 수 있는 것은 소위 객관세계가 그 자체 존재하는 실유가 아니라 정신의 작용에 의해 구성된 현상임을 밝힘으로써 가능한 것이다. 피히테는 『인간의 사명』에서 치밀한 논증을 통해 관념론체계를 확립하고 있으며, 『지식론』에서는 그러한 초월적 자아, 절대자아에서 출발하여 지식론체계를 완성한다. 셸링 역시 주관과 객관, 인식과 존재를 통합하는 궁극적인 '무제약적 절대'는 주객대립의 상대적이고 제약된 현상 안에서는 구해질 수 없음을 강조한다. 그것은 감각대상으로서의 사물도 아니고 신앙대상으로서의 신도 아닌 '절대적인 무제약적 자아'라는 것이다. "신은 그 자체로서 그의 인식의 실제 근거일 수는 있지만, 우리에 대해서 그런 것일 수는 없다. 왜냐하면 신은 우리에 대해 그 자체 객체이기 때문이다"(셸링, 한자경 역, 『철학의 원리로서의 자아』, 서광사, 1999, 31쪽), "주체와 객체의 개념은 그 자체 이미 절대적인 무제약적 자아의 담보이다."(같은 책, 38쪽) 이 무제약자에서 존재원리와 사유원리가 일치한다는 것은 바로 이 무제약자 안에서 주객이원성, 인식과 존재의 분리가 극복된다는 것을 의미한다.

나 자신의 본질이 바로 이 끈이다. 나는 주체이며 객체이다. 그리고 이 주체-객체성, 앎의 자기 자신에로의 귀환이 곧 내(피히테)가 자아라는 개념으로서 지시하는 것이다.12)

자아는 주체와 객체의 필연적 동일성, 즉 주체-객체이다. 자아는 어떤 매개도 없이 단적으로 그것이다.13)

주관과 객관, 인식과 존재, 사유원리와 존재원리가 동일한 이 자아의 활동성을 피히테는 『지식론』에서 행위(Handlung)와 사실(Tatsache)를 결합하는 근원적 활동성으로서의 사행事行(Tathandlung)이라고 부른다. 사행은 "단적으로 그 자신의 존재를 근원적으로 정립하는"14) 자아의 활동성이다. 자아에 있어서는 자기정립의 행위와 그것의 존재가 구분되지 않는다.

자아의 자기정립은 순수활동성이다. 자아는 자기 자신을 정립한다. 그리고 자신에 의한 단순한 정립에 의해 존재한다. 그리고 그 반대도 성립한다. 자아는 존재한다. 그리고 자신의 단순한 존재에 의해 자신의 존재를 정립한다. 이렇게 자아는 행위하는 자아며 동시에 행위의 산물이다. 자아는 활동적인 것이며 동시에 활동성에 의해 산출된 것이다. 행위와 사실이 하나이며 같은 것이다. 그러므로 자아가 존재한다는 것은 사행의 표현이다.15)

자아의 이 자기정립이 있어야만 비로소 그 안에 나 아닌 세계가 비아非我로서 반정립될 수 있고, 그 결과 세계 아닌 나(가분적 자아/경험적 자아/주

---

12) 피히테, 『인간의 사명』, 89쪽.
13) 피히테, 한자경 역, 『전체 지식론의 기초』(이하 『지식론』으로 약함), 서광사, 1996, 24쪽.
14) 『지식론』, 24쪽. 이하에서 언급하는 절대자아의 자기정립과 자아에 의한 비아의 반정립, 그리고 자아와 비아와의 종합에 관한 논의는 『지식론』 제1부 1~3장 참조.
15) 『지식론』, 21쪽.

관)와 나 아닌 세계(가분적 비아/경험세계/객관) 간의 대립과 종합의 관계가 가능해지는 것이다. 이처럼 절대자아의 자기정립인 마음 A의 활동성은 주객이원화된 구조 안에서 발생하는 대상의식으로서의 마음 a의 작용에 앞서 작용하는 근원적 활동성이다. 자아의 이 활동성은 일체 현상이 가지게 되는 실재성의 근원이 된다.16)

```
        경험적 자아              경험적 대상세계
        (의식)행위                 사실(세계)
            마음 A: 사행(능동적 활동성)
```

사행으로서의 자아의 자기정립은 주와 객, 인식과 존재의 현상적 이원화에 앞서 동일 근원으로서의 자기 자신을 정립하는 순수 자기활동성이다. 앞서의 거울 비유로 말하자면, 주객대립의 현상적 세계(가분적 비아)와 그에 마주한 경험적 자아(가분적 자아)는 거울 속의 상(소연경/상분)과 그 상에의 비춤(능연식/견분)에 비교될 수 있다. 반면 그런 현상존재를 정립하는 절대적 자아의 자기활동성인 사행은 거울의 능연과 소연을 여의더라도 사라지지 않고 남아 있을 거울 자체의 고요한 비춤(寂照)의 활동성에 비유될 수 있다. 자아의 자기정립의 활동성은 현상적인 능소분별, 현상적 자아와 현상적 비아의 분별이 있는 곳에서는 언제나 현상의 가능근거로서 이미 작용하고 있는 것이다. 이와 같이 능소분별의 현상적 차별상을 넘어 작용하고 있는 절대자아의 사행은 인간 마음의 본성 또는 정신의

---

16) 『지식론』, 66쪽, "모든 실재성의 근원은 자아이다. 자아에 의해, 그리고 자아와 더불어 비로소 실재성의 개념이 주어진다.…… 모든 실재성은 활동적이다. 그리고 모든 활동적인 것은 실재성이다."

근원적 활동성으로 간주된다.

　이상 불교의 공적영지나 독일관념론의 사행이 주객분별 이전에 현상 세계 자체를 가능하게 하는 마음의 본성, 초월적 자아의 근원적 활동성이라는 것을 살펴보았다. 그것은 중생 누구에게나 이미 갖추어져 있는 마음의 빛이며 근원적 자기자각성으로, '불성佛性'이며 '본각本覺'이다. 본각의 차원에서 보면 이미 누구나 불성을 갖춘 부처인 것이다.

　그러나 중생 모두가 이미 깨달은 부처라는 말은 거짓이다. 불성이 있다는 것과 그것을 깨달아 안다는 것은 서로 다른 말이기 때문이다. 문제는 불성 내지 본각을 깨달아 아는가 모르는가에 있는데, 중생은 본각은 있되 그 깨달음의 시각始覺이 없기에 부처가 아니다. 본성을 깨달으면 부처요 본성에 미혹하면 중생인 것이다.

　그렇다면 과연 어떤 방식으로 본성의 깨달음에 이를 수 있는 것인가? 공적영지나 사행을 상을 비추는 거울 자체의 고요한 비춤(寂照)이나 현상 세계를 보는 눈의 활동성에 비유할 때, 이제 문제는 세계를 보는 눈이 과연 자기 자신을 볼 수 있는가, 눈이 눈 자신을 어떻게 알 수 있는가 하는 데 있다.

3. 본성에 대한 무지 : 무명

1) 마음의 활동성의 자기의식

　인간의 본성은 공적영지 내지 자기정립의 절대적 활동성으로서의 마음이다. 본성이 마음이라는 것은 그것이 사물과 달리 스스로를 자각하고 있다는 것을 의미한다. 마음 자체가 어떤 방식으로든 알려지는 자각성 내지 의식성을 특징으로 하기 때문이다. 공적영지는 '중생의 본래적인 자각성'[17]으로서 이미 자각되어 있고 알려져 있는 것이다. 이 점에서 공적영지는 중생 누구나 이미 갖추고 있는 본각本覺인 것이다. 따라서 우리는 이미 그것을 알고 있는 것이 된다. 무엇이 공적영지인가 하는 물음에 대해 지눌은 다음과 같이 답한다.

> 지금 나에게 그처럼 묻고 있는 바로 그것(너의 마음)이 공적영지의 마음이다. 왜 반조返照하지 않고 밖에서 찾으려 하는가?[18]

공적영지의 마음이 무엇이냐고 묻는 그 마음 자체가 바로 공적영지의 마음인데, 이미 갖고 있으면서 왜 밖에서 찾고 이미 알고 있으면서 왜 무엇인지를 다시 묻느냐는 의미이다. 그러나 이처럼 본각이 이미 갖추어져 있는 것이라면 다시 무엇을 깨달아야 하는 것일까? 본각이 이미 각이라면 다시 시각始覺이 필요한 이유는 무엇인가?[19]

독일관념론 역시 인간은 누구나 '나는 나다'라는 자기의식과 더불어 자신의 능동적 활동성에 대한 의식을 가지고 있다고 본다. 데카르트는 그것을 '나는 생각한다'라는 자기의식으로 표현하였으며,[20] 칸트는 그것

---

17) 知訥, 『修心訣』(한불전 4, 711下), "이 청정공적지심이…… 중생의 본원각성이다."(此清淨空寂之心……亦是衆生本源覺性)
18) 知訥, 『修心訣』(한불전 4, 711中), "汝今問我者, 是汝空寂靈知之心. 何不返照, 猶爲外覓."
19) 원효는 『대승기신론별기』에서 "본각이 있으므로 본래 범부가 없다고 말하지만, 시각이 아직 있지 않으므로 본래 범부가 있는 것이다"(然雖曰有本覺故本來無凡, 而未有始覺故本來有凡)라고 말한다. 元曉, 『大乘起信論疏記會本』, 제2권(한불전 1, 749上; 『대승기신론소·별기』, 144쪽).
20) 데카르트의 '나는 사유한다. 그러므로 나는 존재한다'에 대해서는 데카르트, 『성찰』, 제1~2권 참조. 피히테는 이 명제의 직관적 성격 내지 자아의식성을 강조하기 위해 "데카르트는 그것을 충분히 의식의 직접적 사실로서 고찰할 수 있었다"라고 말한다.(『지식론』, 26쪽)

을 다른 모든 표상을 수반하는 것으로서의 '나는 생각한다'의 표상으로서 "자기활동성의 단순한 지적 표상"이라고 말한다.[21]

자아의 자기활동성에 대한 자기의식성을 독일관념론자들은 '지적 직관'이라고 부른다. 누구나 '나는 나다'라는 자기의식을 가지고 있으므로 어떤 실천적 행위가 있을 때 자기 자신을 수동적 규정성이 아닌 능동적 활동성으로 의식하게 된다. 이 능동성의 의식을 수동적인 감성적 직관과 구분하여 지적 직관이라고 부르는 것이다. 독일관념론자들은 마음의 능동적 활동성에 대한 자기의식인 지적 직관이 있기에 자기반성적인 철학적 사유 역시 가능하다고 주장한다.[22]

나는 행위들에 있어서 나의 자기의식의 지적 직관이 없이는 한 걸음도 나아가지 못하며 손이나 발도 움직일 수가 없다. 오직 이 직관을 통해 나는 내가 그것을 한다는 것을 안다. 오직 그것을 통해 나는 나의 행위와 그 행위에 있어서의 나를 그 행위의 객관으로부터 구분한다. 자신에게 어떤 활동성을 부여하는 자는 곧 이 직관에 근거하고 있는 것이다. 그 안에 삶의 기원이 있으며, 그것이 없으면 죽음이다.[23]

우리에게 지적 직관이 없었다면 우리는 항상 우리의 객관적 표상에 사로잡혀 있었

---

21) 칸트, 『순수이성비판』, B 278.
22) 피히테는 일상적 행위 뿐 아니라 그 자신의 철학체계인 지식론 역시 자아의 절대적 활동성에 대한 직관이 없다면 가능하지 않다고 강조한다. "지식론은…… 지적 직관, 즉 자아의 절대적 자기활동성의 직관에서 출발한다.…… 지식론이 말하는 지적 직관이란 존재에로 향하는 것이 아니라 행위에로 향하는 것이다."(피히테, 『지식론에의 제2 서론』, 제6장 참조) 바로 이 점에서 피히테는, 칸트가 자아의 능동성과 자발성의 자기의식을 말하고 그에 기반하여 정언명령의 도덕체계를 세우고 있는 한에서는 칸트 역시 지적 직관을 인정하고 있는 것이라고 주장한다. 그러나 이것은 피히테 및 독일관념론자들이 칸트가 구분한 자기의식과 자기인식의 차이를 간과하고, 자기인식에 해당하는 지적 직관을 자기의식으로 오해한 데서 비롯된 주장이다.
23) 피히테, 『지식론에의 제2서론』, 제5장.

을 것이고 어떠한 초월적 사유, 초월적 구상력도 없었을 것이며 이론적이든 실천적이든 간에 철학도 없었을 것이다.[24]

그렇다면 우리는 우리 자신의 본성을 이미 다 통찰하고 있는 것인가? 견성은 이미 성취된 것인가? 만일 이처럼 자아가 사행으로서의 자기정립의 활동성을 이미 알고 있다고 한다면 독단은 왜 발생하는 것인가?

2) 자기의식(본성)과 자기인식(견성)의 구분

그러나 칸트의 관점에서 보면 독일관념론자들이 주장하는 지적 직관은 자아의 자기활동성에 대한 자기의식일 뿐 자기인식이 아니다. 자기활동성에 대한 직접적 통찰로서의 직관이 아닌 것이다. 이 점에서 칸트는 자기의식과 자기인식을 구분한다.

자기 자신을 의식하는 것은 자기 자신을 인식하는 것과는 다르다.[25]

자기의식은 자기활동성에 대한 의식일 뿐, 그런 활동성으로서의 자기 자신을 바라보는 직관이 아니다. 따라서 그것을 지적 직관이라고는 할 수 없다. 사행이라는 자기정립의 활동성을 세계를 보는 눈의 활동성(눈의 봄)이라 한다면 눈이 활동하는 한 눈의 자기의식은 있는 것이지만, 문제는 그러한 활동성으로서의 눈이 눈 자신을 다시 볼 수 있는가, 눈이 자기 자신을 확인하여 아는 자기인식에 이를 수 있는가 하는 점이다.

---

24) 셸링, 『지식론적 관념론의 설명을 위한 소고』, 제1권.
25) 칸트, 『순수이성비판』, B 158. 자기의식을 인식이 아니라고 하는 것은 그것이 아무런 직관적 내용을 가지지 않기 때문이다. "(자아의식은) 주관을 순수의식 안에서 그것의 본래 모습 그대로, 즉 수용성으로서가 아니라 순수자발성으로서 드러내 주지만, 그 본성에 대해 그 이상의 어떠한 인식도 제공하지 못한다."(B 271)

칸트는 인간이 인간 자신의 정신의 활동성을 직관적으로 확인하여 알 수 있는 가능성을 부정한다. 인간은 자신을 자율적이고 능동적인 주체로 의식하며 살아가기는 하지만, 그런 능동적 활동성 자체를 직관할 수 없다. 인간이 자기 자신을 내적으로 직관할 경우에도 내적 직관 형식으로서의 시간 형식에 따라 직관하는 것이므로, 그렇게 직관된 자아 또한 결국은 시간 형식 아래 주어진 현상적 자아, 대상화된 과거의 주체일 뿐이다. 만일 인간이 그 자신의 활동적 마음 A를 그 자체로 직관하여 인식할 수 있다면, 인간은 감성적 직관만이 아니라 지적 직관도 함께 가졌다고 할 수 있을 것이다. 그러나 인간에게는 그런 직관이 없다. 칸트는 그것은 신적 존재에게나 가능한 직관이라고 본다. 인간은 지적 직관의 결여로 인해 자기인식에 이를 수 없다는 말은 곧 인간은 신이 아니라는 의미이다. 결국 인간은 인간 자신에게 신비로 남을 뿐이다.[26]

반면 독일관념론자들은 칸트가 구분한 자기의식과 자기인식의 차이를 간과 내지 무시하고 자기인식으로서의 '지적 직관'을 자기의식의 의미로 사용한다. 그들이 인정하는 지적 직관은 칸트적 의미로는 자기의식에 해당하며, 칸트적 의미의 지적 직관은 그들에게서도 부정된다.

---

[26] 이러한 자기의식과 자기인식의 구분은 인도 논리학의 現量 가운데 감각과 지각을 제외한 自覺(자기의식)과 定觀(자기인식=지적 직관)의 구분과 비교해 볼 수 있겠다. 자각에 입각한 감각과 지각이 일상적인 대상의식이라면, 자각은 그렇게 대상을 인식하는 자기 자신의 의식인 자기의식이며, 정관은 바로 그런 자기를 다시 직관하여 아는 지적 직관에 해당할 것이다. 정관은 비량 아닌 현량이기에 사유 아닌 직관이지만, 대상인식인 감각이나 지각과 같은 감성적 직관이 아닌 지적 직관이다. 그런데 자각은 대상세계를 의식하는 누구나 이미 가지고 있는 자기의식인 데 비해 정관은 특별한 수행의 선정을 거쳐 비로소 도달가능한 것이다. 따라서 그런 수행을 고려하지 않는 한은 인간에게 정관 내지 지적 직관이란 불가능하다는 칸트식 주장이 오히려 더 정확할 것이다. 불교가 정관, 지적 직관 내지 견성을 인정하는 것은 그것을 위한 수행론이 있기에 가능한 것이다.

내가 그것(자아의 자기활동성/사행)을 근원적으로 의식하고 있는 것은 분명하다.……
나는 나의 행함을 직접적으로 의식한다. 단 그것을 바로 그러한 자체로 의식하는
것이 아닐 뿐이다.27)

자기 정신의 활동성을 의식하되 그것을 바로 그러한 자체로 의식하지
못한다는 말은 곧 자기활동성의 의식은 있지만 그 활동성을 본질 그대로
정확하게 아는 자기인식은 없다는 말이다. 마음의 자기활동성이므로 그
활동성은 우리에게 의식되어 있다. 우리는 영묘한 자기의식, 영지를 가지
고 있는 것이다. 우리 자신의 본성은 본각이기에 이미 자각되어 있다.
다만 우리는 그 본성을 그러한 자체로 바로 알지 못할 뿐이다. 결국 문제
는 마음의 활동성이 바로 공적영지이기에 마음이 스스로 자신을 알긴
알면서도 자신을 바로 그러한 공적영지로 알지는 못한다는 점이다.

여기에서 우리는 '무엇을 아는 것'과 '무엇을 바로 그러한 것으로 아는
것'을 구분할 필요가 있다. 공기 속에 사는 자는 공기를 안다고 말할 수
있다. 그러나 공기를 안다고 해서 그것이 곧 공기를 공기로 안다는 말은

---

27) 피히테, 『인간의 사명』, 83쪽. 이에 이어 "왜냐하면 나는 감각과 동시에 대상의 표상
을 직접 의식하기 때문이다"라고 부연설명한다. 즉 자아의 자기정립의 작용과 비아
반정립의 작용이 이미 알려져 있다는 것은 그 작용결과로서의 세계가 우리에게 알
려져 있다는 것을 말한다. 일상적으로 우리는 의식(주관/견분)은 그 의식과 독립적으
로 이미 존재하는 대상(객관/상분)을 단지 수동적으로 받아들일 뿐이라고 느낀다.
반면 독일관념론은 그와 같은 주객이원론, 인식과 존재, 정신과 물질의 이원화를
비판하며, 대상세계란 근원적으로 마음의 작용을 떠나 따로 존재하는 것이 아님을
강조한다. 대상세계는 마음이 그린 상일 뿐이며, 그 상을 보는 주관은 주객도식에
따라 대상세계에 대해 스스로 수동적이라고 느끼지만, 실제 대상의식은 수동적 의
식이 아니라 대상의 표상을 산출해 내는 능동적 활동성의 의식인 것이다. 이런 의미
에서 피히테는 "대상의 의식은 곧 내가 대상의 표상을 산출하는 의식일 뿐이다"라
고 말한다(『인간의 사명』, 84쪽). 이와 마찬가지로, 아뢰야식에 있어서도 그 식전변
결과로서의 기세간과 신체가 의식되는 만큼 현행식으로서의 아뢰야식 자체가 이미
의식되고 있다고 말할 수 있다.

아니다. 공기를 공기로 알 수 있기 위해서는 공기가 없는 상황에 직면하여 '공기'와 '공기 아님' 또는 '공기 있음'과 '공기 없음'의 차이를 알아야만 한다. 공기 아님이 무엇인지를 알아야, 예를 들어 숨을 멈추어 공기 없음을 경험한 후에야 비로소 우리가 숨쉬는 것이 바로 '공기' 때문임을 알게 된다. 그때 비로소 공기를 바로 그러한 것으로 아는 것이다. 그러나 공기를 공기로 알 때 비로소 공기를 알게 되는 것은 아니다. 공기 아님을 알기 위해서는 이미 공기를 알고 있어야 하기 때문이다. 그러므로 공기를 공기로 알기 전에 이미 공기를 알고 있어야 한다.

그러므로 무엇을 그 무엇으로 바로 알기 위해서는 그 무엇과 더불어 그 무엇의 부정을 함께 알아야만 한다. 그 무엇에 대해 '그것'과 '그것 아닌 것'을 구분짓는 한계가 그어져야만 '그것'을 '그것 아닌 것이 아닌 것' 즉 '바로 그러한 것'으로 인식하게 되는 것이다. 마음의 활동성을 의식하되 그것을 바로 그러한 것으로 의식할 수 없는 것은 우리가 우리 마음의 활동성을 벗어나거나 멈추어 볼 수 없기 때문이다.

> 우리는 우리의 자기의식(자아의 자기정립의 활동성)을 결코 추상할 수 없다.[28]

모든 차별상은 색에 의해, 경계선에 의해 만들어지는 것이다. 일체의 색과 경계선이 사라지고 나면 각각의 바탕이 결국 하나로 통하게 된다. 일체 현상을 포괄하는 바탕, 우주 전체를 감싼 허공은 끝 또는 한계가 없기에, 그것이 있다는 것과 없다는 것이 구분되지 않는다. 그와 같이 한계 없는 무한, 상대 없는 절대의 허공이 바로 우리 자신의 마음 A이다. 그 마음의 한계 밖에 나설 수 없는 이상, 그 무한과 절대의 마음이 없지

---

28) 피히테, 『지식론』, 23쪽.

않고 있다는 것을 우리는 알 수가 없다. 우리는 마음 밖으로 나갈 수가 없다. 마음은 마음을 추상할 수 없는 것이다. 그러므로 우리는 마음을 의식하면서도, 누구나 '나는 나다'라는 자기의식을 가지면서도, 마음을 바로 그런 절대와 무한의 마음으로 의식하지는 못하는 것이다.

마음이 자기 자신을 바로 그런 것으로서 알지 못함은 곧 자기 자신에 대한 무지인 무명無明이다. 따라서 중생은 본각(공적영지)을 가지고 있으면서도 그것을 그것 자체로 자각하지 못하는 무명의 불각不覺 상태에 있다. 무명이 있기에 불각이고, 불각이 있기에 다시금 시각始覺이 요구되는 것이다. 어떻게 중생이 자기 자신의 본성을 바로 그러한 것으로 자각하는 견성에 이를 수 있는 것인가? 무한의 마음이 어떻게 자기 자신을 바로 그러한 것으로 알 수 있는 것인가?

피히테는 마음을 마음으로 의식하는 길은 마음이 스스로 마음 아닌 것을 설정하는 것, 즉 자아가 자아 안에 비아를 반정립하는 것이라고 말한다. 한계 없는 무한, 상대 없는 절대가 스스로 한계를 긋고 스스로 상대화하는 것이다. 그렇게 해서 자아는 세계를 산출한다. 그것이 비아의 반정립, 현상세계의 산출이다. 그렇게 산출된 반정립된 현상세계(비아)를 다시 부정함으로써 자아는 자기 자신을 비아 아닌 자아로 확인하게 된다. 불교에서도 마찬가지로, 마음이 자기 자신을 마음으로 자각하는 길은 공적의 마음 A가 자기 안에 등장하는 주객대립의 현상세계를 부정하는 것으로써 가능하다. 마음 A를 바로 그런 것으로 알지 못하는 무명으로 인해 인간은 주객, 능소의 망분별에 따라 자아와 세계를 실유로 집착하여 업을 짓고, 그 집착적 업력에 따라 다시 분별적 자아와 세계가 형성되어 윤회가 계속된다. 업력에 따라 윤회할 오온이 형성되고 그 오온에 상응하는 기세간이 형성되는 것이다. 윤회를 벗어난다는 것은 가상의 현상세계로부터 그것의 부정으로서 그 근원인 마음A로 돌아가는 것을 의미한다. 그렇게 함으로써 마음A를 바로 그러한 것으로 확인하게 된다.

이렇게 보면 주객, 능소의 망분별인 현상세계는 무분별적 마음A가 자기확인에 이르기 위해 형성한 가상이고 현상이다. 다만 그 가상의 현실을 실유라고 생각하며 거기 매달려 있는 한, 무분별적 마음A로의 복귀, 반조返照, 자기확인은 발생하지 않는다. 가상을 형성하는 것은 다시 그것을 부정하여 그것 아닌 것으로서의 무분별적 마음을 확인하기 위함이다. 생멸의 가상으로부터 불생불멸의 진여에 이르고자 함이며, 상으로부터 성에 이르고자 함이다. 그래서 절대자아는 자신 안에 비아를 반정립하고 다시 그 비아를 부정하여 비아 아닌 자아를 확인하고자 하며, 일심은 무명 속에서 윤회하면서 육도의 기세간을 형성하지만 결국은 육도윤회를 벗어 해탈경지에 이르고자 하는 것이다. 마음A로서의 자신의 본성을 확인하는 것이 곧 견성이다.

견성을 위해 스스로 현상을 만들고 다시 부정하는 것, 무한과 절대의 마음에 이르기 위해 스스로 한계선을 그어 유한화한 후에 다시 그것을 부정하는 것은 독일관념론과 불교가 마찬가지이다. 다만 유한을 부정하고 무한으로 나아가는 방법에 있어 차이가 있을 뿐이다.

4. 본성의 확인: 견성

1) 독일관념론: 실천적 행위의 길

피히테에 따르면 무분별적 마음A의 활동성, 절대자아는 그 자체로는 인식되지 않는다. 따라서 자신을 자기 자신으로 바로 인식하기 위하여 마음 A(절대자아)는 스스로 자아의 자기정립에 이어 자아 안에 비아를 반정립한다. 이렇게 절대자아 안에 비아가 반정립되면 절대자아는 가분적 자아와 가분적 비아로 분할되고, 그 둘 사이에서 하나가 다른 하나를 규정하는 대립과 투쟁의 역사가 시작된다.

가분적 비아에 의해 가분적 자아가 규정되는 과정은 인식이며, 반대로 가분적 자아가 가분적 비아를 규정하는 과정은 실천이다. 가분적 자아가 가분적 비아에 의해 규정되는 인식과 달리, 실천행위에서는 자아가 비아(객관 현상세계)를 규정하고 부정함으로써 비아를 자아화하여 자아의 영역을 확장시켜 나간다. 이처럼 비아를 부정하는 실천 과정을 통해 자아는 자기 자신을 비아 아닌 것으로, 즉 자아로 확인하게 된다.

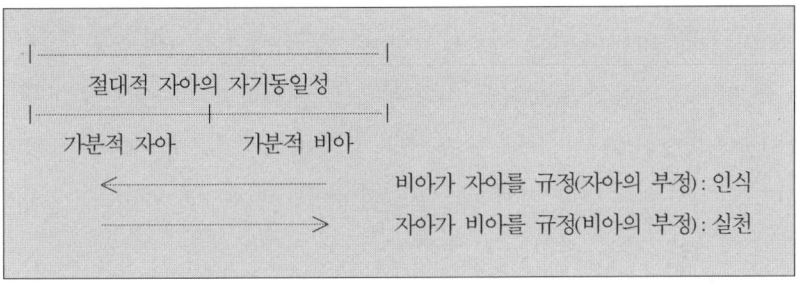

이와 같이 절대자아는 자기확인을 위해 자아 아닌 비아를 반정립하고 다시 실천행위 속에서 그 비아를 부정함으로써 자신을 비아 아닌 자아로 인식하게 된다. 그러나 자아와 비아의 투쟁적 관계 속에서 비아의 부정으로서의 실천적 행위를 통해 확인되는 자아는, 비아와 대립해 있는 가분적 자아(마음 a)이지 절대자아(마음 A) 자체가 아니다. 비아의 부정은 곧 가분적 자아의 확장일 뿐이기 때문이다. 그것은 한 가분적 자아에서 그보다 더 확대된 가분적 자아에로의 경계선의 이동일 뿐인 것이다. 다시 말해 그것은 자아와 비아가 대립해 있는 현상세계 내에서의 수평적인 경계이동으로, 가분적 자아와 가분적 비아 둘 다를 포함하는 현상 전체의 부정을 통해 절대자아에로 나아가는 그런 수직적 초월이 아니다. 경계 자체를 초월해서 절대자아에로 나아가는 것이 아니라, 가분적 자아의 경계를 절대자아 쪽으로 이동하여 가분적 자아의 영역을 무한히 확장함으로써 절대자아에로 접근해 가는 것일 뿐이다.

피히테에 있어 비아가 완전부정되어 절대자아의 통일성에 이른다는 것, 즉 절대자아가 완전한 자기인식에 도달한다는 것은 하나의 이념일 뿐이지 현실이 아니다. 자아는 오직 비아가 부정되는 과정에서만 자아로서 확인되기 때문이다. 비아가 남아 있어야만 그 비아의 부정을 통해 자아의 활동성이 자각되는 것이므로, 자아는 대상세계와의 투쟁관계 하에서만 대상 아닌 자아로 의식될 수 있다. 결국 비아 부정의 순간 절대자아는 자아로 작용하긴 하지만, 비아 부정을 통해 확인된 자아란 절대자아가 아닌 확장된 가분적 자아일 뿐이다. 절대자아는 가분적 자아의 무한한 확장이 지향하는 궁극 지점으로서의 이념으로만 작용할 뿐이다. 절대자아의 단적인 자기인식, 자기동일성의 확보는 추구해야 할 이상일 뿐 실현 가능한 현실이 아닌 것이다.

이처럼 절대자아의 자기확인, 마음 A의 자기인식이 불가능하다는 것은 독일관념론 역시 칸트적 의미의 지적 직관을 부정하고 있음을 보여 준다. 인간에게 가능한 직관은 현상의 직관일 뿐이고 가능한 의식은 인식에서나 실천에서나 대상의식일 뿐이므로, 마음 A를 그 자체로 의식에 포착하는 지적 직관이란 불가능한 것이다. 이런 의미에서 셸링은 자아를 확인하는 자기인식의 길을 부정한다. 정신의 활동성(그는 이 자기의식을 지적 직관이라고 칭했다)은 자기의식의 방식으로 의식될 뿐, 그것이 바로 그러한 것 자체로 의식되지는, 즉 직관되지는 않는다. 마음 A는 주객동일성을 의식하는 조건은 될 수 있지만 그 자체가 의식대상으로 주어지는 것은 아니라는 것이다.

> 지적 직관은 절대적 자유와 마찬가지로 의식 안에 나타날 수 없다. 왜냐하면, 의식이 객체를 전제하는 데 반해 지적 직관은 그것이 아무런 객체도 가지지 않는다는 것에 의해서만 비로소 가능한 것이기 때문이다.[29]

우리가 자아로서 활동하지만 그것이 의식 안에 포착되지 않는다는 말은 우리가 우리 자신의 마음의 활동성을 바로 그런 것으로 직관하지는 못한다는 말이다. 우리는 마음 A의 근원적 활동성으로서 살아간다. 그러나 그 활동성을 직접 직관하여 아는 것이 아니라 사유 속에서 추론하여 반성적으로 아는 것일 뿐이다. 마음 A는 사유의 대상이지 직관의 대상이 아니다. 우리의 의식은 오직 대상의식으로서만 가능할 뿐 그 자체가 바로 그런 것으로 의식될 수는 없다. 이것이 바로 우리의 일상적 의식의 한계라고 할 수 있다.

2) 불교 : 종교적 수행의 길

불교가 강조하는 견성見性은 성(불성)을 직접 관하는 것으로, 성에 대한 추론적 사유가 아닌 직접적 직관을 의미한다. 견성이란 인간 마음의 근원적 활동성인 공적영지에 대한 직관인 것이다. 그 직관은 비량比量이 아닌 현량現量이되, 단순한 경험적 감각이나 지각과는 구분되고 나아가 단순한 자기의식으로서의 자각自覺과도 구분되는 현량 즉 정관定觀이다. 또한 공

---

29) 셸링, 『철학의 원리로서의 자아』, 55쪽.

적영지를 주객을 포괄하는 '마음 자체의 자기활동성' 내지 '식 자체의 자기의식성'이라는 의미에서 자증분이라고 한다면, 견성은 다시 자증분을 바로 그러한 것 자체로 확인하는 증자증분이 된다.30)

능연식(견분)　　소연경(상분)	:	일상의식(대상의식) / 감각, 지각
능변식 자체(자증분)	:	마음 A = 인간의 본성 / 자각
↑		
자증분의 확인(증자증분)	:	본성의 확인 = 견성 / 정관

대상의식 아닌 자기의식으로서의 공적영지를 있는 그대로 확인하는 증자증분은 곧 선정을 통해 얻어지는 직관인 정관이므로, 그것은 수행을 필요로 한다. 그렇다면 그 수행은 어떤 방식의 수행인가?

주객과 능소의 분별 너머 그 둘이 분리되지 않은 자증분을 그 자체 그대로 확인하고자 하는 것은 나와 세계, 인식과 존재가 하나로 통합되어 있는 그 지점에 의식을 가지고 도달하고자 하는 것이다. 현상적으로 일체가 서로 분리되어 있는 의식표층을 지나 마음 심층에 도달해서 무분별의 지점에 이르고자 하는 것이다.

---

30) 견성은 정관이라 부를 수도 있고 증자증분이라고 부를 수도 있으며, 수행과 상관없이 누구에게나 이미 존재하는 본성인 '공적영지'와 구분해서 수행을 통해 비로소 얻게 되는 지혜(반야, prajna)로서의 '證悟의 智'라고 부를 수도 있고, 寂照의 본성을 관한다는 의미에서 '返照'라고 부를 수도 있다.

물론 본문에서의 식의 四分은 현상으로 변현하는 근본식으로서의 아뢰야식의 사분이다. 아뢰야식의 견분을 자아로, 상분을 세계 자체로 간주하는 것이 곧 아집과 법집이다. 이때 자아(견분)는 보여진 세계 안에 있는 유근신(상분)의 작용으로 생각되는 것이다. 그만큼 자증분은 식 자체로서 작용하되 그것으로 인식되지 않고 무명에 쌓여 있다. 따라서 번뇌와 집착의 말나식이 그 견분과 상분을 실아와 실법으로 간주하게 되는 것이다.

그런데 우리의 일상적 의식은 주객, 능소의 대립 구도로 되어 있다. 능연의 주관적 의식활동은 소연의 객관적 의식대상을 가지고 있으며, 후자가 없이는 전자가 성립할 수 없다. 의식대상이 없으면 의식활동도 없는 것이다. 경이 멸하면 식도 따라 멸한다는 것이 경식구민境識俱泯이다. 서양 현상학에서는 의식활동이 언제나 의식대상을 지시하며 의식대상과 함께한다는 것, 의식대상이 없는 의식활동이란 있을 수 없다는 것을 '의식의 지향성指向性'이라고 칭한다. 먹히는 대상이 없으면 먹는 것이 아니듯이 의식의 대상이 없으면 의식활동도 없다. 먹는다는 것이 무엇인가를 먹는 것을 뜻하듯이 의식한다는 것은 무엇(지향적 대상)인가를 의식한다는 말이다. 따라서 의식대상이 없어지면 그 대상의식도 따라서 없어지면서 의식 자체가 잠들어 버리는 것이다.

그러나 공적영지나 지적 직관을 인식 차원에서 확인하기 위해서는 이러한 주객대립구도라는 일상적 의식의 한계를 넘어서야 한다. 그렇다면 의식대상이 없이도, 대상의식이 아닌 방식으로도 의식이 의식으로 활동할 수 있는 것인가? 대상 없는 의식이 가능한가?

자신의 본성, 공적영지를 발견하기 위한 수행이 곧 적성등지법寂惺等持法이다. 마음의 내용, 마음의 상들을 지워 나가면서 마음 대상이 사라질 때 그럼에도 불구하고 마음이 따라서 혼침昏沈에 빠져들지 않고 깨어 있도록 하는 것, 그렇게 함으로써 마음 자체를 발견하는 것이다.

> 초저녁이나 밤중이나 새벽에 고요하게 대상을 잊고 단정하게 앉아서, 바깥 상을 취하지 말고 마음을 거두어들여 안으로 비추어 본다. 우선 고요함(寂)으로써 반연하는 생각을 다스리고, 다음에는 또랑또랑함(惺)으로써 혼침을 다스린다. 혼침과 산란散亂을 고루 제어하며, 나아가 취하고 버린다는 생각도 없어야 한다.[31]

우리의 일상 의식에서는 의식객체가 사라지면 의식작용도 함께 사라지면서 의식이 잠들어 버리고 만다. 의식이 늘 대상의식 차원에 머물러 있고 공적영지가 직관되지 않기 때문으로, 그래서 그 동일성은 의식이 아닌 존재, 마음이 아닌 몸의 차원으로 간주되고 만다.32) 그렇지만 그것이

---

31) 知訥, 『勸修定慧結社文』(한불전 4, 701中), "卽於初中後夜, 爾忘緣兀然端坐, 不取外相, 攝心內照. 先以寂寂, 治於緣慮, 次以惺惺, 治於昏沉. 均調昏散, 而無取捨之念." 이 수행방식을 지눌은 '無心法'이라 표현하기도 한다. 그는 空甁이 병 안의 내용물이 없다는 뜻이지 병 자체가 없다는 뜻이 아니듯이, 無心이란 마음의 내용이 되는 망념의 심작용(마음 a)이 없다는 것이지 마음 자체(마음 A)가 없다는 것은 아니라고 말한다. 이처럼 마음내용, 마음작용의 대상들을 없애나가되(적) 마음 자체의 밝음과 깨어 있음(성)은 유지하는 것이 무심법이다. 이런 방식으로 무념지심, 무심지심을 그 자신의 진심으로 확인하고자 하는 것이다.
그러면서도 지눌은 어떤 방식으로 견성에 이를 수 있는가 하는 질문에 다음과 같이 답한다. "다만 그대 자신의 마음인데 다시 무슨 방편을 쓰겠는가? 만일 방편을 써서 다시 알기를 구한다면 그것은 마치 어떤 사람이 제 눈을 보지 못하므로 눈이 없다 하여 다시 보려 하는 것과 같다. 이미 제 눈인데 왜 다시 보려 하는가? 만일 잃지 않았음을 알면 그것이 곧 눈을 보는 것이다. 다시 보려는 마음이 없는데 어찌 보지 못했다는 생각이 있겠는가? 자기의 신령한 앎도 그와 같이 이미 제 마음인데 어찌 다시 알려고 하는가? 만일 알려 하면 얻을 수 없음을 알게 되니, 다만 알 수 없는 것임을 알면, 그것이 곧 성을 보는 것이다."(知訥, 『修心訣』; 한불전 4, 710上) 이 구절은 지눌이 견성을 본성으로서의 공적영지를 직접 보는 직관(現量)이 아니라, 단지 공적영지가 있다는 반성적 사유(非量) 또는 있다는 믿음(信解) 정도로만 인정하는 듯한 의문을 남기는 구절이다. 그러나 지눌이 논하는 적성등지법이나 무심법은 모두 견성에 이르기 위한 수행과정이다. 따라서 이 구절은 '마음의 자기확인인 견성'이 불가능하다는 것을 말하려는 것이 아니라, 그 견성의 툇이 경험적 사물인식에서 육안으로 보는 인식방식(分別之識)과는 완전히 다른 것이라는 것, 그런 방식으로 보고자 해서는 결코 볼 수 없다는 것을 강조하고자 함이라고 본다. 적성등지법 내지 무심법에 의해 견성하게 되는데, 그 견성의 순간은 頓悟이며, 이를 見道라고 한다. 그리고 지눌은 이 견성에 근거해서 다시금 과거의 업장들을 닦아내는 수행이 필요하다고 보았는데, 이 수행이 漸修이며 이것이 修道에 해당한다.
32) 불교의 공적영지나 독일관념론의 사행이 '바로 그러한 자체'로 인식되지 않는다는 말은 그것이 표층의식(제6 의식/경험적 대상의식/마음 a)보다 더 심층에서 작용하는 마음활동이라는 것을 말해 준다. 우리가 우리 자신의 무한과 절대의 마음 A를 그런 것으로 자각하여 알 수 없는 것은, 그 무한의 마음은 유한한 현상적 의식의 기반이 되되 그 자체는 의식화되지 않는 무의식에 머물러 있기 때문이다. 마음활동의 결과는 현상세계로서 의식에 주어지지만, 그 마음의 활동성 자체는 의식심층의 무의식

공적영지라고 불린다는 것은 곧 그것이 마음작용임을 말해 주고 있다. 따라서 문제는, 의식에서 대상을 없애어 대상의식 차원의 의식이기를 멈추면서도(寂) 그 의식이 잠들지 않고 늘 깨어 있도록(惺) 유지하는 것이다. 이러한 적성등지법은 정확히 무엇을 시도하는 것인가?

우리의 일상적 대상의식에서의 뇌파는 베타(β)파로, 이는 대상에 따라 사이클이 바뀌면서 빠른 속도로 움직이는 불안정한 파이다. 이 바깥으로 향한 의식을 되돌려 안으로 향하게 한다면 의식은 대상에 따라 움직이는 대상의식에서 의식 자체를 의식하는 내부의식으로 바뀌는데, 이때 고요한 평정을 갖춘 뇌파는 좀더 긴 파장의 알파(α)파가 된다. 그런데 그렇게

영역에 머물러 있는 것이다.
서양철학에 있어 의식보다 더 심층적인 마음의 활동이 존재한다는 것을 주장한 철학자는 라이프니츠이다. 의식되지 않는 마음의 활동, 그런 무의식적 앎을 그는 '미세지각'이라고 부른다. 미세지각은 마음의 작용이기는 하되 그 지각의 강도가 너무 미세하거나 일률적이기에 의식화의 문턱을 넘어오지 못하는 그런 지각이다. 이로써 그는 의식의 심층에서 너무 미세하게 작용하여 미처 의식되지 않는 마음의 작용이 존재한다는 것을 논증한 셈이다. 앞에서 논해 왔던 마음 a의 활동이 표층의 의식활동이라면, 마음 A의 활동은 의식되지 않는(무의식적인) 심층의 마음활동으로서의 미세지각이라고 볼 수 있다. 그러나 지각의 정도가 강해짐에 따라 우리가 의식적으로 분별하여 알게 되는 지각은 이전에 의식되지 않던 바로 그 지각이며, 우리가 분별하여 알게 되는 세계는 미세지각 차원에서 지각되는 바로 그 세계이다. 지각은 무의식적 차원에서부터 지각 차원에 이르기까지, 세계 역시 무의식적으로 지각된 것에서부터 의식적으로 지각된 것에 이르기까지, 단절적이 아니라 연속성을 가지고 있는 것이다. 바로 이 연속성에 근거해서 미세지각을 마음의 작용이라고 말할 수 있게 된다. 이런 무의식적인 마음작용을 인정하지 않을 경우에만, 표층적 의식차원의 앎을 넘어서는 것에 대해 그것을 단지 몸의 작용이라고 간주하게 되는 것이다. 이는 존재와 인식을 이원론적으로 분별하는 마음 a의 관점이다. 다시 말해 마음(마음 A)을 의식(마음 a)과 동일시하고, 마음 a와 구분되는 마음 A의 존재를 인정하지 않는 관점이다. 이러한 관점에 선 경우, 공기를 공기로서 아는 것이 의식의 분별작용이라면 그 분별작용에 앞서 그냥 공기를 아는 것은 의식 내지 마음이 아는 것이 아니라 몸이 아는 것이라고 말하려 할 것이다. 따라서 세계에 대해서는 사유주체로서의 내가 아는 것보다 내 몸이 더 많은 것을 알고 있다고 주장하게 될 것이다. 현대의 '몸의 철학'이 이런 관점에 있다고 할 수 있다.

의식이 고요해지면, 즉 의식대상을 없애고 무념무상의 상태에 이르러 무심無心이 되면 우리는 잠들게 된다. 경이 없으면 식도 없기 때문이다. 잠든 수면뇌파는 파장이 더 길어지면서 세타(θ)파로 바뀌고, 그때 우리는 꿈의 세계로 빠져든다. 꿈에서는 자신의 시간과 공간을 초월하여 폭넓은 내적 의식세계를 마음껏 돌아다닌다. 그러다가 잠이 더 깊어지면 더 이상 꿈도 꾸지 않아, 외부의식도 내부의식도 멎어 버린 무의식 단계가 된다. 이때 뇌파는 아주 긴 파장의 델타(δ)파가 된다.

우리가 뇌의 파장이 베타파에서 알파파, 세타파로 바뀜에 따라 잠들어 버리게 되는 까닭은, 이미 강도가 강한 대상적 자극에 익숙해지고 내적인 미세한 자극들에 둔감해져서 더 이상 내적 자극들을 감지하지 못하기 때문이다. 생명활동만이 있는 원초적 상태에서는 델타파나 세타파 정도의 내적 자극만이 있었을 것이며, 그런 미세한 자극들도 모두 감지되었을 것이다. 그러나 점차 강력한 외적 자극에 익숙해지면서 우리는 그런 외적 자극이 있는 베타파 상태에서만 깨어 있고, 감지가능한 외적 자극이 없으면 잠을 거쳐 무의식에 빠져들고 만다. 따라서 우리에게서 실제 작동하고 있는 생명활동은 전혀 의식되지 않아서 무의식 차원의 활동으로 간주되고 의식 또한 그런 활동과 분리된 것으로 간주됨으로써, 결국 우리는 존재와 의식, 생명과 사유를 이원론적으로 분리하게 된다.[33]

---

[33] 이는 의식화 가능해지는 자극의 역치가 점점 상승했다는 것을 의미한다. 역치가 올라가는 것은 그만큼 의식이 둔감해진다는 것으로, 많은 마음활동이 무의식화된다는 것이며 본래는 마음의 통제 아래 있었을 많은 신경활동이 의식화되지 않음으로 해서 자율신경으로 바뀐 것일 수도 있다. 자극의 의식화의 역치가 상승하는 경우는 일상적으로도 경험할 수 있다. 예를 들어 한 손가락이 바늘에 찔려 피가 나면 그 아픔이 의식되지만, 바로 다음 순간 다른 손가락이 칼에 베일 경우 두 번째 아픔만 의식될 뿐 첫 번째 아픔은 더 이상 의식되지 않을 것이다. 이런 식으로 강한 자극을 따라 의식화의 역치가 상승하는 것이다.

적성등지법은 바로 그와 같은 분열을 넘어서려는 시도라고 볼 수 있다. 이미 무의식으로 화해 버린 존재와 생명을 다시 의식화하여 마음 A의 활동성으로 확인하고자 하는 것이다. 의식의 대상을 지우고 적정(寂)의 상태에 들어가면서도 깨어 있음(惺)을 유지한다는 것은 뇌파가 알파파, 세타파, 나아가 델타파가 되면서도 잠들지 않고 깨어 있는 것이다. 각성 상태를 유지하면서 깊은 내면의식으로, 나아가 무의식으로까지 들어가는 것이다. 깊은 내면의식에서는 시간과 공간을 초월하게 되고, 무의식에서는 나와 너, 나와 세계의 이원화된 분별의식을 초월하게 된다. 결국 적성등지법은 의식이 깨어 있는 채로 내부의식을 통과하여 무의식의 세계, 즉 무심의 경지로 나아가려는 것이다.

외부의식과 내부의식, 무의식의 세계를 자유자재로 들락거릴 수 있게 되면 무의식 상태에서 자율적으로 작동하던 신경들을 모두 의식하여 비자율화하는 것이 가능해지고, 그 결과 분별의식을 초월해 있는 마음 A의 활동성을 있는 그대로 확인하게 된다. 자기 자신의 본모습을 직관하는 것이다. 그때 비로소 외부의식에서의 분별적 나를 벗어나 그보다 더 심층에서 작용하는 있는 그대로의 식 자체를 보게 된다. 그리하여 의식이 각성된 채로 꿈의 세계에 들어가니 깨어 있음과 꿈이 둘이 아님을 알게 되고, 의식이 각성된 채로 죽음과도 같은 무의식의 세계에 들어가니 의식과 무의식, 삶과 죽음이 하나임을 알게 되는 것이다.

적성등지법은 곧 마음의 자연발생적인 흐름과 동요를 막아 고요함(止)을 유지하면서도 그 안에서 마음이 깨어 있어 사태를 명료하게 의식하고 주목하는(觀) 지관止觀의 수행과도 상통한다. 사념처관四念處觀 역시 그와 같은 방식으로 의식 심층에서 작동하는 마음 A를 바로 그러한 것으로 의식하여 알고자 하는 수행법이다.34) 나아가 사선四禪과 사무색정四無色定

의 경지도 마찬가지로 깨어 있는 의식으로 무분별의 경지에 들어 그것을 마음A로 확인하는 적성등지의 수행법이다.[35] 이처럼 의식내용을 없애면서도 깨어 있는 의식을 유지하여 대상의식 아닌 자기의식에 도달하여 자신의 본성을 확인하는 것이 불교적 수행이다. 이는 주객분별의 경계선 자체를 없앰으로써 무분별의 경지로 넘어서는 것이다.

경험적 자아로서의 마음a의 상태에서 보면 의식대상이 없을 때 의식은

---

[34] 사념처관은 몸(身念處), 느낌(受念處), 마음(心念處), 법(法念處)을 관하는 수행법이다. 여기에서의 관은 3인칭적 관찰이 아니라 내적으로, 일인칭적으로 직관하는 것이다. 즉 직관대상을 직관하는 마음을 동시적으로 관해야 한다. 처음에는 4념처를 대상으로 관하다가, 그 대상의 생멸을 관하는 순간 그 생멸이 그것을 관하는 마음과 동시적으로 그 마음의 활동성을 따라 생멸하는 것임을 알아채게 되는 것이다. 이렇게 해서 관하는 마음을 알게 되며, 관해진 대상과 관하는 마음이 둘이 아니라는 것을 알게 된다. 다시 말해, 몸이 사념처관의 방식으로 관해지기 전에는 많은 부분이 의식에 들어오지 않고 무의식적으로 작동하는데(이것을 자율신경계라고 부른다), 사념처관을 통해 몸의 상황(피의 순환이나 대뇌활동 같은 것조차도)이 내적으로 의식화된다면 그것은 더 이상 자율신경이 아니라 비자율신경이 된다. 그렇게 해서 관의 대상이던 몸이 관하는 마음과 하나임을 알게 되는 것이다.

[35] 초선에서 4선까지의 선수행 과정은 주객대립의 대상의식에서 마음 심층으로 침잠하여 주객미분의 마음 자체의 활동성으로 돌아가고자 하는 과정이라고 볼 수 있다. 대상적 사유로서의 심사와 주관적 느낌인 희와 락 등을 넘어서서 주와 객, 능연식과 소연경이 소멸된 마음 자체로 돌아가고자 하는 것이다. 능연식과 소연상을 없애면 공적만이 남는다. 마치 거울에 비친 상을 지우고 나면 상도, 상에의 의식도 사라지고 거울 자체만 남듯이, 마음에서 대상과 대상의식을 지우면 공적만 남는 것이다. 그러나 그렇게 남겨진 거울의 있음, 공적의 있음은 우리가 결코 추상해 낼 수 없는 있음이다. 그 없음을 상상할 수 없는 것이다. 그것은 유한이 배제된 무한이고, 상대가 없는 절대이다. 그것은 무한이고 무변이다. 따라서 이를 空無邊處라고 한다. 추상해 낼 수 없으므로 그 있음과 없음을 구분할 수 없지만 그럼에도 그 공적을 의식 없음으로가 아니라 명료한 의식으로 직시하는 것, 의식이 그 공을 직관하는 단계가 4선 너머의 단계이다. 무변의 공을 직관한다는 것은 그 공이 추상적 공간이 아니라 자기자각의 영지임을 깨닫는 것이다. 무변의 공은 곧 무변의 식이다. 그러므로 이를 識無邊處라고 한다. 그러나 그 식 안에 제한된 대상이 없으므로 식이 머무르는 곳이 없다. 그러므로 無所有處이다. 그런데 그 상태를 공을 의식한 것(相)이라고 해야 하는가, 의식하지 못한 것(非相)이라고 해야 하는가? 무한 내지 공은 있다고 할 수 없기에 그것을 의식했다고는 볼 수 없으므로 비상이며, 없다고 할 수도 없기에 그것을 의식하지 않았다고 볼 수도 없으므로 비비상이다. 그러므로 非想非非想處이다.

잠들고 만다. 그럼에도 마음은 경험적 자아와 경험적 세계를 포괄하는 활동성으로 작용한다. 현상적 차별성이 사라진 후 드러나는 바탕, 상이 멸하고 드러나는 성은 공적영지의 마음이다. 우리 각각이 그런 공적영지의 마음이기에 우리는 우리 자신을 경험적 규정성을 넘어선 자유로운 능동적 주체로, 그런 빈 마음으로 의식한다. 마치 물속의 물고기가 물을 알듯이 우리는 우리 마음을 안다.

그러나 물속에 사는 물고기가 물 밖에 나서보지 않고서 물을 물로 확인할 수 있겠는가? 이 세계가 마음이 만든 세계라면, 세계를 벗어나지 않고서, 삶을 떠나지 않고서 어떻게 세계와 삶의 경계에 선 마음을 마음으로 알아 볼 수 있단 말인가? 마음을 마음으로 알 수 있기 위해서는 세계를 벗어나고 삶을 벗어나는 경지, 살아서 죽는 생사불이生死不二의 경지에 이르는 것이 필요하다. 마음을 마음으로 아는 견성見性은 바로 그러한 경지를 말할 것이다. 적성등지법은 그런 견성을 위한 수행법이다.

5. 윤리적 실천과 종교적 깨달음의 두 길

불교나 독일관념론이나 인간의 본성을 주객분별 이전의 절대적 무분별의 마음 A로 보는 것은 마찬가지이다. 불교는 이를 공적영지라고 하고, 독일관념론은 그것을 사행이라고 한다. 마음 A는 곧 현상세계를 형성해 내는 마음의 활동성으로, 그렇게 산출된 현상세계는 다시 그 근원으로 돌아가기 위해 부정된다. 그 부정을 통해 마음 A는 자신을 바로 그러한 것으로 확인하여 알게 되는 것이다.

그러나 독일관념론과 불교가 비아의 현상세계를 부정하는 방식, 비아 아닌 것으로서의 자아를 확인하는 길은 서로 다르다. 하나는 자아확인의 길을 구체적 삶의 실천 과정으로 보며, 다른 하나는 마음 자체의 직관 즉 깨달음의 과정으로 본다. 따라서 하나는 현상세계 변혁을 위한 변증법적 실천윤리에 주목하게 되고, 다른 하나는 내적 깨달음을 위한 수행론에 주목하게 된다. 하나는 비아를 부정하고 자아를 확장함으로써 절대자아에 이르려고 하고, 다른 하나는 자아와 비아의 구별 자체를 없앰으로써 절대일심에 이르려고 한다.

이처럼 도달하고자 하는 절대적 마음 A는 마찬가지이지만 그 도달 방식에 있어 독일관념론과 불교는 서로 다른 길을 가게 되며, 따라서 그 다른 길을 따라 확인된 것도 사실은 서로 다르다.

독일관념론에 있어 자아와 비아의 투쟁 속에서 비아를 부정하면서 확인하는 자아는 결국 현상 너머의 마음 A가 아니라 현상 안에 등장하여 자기를 무한히 확장시켜 나가는 마음 a일 뿐이다. 여기서 마음 A의 절대자아는 도달될 수 없고 확인될 수 없는 이념이고 이상이다. 인간은 그 이념을 향해 전진해 가지만, 그 전진은 역사 안에서 완료될 수 없는 무한전진일 뿐이다. 역사는 자아와 비아와의 투쟁이다. 비아의 현상세계를 자연으로 보면, 인류의 역사는 자연을 부정하고 극복하여 그것을 자아화, 인간화, 문명화하는 자연과의 투쟁 과정이 된다. 그리고 자아의 완전 승리, 즉 비아가 완전히 부정되어 자아의 절대적 동일성에 이른다는 것은 인류 역사의 끝을 의미하는 것이다.

이에 반해 불교는 현상적 자아와 현상적 세계 간의 갈등에 있어 그 경계를 자아확장의 방식으로 이동해 가는 것에 대해서는 관심이 없다.[36]

---

36) 물론 이 세간 안에 불국토를 건설하겠다는 이념이 있기는 하지만, 불국토는 모두가 이미 해탈한 경지 또는 모두가 해탈을 지향하는 경지로서 초월적 세계이지 이 현실

보다 인간화된 현상세계의 건설, 보다 아름다운 꿈의 기획이 아니라, 현상으로부터의 초월, 꿈으로부터의 깨어남을 지향하기 때문이다. 무명을 벗어나고 꿈으로부터 깨어나는 마음 A의 자기확인이 있지 않다면, 즉 진정한 견성이 있지 않다면 현상적 자아(마음a)의 무한한 자기확장과 비아의 부정은 아집에 가득 찬 폭력에 지나지 않는 것이다. 그래서 불교는 외적으로 세계를 향해 자기를 실현하려 하기 전에 내적으로 자기 자신의 본성을 여실히 깨달아야 한다는 것을 강조한다.

불교는 이러한 초월과 깨어남을 성취가능한 것으로 본다. 석가가 깨달음을 통해 생사윤회를 넘어섰듯이 인간 누구나 석가가 설한 그 방식대로 수행하기만 하면 결국은 그런 깨달음에 이를 수 있다고 보는 것이다. 이에 비해 독일관념론자들은 초월적 자기확인을 인정하지 않는다. 그렇다면 그들은 왜 초월적 자기확인을 인정하지 않고 수평적 자아확장에만 몰두하는 것일까? 왜 의식의 절대적 비약, 수행을 통해 삶과 죽음의 경계를 넘어서는 경지를 추구하지 않은 것일까? 그것은 서양 형이상학의 전통에서 초월은 오직 신의 몫이기 때문일 것이다. 삶과 죽음의 분리, 마음과 몸, 영과 육의 갈등은 인간으로서는 극복할 수 없는 한계이며 운명으로 간주된다. 불교에서의 깨달음의 추구는 그러한 인간 운명에 대한 도전이다. 견성하여 성불한다는 것은 삶과 죽음의 경계를 넘어선다는 것, 기독교적 견지에서 말하면 신이 된다는 것을 뜻한다. 어느 길이 인간의 실상을 제대로 파악한 것인가? 그에 대한 답은 오로지 자신의 일생을 걸고 진지하게 수행한 사람만이 알 수 있을 것이다.

세계의 확장은 아니다.

최인숙 교수의 논평에 대한 답변

우선 본고를 아주 꼼꼼히, 그것도 나의 의도 그대로 읽어 준 것에 대해, 그리고 친절한 보충설명과 핵심적 내용을 요약해 준 것에 대해 무척 감사하게 생각한다. 더구나 세심함뿐만 아니라 너그러움까지 발휘하여 당혹스러울 수도 있을 심각한 문제제기를 피하고 부드러운 논평에 머문 것에 대해서도 고맙게 생각한다. 이하는 최교수가 제시한 구체적인 세 가지 질문에 대한 답이다.

1) 공적영지나 사행을 물리적인 것으로 비유하는 것이 타당한가? 공적영지와 사행 같은 정신적인 것을 거울, 눈, 공기, 병 등 물질적인 것과 비유하는 것은 문제가 아닌가?

이것은 윤세원 교수도 마찬가지로 지적한 것인데, 이는 비유 자체의 구조를 이해하면 문제될 것이 없다고 본다. 예를 들어 수기설법을 설명하기 위해 불법을 비에 비유할 경우 이는 '듣는 자의 차별적 근기와 평등한 불법의 관계'가 '초목의 차별적 크기와 평등한 비의 관계'와 같은 구조로 볼 수 있다는 점에서 비유하는 것이지, 그저 '불법'이 '비'와 같다고 비유하는 것은 아니다. 마찬가지로 마음에 있어 '인식대상(상분)과 대상인식(견분) 그리고 마음 자체의 활동성(자증분)의 관계'를 물리적인 거울에서의 '거울상과 상에의 비춤 그리고 거울 자체의 비춤의 관계'로 비유하는 것도 그 관계에 일치하는 바가 있어서이지 단적으로 마음이 거울과 같다고 비유하는 것은 아니다. 물리적인 것들끼리의 관계가 더 쉽게 파악될 수 있기 때문에 물리적인 것을 예로 들어 정신적인 것을 설명하는 것이다. 정신적인 것 A를 설명하기 위한 비유를 다시 정신적인 것 B에서 찾는다는 것은 의미가 없다. 그 경우 B는 A의 비유가 아니라 일례일 것이다.

2) 동양을 '수직적 초월', 서양를 '수평적 확장'으로 보는 것이 적절한가?

최교수는 "오히려 서양철학이 수직적 초월을 목표로 한다"고 말하면서 "신의 개념을 염두에 둘 때"라고 덧붙인다. 바로 이 점에서 나는 "서양 형이상학의 전통에서 (수직적) 초월은 오직 신의 몫이다"라고 말했던 것이다. 물론 칸트와 피히테는 인간 정신을 '현상을 형성하는 능동적 활동성'이라는 점에서 현상초월적 개념으로 간주한다. 인간은 자연필연성의 현상을 넘어선 자유의 존재이며(칸트), 사실세계를 넘어선 사행의 존재이다(피히테). 그러나 그들에게서도 이 초월적 존재(자기 자신)의 자기확인, 완전한 자기인식은 가능하지 않다. 인간을 완벽하게 아는 자, 생사를 넘어선 자는 오직 신뿐이다.

최교수는 덧붙여서 "어느 면에서는 불교가 수평적 확장을 목표로 한다"라고 말하는데, 만약 불교가 서양에서와 같은 그런 초월적 신(외적 신)을 부정한다는 점에서 그런 주장을 하는 것이라면 나는 그에 대해 반박하고 싶다. 왜냐하면 불교의 깨달음이 지향하는 바는 서양철학에서의 신적 지혜와 다를 바가 없다고 보기 때문이다. 인간 본성을 철두철미 파악함으로써 인간 생사의 비밀, 우주 발생의 신비까지도 모두 꿰뚫어 아는 깨달음의 경지, 그 초월의 경지를 기독교는 오직 신에게서만 가능한 경지로 보는 반면, 불교는 그것을 부처의 깨달음의 경지로 보면서 우리 중생 또한 수행을 통해 그런 부처의 경지에 이를 수 있다고 간주하기 때문이다. 그렇기 때문에 나는 인간이 꿈꾸는 것이 서양에서는 수평적 자기확장이라면 동양 불교에서는 수직적 초월이라고 말한 것이다.

3) '초월'이라는 용어사용이 정확한가?

나는 독일관념론에서의 'transzendental'을 '초월적'이라고 번역했다. 그것은 경험에 앞서면서 또 경험을 가능하게 하는 것이다. 독일관념론으로 이어지는 칸트 철학의 핵심은 '대상 경험의 조건(인식론적 조건)이 곧 대상 자체의 조건(존재론적 조건)'이라는 통찰이다. 따라서 초월적 주체는 현상세계 자체를 구성하는 동시에 자기 자신에 의해 구성된 세계를 인식하는 존재로, 바로 이 점에서 현상초월적 존재라고 할 수 있다. 이러한 점을 나는 칸트를 포함한 독일관념론과 불교 사이의 유사점이라고 본 것이다.

최교수가 제안한 '선험론적'이라는 개념을 피하고 싶은 까닭은, transzententales Ich 또는 transzententales Bewusstsein 등은 개념적이고 이론적인 논의와는 무관하게 '나는 나다'라는 자기의식이 있는 인간이라면 누구나 지니고 있는 선반성적 능력이기 때문이다. 따라서 '론'이라는 개념이 적절치 않다고 본다. 또한 최교수가 '초월적'이라고 번역하는 'transzendent'를 나는 '외적' 또는 '외재적'이라 번역하고, 그것의 대립개념인 'immanent'를 '내적' 또는 '내재적'이라고 번역하였다.

	transzendental	transzendent	immanent
나	초월적	외적/외재적	내적/내재적
최인숙	선험론적	초월적	내재적

윤세원 교수의 논평에 대한 답변

윤교수가 논평에서 제기하는 문제들은 결국 불교에 관한 가장 근본적인 질문으로 귀결된다고 생각한다. 불성과 여래장, 진여심과 일심 등의 개념들을 모종의 실재적인 개념으로 파악한 것이 아닌가? 그렇다면 이것은 현상 너머 궁극실재를 인정하지 않는 불교 고유의 무아사상과 상충되는 것이 아닌가? 나아가 독일관념론은 "존재를 공간적 상태개념으로 파악"하는 실재론의 일종이 아닌가? 따라서 실재로 간주되는 절대자아의 사행을 공적영지와 연관짓는 것은 잘못 아닌가? 이러한 윤교수의 주장을 두 개의 물음으로 정리한 후, 그에 대한 나의 생각을 말해 보겠다.

1) 본고가 논하는 일심은 무아와 상충하는 것이 아닌가?

나는 연기 내지 공의 의미를 두 차원으로 구분해야 된다고 본다.

일차적으로 연기는 모든 현상사물이 자성自性을 가진 실체가 아니라 다른 것을 인연하여 있는 상호의존적 존재라는 것을 말한다. 그리고 현상사물이 그처럼 무자성이라는 점에서 공이 성립한다. 예를 들어, 닭은 알로부터 나오고, 그 알은 그 이전의 닭으로부터, 그 이전의 닭은 또한 그 이전의 알로부터 나온다. ……

이런 식으로 무한소급되어 가므로 닭이나 알 그 어느 것도 실체인 것은 없다. 연기산물이며 무자성이며 공인 것이다.(공1)[37]

하지만 이러한 현상의 상호의존관계를 인정한다고 해서 닭이나 알 또는 현상 세계 전체가 실재가 아니라는 결론이 나오는 것은 아니다. 발생상으로 다른 것에 의존한다고 해서 그렇게 발생한 것이 공이 되는 것은 아니기 때문이다. 따라서 현상세계는 일체가 상호의존관계에 있으면서도 바로 그러한 것 자체로 실재하는 것일 수도 있다. 그런데 불교의 연기나 공은 현상의 단순한 상호의존성을 밝히는 것을 넘어서서 그런 현상 자체가 실재가 아닌 공이라는 것을 말하고 있다. 현상을 발생시키는 연기고리에 유정의 업(행)이 포함되어 있다고 보기 때문에, 불교에 있어 현상은 유정의 업력에 따라 산출된 세간이지 그 자체로 존재하는 객관적 실재가 아닌 것이다.[38] 이렇게 보면 현상세계는 마치 홀로그램과도 같다. 즉 그 안에서 보면 있는 것이지만, 밖에서 보면 없는 것이 된다. 현상세계는 그 안에 사는 유정에게는 있는 것이지만, 그 유정을 떠나서는 없다. 그 안에 사는 유정이 없으면 현상세계도 없다. 이 점에서 현상은 공이다.(공2)

그렇다면 현상세계는 그 안의 유정에게 있는 것인데, 현상세계가 멸해진 공은

---

[37] 연기는 실체론적 사유에 대한 비판인데, 실체론은 다음과 같다. A가 B를 인연으로 하여 있다면, A는 가상이고 B는 실재이다. 그런데 이 B가 C로 인해 있다면, B는 다시 가상이 되고 C가 실재이다. 실체론적 사유는 이런 환원과정이 무한히 계속될 수는 없다고 보아서 더 이상 다른 것으로 환원할 수 없는, 궁극실재를 상정한다. 그래야 현상이 없지 않고 있다고 말할 수 있게 되기 때문이다. 궁극실재를 공간적으로 분할하여 얻으려 할 경우 요소주의적 유물론이 되고, 시간적 또는 인과적으로 소급하여 얻으려 할 경우 궁극실재는 신으로 간주된다.
불교의 연기론은 연기의 고리상에서 무한분할 내지 무한소급을 끊는 궁극실재가 있다는 것을 부정한다. 연기과정을 소급해 가다 보면 시작점이 다시 끝점과 맞물려 버리기 때문이다. A는 B를, B는 C를, C는 D를 인연하여 있고…… Y는 Z를 인연하여 있는데, Z는 놀랍게도 그만 A를 인연하여 있다. 현상 전체는 한 방향으로 길을 따라 걷다 보면 다시 출발점으로 되돌아오는 뫼비우스의 띠와 같다. 그래서 일체는 상호의존관계에 있다고 하는 것이다. 그 자체로 존재하는 것, 다른 것으로 환원될 수 없는 것은 존재하지 않는다. 따라서 일체는 무자성이며, 그 점에서 공이다.

[38] 현상세계는 유정의 업력을 따라 산출된 報의 세간이다. 각 유정의 6근은 正報이고, 그 인식기관에 상응하여 전개되는 6경으로서의 기세간은 유정이 깃들여 사는 依報이다.

누구에 대해서 있는 것인가? 만일 이 물음에 대해 "그것이 공인데, 실재가 아닌데, 어떻게 누구에 대해 '있는가'를 물을 수 있는가"라고 말하면서 공의 비실재성을 강조하고 현상 너머의 공을 무화시킨다면 문제가 있다. 왜냐하면 그 경우 현상만이 실재하는 것으로 되어 "현상은 공이다"라는 말조차 무의미해지게 되기 때문이다. 그 속에 현상을 포함하고 있는 공에 대해 그것이 공이기에 없다고만 본다면, 현상은 허공중에 떠 있는 홀로그램이 아니라 그 자체로 존재하는 객관 실재로 화해 버리고 말 것이다. 만일 그렇게 된다면 윤회의 현상세계를 벗는 해탈 역시 불가능하고 무의미해질 것이다. 결국 불교에서 말하는 공空, 진여眞如, 여래如來 등은 단순한 없음, 비실재가 아니다. 그것이 현상적 사물들처럼 인간적 개념이나 언어로 규정될 수 있는 것은 아니라는 점에서 '본래무일물本來無一物'이라 하는 것이지, 그저 아무것도 없다는 말이 아닌 것이다.

본고에서는 홀로그램이 공임을 보자면 홀로그램 밖에 서야 하듯이 현상의 공성을 보자면 현상 너머에, 바로 공에 서야 한다는 것, 그리고 우리는 이미 그 공에 서 있다는 것을 말하고자 하였다. 그 속에 현상을 포함하고 있는 공이란 바로 우리 자신의 마음이다. 공적이 바로 마음 자체이고, 공적이 스스로에 대해 갖는 성자신해性自神解가 영지이다. 그래서 마음 내지 마음의 작용을 공적영지라고 한 것이다. 법신인 공적으로부터의 대지혜광명이 곧 영지이며, 이를 마음의 본성으로 이해한 것이다.

그렇다고 윤교수가 걱정하듯이 공적이나 영지를 실재론적인 '공간적 사유'에 따르는 '고정불변의 실체'로 간주하려는 것은 아니다. 애당초 시간이나 공간 또는 실체라는 것은 윤회적 현상세계의 질서로서, 우리가 그 현상세계의 사물을 분별하기 위해 설정한 개념에 지나지 않기 때문이다. 공이나 마음은 그런 현상세계 너머의 어떤 것이다.

불교는 궁극적 실재를 현상내적 사물(유물론)이나 현상외적 신(신론)에서 찾지 않고 내외를 포괄하는 공 내지 마음(유심론)으로 본다는 점에서 다른 철학이나 신학과 구분된다. 마음은 물질이나 신처럼 대상(인식대상 또는 신앙대상)으로 있는 것이 아니다. 대상적으로 객관적으로 존재하는 것이 아니라는 점에서, 현상적 의미의 있음과 없음을 넘어선 것이라는 점에서 공이라고 하는 것이지, 아예 없다는 뜻은 아니다.

2) 독일관념론은 궁극실재를 상정하는 실재론 아닌가?

윤교수는 독일관념론을 '시공간적 복합적 사유'가 아닌 '공간적 사유'로서 "궁극적 실재가 있다는 것을 출발점으로 삼는 실재론"이라고 규정한다. 이는 그들이 말하는 궁극적 실재를 공간적인 어떤 것으로 이해하겠다는 말인가?

칸트는 외적 현상세계의 구조로서의 공간과 내적 의식세계의 구조로서의 시간을 별개의 것으로 간주하지 않고 그 둘 다를 현상세계를 직관하는 인간 자신의 감성형식으로 규정하였다. 칸트에 이어 피히테는, 외적 공간은 시간적인 내적 의식활동에 기반한 것이라고 하면서 시간과 공간이 복합적으로 결합되어 있음을 강조하였다. 따라서 피히테에 있어 공간적인 현상세계는 시간적 의식활동인 사행을 떠나 그 자체로 존재하는 객관실재가 아니다. 시간적 의식활동이 공간화하여 외적 현상세계가 형성되는 것이다. 이로 볼 때 독일관념론의 사유를 공간적 실재 내지 공간적 실체를 전제한 '공간적 사유'로 간주하는 것은 타당하지 않다고 본다. 그들은 오히려 공간적 현상세계를 궁극적 실재가 아닌 현상, 즉 자아의 활동성에 의해 반정립된 비아로 간주하는데, 바로 이 점에서 현상세계의 공성을 논하는 불교와 상통하는 면이 있다고 보아 이를 논한 것이다.

2. 불교와 마르크시즘 — 종교성과 소외

1. 유한과 무한의 관계

　유한과 무한, 상대와 절대, 결핍과 완전, 이들은 과연 어떤 관계에 있는가? 유한과 상대는 무한과 절대의 근거 위에서 비로소 가능한 것인가, 아니면 반대로 무한과 절대가 유한과 상대의 근거 위에서 비로소 가능한 것인가? 유한한 존재, 상대적인 존재, 우연적인 존재가 그래도 없지 않고 있다는 사실은 무한하고 절대적이며 필연적인 존재가 그 가능근거로서 현실적으로 존재한다는 것을 말해 주는가, 아니면 무한하고 절대적이며 필연적인 존재는 단지 유한하고 상대적이며 우연적인 인간존재가 생각해 낸 가상이고 허구일 뿐인가?

　기독교가 사상계를 지배하고 있던 시기의 서양에서는 철학자들 역시 한결같이 무한과 절대와 완전성의 존재, 곧 신을 유한하고 상대적이며 불완전한 현실의 근거로 간주하였다. 이 세계가 유한하고 작고 우연적인 것임이 밝혀지면 밝혀질수록 그와 반대되는 무한자, 그 우연을 현실화하는 필연적 존재, 그 결핍을 채워 줄 수 있는 완전자가 이 작고 유한하고 우연적인 세계의 근거로서 이 세계 너머 어딘가에 반드시 존재할 것이라고 생각하였다. 그러나 헤겔 이후, 사람들은 그러한 이해가 전도된 이해임을 자각하였다. 그리하여 종교인이 유한과 상대의 근거로서 설정한 무한과 절대가 사실은 근거가 아니라 오히려 결과물일 뿐이라고 주장하게 되었다. 인간의 삶이 유한하고 상대적이기 때문에, 인간존재가 결핍의 존재이기 때문에 그 반대로서 결핍이 없는 완전한 존재, 무한하고 절대적인 존재를 바라고 추구하고 믿게 된다는 것이다. 신이 인간을, 무한자가 유한자를 만드는 것이 아니라, 인간이 신을, 유한자가 무한자를 만든다는 것이다. 이렇게 하여 무한자, 절대자, 완전자는 유한하고 상대적이며 불완전한 인간이 만든 관념적 산물로 전락하게 되었다.

헤겔 이후의 사상가들은 한결같이 '왜 유한하고 결핍적인 인간이 무한하고 절대적인 신의 관념을 형성하게 되는가', '어떤 기제를 따라 절대자의 관념이 형성되며, 그 관념이 우리의 삶에서 수행하는 역할은 무엇인가' 등을 탐구하였다. 이렇게 하여 종교는 인간의 심리적 차원이나 윤리적 차원 또는 인간사회의 경제구조적 차원에서 분석되었는데, 그러한 입장에서의 종교 규정은 하나같이 부정적이다. 즉 종교는 심리적으로 분석해 보면 "노이로제 환자들의 집단신경증"에 지나지 않고(프로이트), 윤리적 차원에서 보면 "노예근성의 무기력한 자들의 원망감에 근거한 가치전도적 반란"일 뿐이며(니체), 사회구조적으로 보면 "지배층의 이데올로기" 또는 피지배층인 "민중의 아편"과 같은 역할을 할 뿐이다(마르크스).

이 글에서는 그 가운데 특히 마르크스에 주목하여 그가 어떤 의미에서 종교를 지배층의 이데올로기 또는 민중의 아편으로 규정하면서 비판하고 있는가를 살펴보고, 그러한 비판이 과연 기독교의 실제적인 사회 발전에의 기여를 바로 평가한 것인지를, 또 그러한 비판이 과연 종교의 핵심을 찌르는 결정적인 비판인지를 생각해 본다. 그런 다음에는 마르크스의 일반적인 종교비판이 과연 불교에도 적용될 수 있는 것인지를 고찰해 보면서, 그러한 과정에서 기독교와 불교의 근본적 차이가 무엇이며 종교의 본질은 또한 무엇인지를 밝혀 보기로 하겠다.

2. 마르크스의 종교비판

1) 포이에르바하의 종교적 소외 이론

마르크스의 종교비판은 종교를 일종의 인간 사유 또는 인간 삶의 결과로 본다는 점에서 포이에르바하의 종교비판과 맥을 같이한다.

포이에르바하에 따르면 종교에서의 신이란 결국 인간의 유적 본질일 따름이다. 개별자로서의 인간은 한계와 제한성을 가질 수밖에 없는데, 자신의 한계를 의식한 개체적 인간은 다시 그런 한계를 넘어서는 완전한 자를 떠올리게 된다. 그런데 그렇게 완전한 자로 표상된 존재란 결국 인간 자신의 유적 본질 이외의 다른 것이 아니다. 즉 개체로서의 인간은 유한하지만, 그런 개체적 한계를 넘어서서 표상된 인간 유적 본질은 무한하고 완전한 존재인 것이다. 그러나 개체적 인간은 그 존재를 자기 자신들로부터 추상된 바로 자기 자신의 유적 본질로 의식하지 못하기 때문에, 그 존재를 자신을 넘어서는 별도의 실체적 존재로서 객관화하고 실체화한다. 이렇게 해서 인간 자신에 의해 객관화된 인간 자신의 유적 본질이 바로 신이다. 따라서 포이에르바하는 "신학에 있어 신의 비밀은 바로 인간이다"라고 주장한다.

이 점에서 종교는 인간 본질의 소외로서 성립한다. 인간이 자기 자신의 본질을 자신이 아닌 것, 자신을 넘어서는 것으로 객관화하여 파악함으로써 자신과 자신의 본질을 이원화하여 분리시키고 대립시키게 되는 것이다. 결국 신학의 신은 인간 자신의 본질의 외화일 뿐이다. 인간은 인간 자신의 위대함을 자신이 아닌 다른 숭배대상으로 객관화하고 외화시킴으로써 자기를 자기본질로부터 소외시킨다. 인간이 인간 자신의 본질을 외화시켜 놓고, 그 외화된 것을 자기 아닌 것으로 신격화하여 찬양하는 것이다. 반면 인간 자신의 본질이 객관화되고 외화되어 신으로 표상되었다는 것을 자각할 때, 인간의 신학은 바로 인간 자신을 다루는 인간학이 된다. 그때 비로소 인간은 자신의 본질을 자신의 본질로 자각하여 더 이상 자신의 본질을 외화시키고 객관화하지 않게 되며, 그렇게 함으로써 인간의 소외를 극복할 수 있게 된다.

2) 노동에서의 인간소외

마르크스는 종교를 인간 자신의 외화 과정으로, 인간 자신의 산물로 파악하는 포이에르바하의 관점을 그대로 수용한다. 마르크스는 종교에 대해 다음과 같이 말한다.

> 종교가 인간을 만드는 것이 아니라 인간이 종교를 만든다. 달리 말하면 종교는 아직 자아를 찾지 못했거나 자아를 상실한 인간의 자기의식이자 자기감정이다.[1]

그러나 포이에르바하가 종교의 원천을 인간의 유적 본질을 통해 추상적으로 설명하고 있다면, 마르크스는 그러한 종교적 의식을 산출하는 인간 삶의 실제적인 물질적 토대를 보다 더 구체적으로 제시하고 있다. 그는 포이에르바하의 추상화를 다음과 같이 비판한다.

---

1) 마르크스, 『헤겔 법철학 비판』 서문(MEGA, I, 607); 루이 뒤프레, 홍윤기 역, 『마르크스주의 철학적 기초』(미래사, 1986), 127쪽에서 재인용.

포이에르바하는 종교의 본질을 인간의 본질에다 해소시켜 버렸다. 그러나 인간의 본질은 결코 각기 고립된 개인에 내재해 있는 추상적 상태가 아니다. 현실적으로 볼 때 인간의 본질은 사회적 제관계의 총체이다.2)

종교는 인간의 추상적인 유적 본질의 객관화가 아니라 오히려 인간의 구체적 사회관계로부터 발생된 산물, 이데올로기라는 것이다. 이처럼 마르크스의 종교비판은 종교를 일종의 이데올로기로 보는 것에서 출발한다. 이데올로기란 전도된 사회관계를 감추고 위장하여 그 관계를 지속되게끔 만드는 의식이며, 이데올로기가 감추려 하는 전도된 사회관계란 마르크스의 관점에서 보면 일차적으로 사회경제적 관계이다.

헤겔은 노동을 일종의 소외과정으로 분석한 바 있다. 헤겔에 따르면 인간의 노동과정 자체가 자신의 활동을 통해 자기와 분리된 생산물을 생산하는 것으로서 결국 자기 자신의 외화 활동이며, 이 점에서 일종의 소외이다. 그러나 헤겔은 이러한 노동의 소외성을 그대로 노동의 본질로 간주하는 데 그칠 뿐, 그 소외가 사회관계 안에서 왜곡되고 변질되는 측면을 부각시키지는 않았다. 이에 반해 마르크스는 노동 자체가 가지는 본질적 소외가 아니라, 오히려 사회관계 안에서 변질 또는 왜곡된 방식으로 확산되고 증대해 가는 노동의 소외 현상을 해명한다.

마르크스에 따르면 인간은 본질적으로 노동하는 존재이다. 이 노동을 통해 인간은 다른 인간들과의 사회관계에 들어서게 된다.3) 그런데 역사

---

2) 마르크스, 「포이에르바하에 대한 명제」 중의 제6명제(MEGA, I, 535).
3) 욕구를 충족시켜 줄 산물이 자연물로서 자연 속에 그냥 널려 있을 때에는 인간의 노동은 단순히 그것의 채집이었을 뿐이다. 그런데 채집만으로는 부족하게 되자, 인간은 노동을 통해 생산물을 생산하게 된다. 이러한 노동에서의 생산양식의 변천은 곧 인간 사회구조의 변경을 의미한다. 원시공동체의 노예제사회, 중세 봉건사회, 근대의 자본주의사회, 미래의 공산사회로의 변화는 생산성과 생산양식의 불일치를 기

적으로 보아 인간이 형성하는 사회관계는 점점 더 인간의 소외를 증대시키는 방향으로 발전해 왔다. 물론 노동의 산물이 나 자신이 아니라는 의미에서의 외화 또는 소외는 문제가 되지 않는다. 문제는 인간이 자기 노동의 생산물을 소유하지 못하고, 장원노예로서 토지소유자인 영주에게, 또는 노동자로서 생산수단의 소유자인 자본가에게 바쳐야만 한다는 점이다. 이때 실제로 인간은 그 노동생산물로부터 소외될 뿐만 아니라, 생산행위 자체로부터도 소외되고 마는 것이다. 다시 말해 노동자의 노동은 더 이상 자기본질의 외화로서의 활동이 아니게 된다. 그러므로 인간은 노동하는 순간은 자기본질로부터 멀리 있다고 생각하고 노동을 그만두고 쉴 때 평안을 느끼게 된다. 노동은 자발적·창조적 행위가 아니라 강요된 행위이며, 단지 살아가는 데 필요한 재화를 버는 수단일 뿐이다. 그러므로 인간은 노동을 하면 할수록 더욱 비인간적으로 된다.

나아가 이처럼 소외된 노동은 노동현장에서 만나는 인간과 인간의 관계까지도 소외된 관계로 바꿔 놓게 된다. 그리하여 동물과 달리 보편적 존재로서 이룩할 수 있는 의미 있는 공동의 창조활동이란 것도 불가능한 것이 되고 만다. 이렇게 하여 인간은 동료로부터도 소외되고, 결국 인간 자신의 종적 본질로부터도 소외되고 마는 것이다.

> 소외된 노동은 자연과 인간의 정신적 자산으로 이루어진 인간의 종적 존재를 인간과 소외된 존재, 즉 개인적 생존의 수단으로 변화시킨다.[4]

점으로 발생하게 되는 사회체제의 변혁을 말해 준다.
4) MEGA, I, 89; 루이 뒤프레, 홍윤기 역, 『마르크스주의의 철학적 기초』, 142쪽. 이처럼 소외는 생산물로부터의, 생산활동 자체로부터의, 동료로부터의, 궁극적으로는 자기 자신의 종적 본질로부터의 소외로 확산되어 간다. 그렇게 소외된 인간과 다른 인간과의 관계는 단지 노동의 목적으로 설정된 재화, 즉 자본에 의해 지배되는 관계가 될 뿐이다.

이러한 소외현상, 변질되고 왜곡된 비본질적 사회관계를 자연적·필연적 관계인 것처럼 위장하는 관념적 틀이 바로 이데올로기이다. 예를 들어 자본주의사회의 이데올로기는 노동과 자본은 자유로운 시장메커니즘을 통한 공평한 교환관계에서 성립하는 것이라는 부르주아이데올로기이다. 물론 이 이데올로기는 자본가 개인이 고의로 꾸며내거나 한두 정치·경제학자가 임의로 창안해 낸 것이 아니라 자본주의적 생산양식에 상응해서 그 내적 필요성에 따라 생겨난 것이다. 이처럼 이데올로기는 현실 자체의 논리를 따라 성립하게 된다.[5]

이데올로기는 현실의 논리에 따라 생겨난 후 다시 그 현실의 모순을 위장하고 덮어서 그 현실을 존속하게 하는 역할을 한다. 이제 마르크스가 어떤 의미에서 종교를 현실의 산물이라 하고 또 그 현실을 고정시키는 이데올로기라고 하였는지를 살펴보자.

3) 민중의 아편으로서의 종교

피지배층이 가장 심각하게 소외를 경험함에도 불구하고 지속적으로 피지배층으로 머무르게끔 하는 데에 가장 큰 힘을 발휘하는 것은 마르크스에 따르면 바로 종교이다. 종교는 현실의 모순을 가리어 그 현실이 지속될 수 있게 만드는 강력한 이데올로기의 일종이다. 나아가 종교 자체가 바로 그 모순적이고 소외된 현실로부터 파생된 산물이다.

---

[5] 이에 대한 자세한 설명은 J. 라데인, 한상진 역, 『현대 사회이론과 이데올로기』(한울, 1999), 18쪽 이하 참조. 이데올로기가 현실의 반영이라는 설명은 이데올로기에 대한 유물론적 설명방식이다. 이론이라는 것이 현실의 반영이라는 것을 생각하면 이런 유물론적 설명이 타당성을 가지는 것 같다. 그러나 오늘날 구조주의, 기호학, 비판적 합리주의 등은 이론 자체가 가지는 일정 정도의 자율성을 주장한다. 이들은 이데올로기를 단순한 물질적 하부구조의 반영이 아니라 오히려 언어로 매개되는 지식의 생산과정 안에서 파악하고자 한다.

소외된 현실에서 고통 받으면 받을수록 인간은 그런 소외가 없는 세계를 갈구하게 된다. 그런데 현실에서는 그런 세계의 실현이 불가능함을 느낄 때, 인간은 그 꿈이 이 세계가 아닌 다른 세계에서, 아니면 다음의 세계에서라도 실현되기를 바란다. 자신이 사는 사회가 부정의할수록 더욱더 강렬한 정의에의 희망을 품게 되고, 자신의 삶이 고통스러울수록 더욱더 큰 행복에의 꿈을 가지게 된다. 소외된 현실로부터 소외되지 않은 이상에의 꿈이 형성되는 것이다. 그리고 이 꿈이 종교적 환상을 불러일으킨다. 불행한 이 세계에서의 삶이 끝나면 행복한 저 세상에서의 삶이 시작된다고 기대하는 것이다.

저 세상의 삶을 관장하는 자, 미래의 행복한 삶을 약속하는 자는 바로 신神이다. 지금 이 세상에서는 오직 믿음 안에서만 만날 수 있지만 내세에서는 마주 대면하게 될 신, 그 신만이 나의 불행과 고통을 어루만져 줄 유일한 존재이다. 이렇게 해서 현실의 산물로서의 종교라는 이데올로기가 탄생한다. 그리고 일단 이렇게 생겨난 이데올로기는 다시 이 고통스런 현실을 그 모습 그대로 유지될 수 있게끔 하는 보수적 역할을 하게 된다. 인간으로 하여금 현세의 고통을 잊게 하는 위로제의 역할을 하는 것이다. 현세의 고통스런 삶은 영원한 내세의 삶에 비하면 짧은 꿈과도 같은 것이라고 간주되면서, 이로부터 박해받으면 받을수록 하늘나라에서 더 크게 보상받으리라는 그런 믿음을 갖게 된다.

마음이 가난한 자는 복이 있나니, 하늘나라가 저희 것이다.

종교의 이데올로기는 이중적인 의미에서 현실긍정적이 된다. 첫째는 그것이 일종의 이데올로기로서 현실 자체의 바른 이해를 가로막기 때문이며, 둘째는 그것이 이상을 현세에서 실현해야 한다는 의지를 가로막기 때문이다. 물론 이 둘은 서로 연관되어 있다. 소외를 가장 심각하게 경험하는 피지배층 민중은 그들의 현실을 어쩔 수 없는 일종의 운명으로 받아들여서, 현실의 사회구조를 변혁시켜 자신의 소외를 극복할 생각을 하지 못한다. 그래서 그들은 사회혁명을 꿈꾸지 않는다. 그런데 이것이 가능한 것은 그들에게 진정한 현실이란 바로 이 현세의 현실이 아닌 내세의 현실이기 때문이다. 따라서 그들은 고통을 야기한 현실 자체를 개조할 생각, 사회구조를 변혁할 계획, 한마디로 혁명을 꿈꾸지 않는 것이다. 그들은 마치 아편을 통해 하루의 고통을 잊듯이, 종교 이데올로기를 통해 현세의 고통을 잊으려고 할 뿐이다. 이것이 바로 마르크스가 종교를 '민중의 아편'이라고 한 까닭이다.

3. 마르크스 종교비판의 문제점

1) 절대자가 단지 허구적 관념일 뿐인가?

포이에르바하가 신을 인간 유적 본질의 소외 현상이라고 설명하였을 때, 이 말이 곧 인간에게 있어 무한과 절대란 단지 허구일 뿐임을 말해 주는 것은 아니었다. 오히려 인간이 개체의 차원에서는 자신의 유한함을 의식하게 되지만, 다른 한편으로는 그런 유한한 개체 안에 그런 한계를 넘어서는 무한의 이념, 절대의 이념이 내재해 있다는 것을 말해 주는 것이었다. 그가 보기에 문제는 단지 인간이 자기 자신의 본질인 무한과 절대를 그러한 것 자체로 바로 알지 못하고 자신이 아닌 것으로 객관화시킨다는 것, 따라서 스스로 자기소외를 야기한다는 것이었다.

그러나 마르크스는 포이에르바하의 인간 유적 본질로서의 무한과 절대의 이념을 추상적 설명이라고 비판하면서, 그런 이념이 구체적으로 어떤 사회구조 속에서 형성되는가를 설명하려고 한다. 그렇게 함으로써 무한과 절대의 이념을 유한한 현실세계로부터 경험적으로 형성된 허구적 관념으로 해석하는 것이다. 그리하여 결과적으로는 그러한 허구적 관념이 다시 우리의 현실을 고정화하는 이데올로기로서 작용하고 있음을 밝혀내는 이데올로기비판을 행하고자 한 것이다.

포이에르바하가 비판하는 인간소외란 서양의 전통적 형이상학에서 무한과 절대와 완전성이 인간 자신 안의 본질로서 자각되지 못하고 오히려 인간 아닌 신의 본질로서 객관화되고 외화되어 있다는 점이다. 따라서 그는 그러한 비판을 통해 인간은 자기 자신 안에서 바로 그러한 무한과 절대와 완전성을 발견해야 한다는 점을 역설하고자 하였다. 하지만 마르크스는 그러한 포이에르바하의 인간 본질 규정을 추상적이라고 비판하면서, 무한과 절대는 사회구조적 차원에서 형성되는 이데올로기적 관념에 지나지 않는다고 풀이한다. 오히려 이는 포이에르바하의 관점에서 보자면 자기외화나 자기소외에서 한 걸음 더 나아간 자기부정, 자기망각일 수 있는 것이다.

마르크스에 따르면 무한과 절대는 더 이상 인간의 본질이 아니다. 인간은 오로지 유한하고 상대적인 경험적 존재일 뿐이다. 그러나 여기서 우리가 물을 수 있는 것은, 과연 무한과 절대의 이념이 유한과 상대로부터 이끌어져 나온 추상적 관념일 뿐인가 하는 점이다. 인간이 인간 자신을 유한한 존재로 의식한다는 것, 인간이 자신의 죽음을 자각하고 그 죽음으로 한계지어진 생 전반의 의미를 물을 수 있다는 것, 인간이 수단과 목적으로 이어지는 일상의 상대적 가치연관에 절망하여 모든 상대를 뛰어넘는 절대에 대한 동경을 가진다는 것, 이런 것들은 곧 인간의 본질이 유한과 무한, 상대와 절대, 불완전함과 완전함의 양면성을 지니고 있음을 말해 주는 것이 아닌가? 일상적·경험적 차원의 우리는 유한과 상대성만 의식할 수 있지만, 만일 우리 안에 무한의 본질이 없다면, 유한의 경험에 앞서 무한의 이념이 들어 있지 않다면 어떻게 우리가 우리 자신을 유한한 존재, 결핍의 존재로 자각할 수 있겠는가?

이렇게 보면 무한은 유한으로부터 이끌어져 나온 추상적 개념이 아니라 오히려 유한을 유한으로, 결핍을 결핍으로 자각하게 해 주는 근거가 되는 것이다. 우리가 유한한 생을 살면서 그 유한성을 자각할 수 있는 것은 생의 유한성을 넘어서는 죽음, 공 또는 무한에 대한 의식이 있기 때문이다. 그러므로 무한을 유한으로부터, 절대를 상대로부터 끌어내려는 것은 마치 죽음을 생으로부터, 공을 색으로부터 끌어내려는 것처럼 불가능한 시도이다. 오히려 반대로 생이 죽음으로부터 나와 죽음으로 돌아가고, 색이 공에서 나와 공으로 돌아가는 가假인 것이다.

죽음을 배제한 채 삶을 이해한다거나 무한을 배제한 채 인간의 본질을 이해한다는 것은 불가능하다. 인간은 인간 자신의 본질을 무한자로 이해하든지, 아니면 자신 안의 무한성을 객관화시켜 신으로 이해하든지 할 수밖에 없다. 인간 자신의 내적 본질로서의 무한자를 자각하지 못한 상태에서는 끊임없는 무한자의 우상화가 발생한다. 객관적 신을 부정하면 또 다른 객관적 존재가 그 신의 위치를 차지하고 등장하게 된다. 서양에서 등장하여 전 세계로 번져 나가는 새로운 신은 바로 기독교적 신이 부정된 자리를 차지하며 새롭게 등장한 '자본' 즉 돈이다. 인간의 본질 안에 무한성이 들어 있음을 간과한 마르크스의 종교비판은 결국 죽음의 문제를 도외시한 불완전한 비판일 뿐이다.

2) 종교가 단지 현실긍정적일 뿐인가?

마르크스가 종교를 민중의 아편이라고 비판한 것은 민중이 현실의 모순을 간파하고 현실을 변혁시키는 데에 종교가 아무런 도움이 되지 못한다고 보았기 때문이다. 마르크스가 보기에 현세와 내세라는 종교의 이원적 세계상은 민중들로 하여금 내세에서의 행복을 꿈꾸며 현세의 고통을 삭히기만 하도록 만들 뿐이다. 종교는 불행한 현실을 사는 민중들에게 그저 미래와 행복의 환상을 대리만족적으로 제공하는 것이다.

물론 종교가 인간으로 하여금 현실 너머에 대한 기대를 갖게 함으로서 현실변혁에 대한 강렬한 욕구를 감소시키는 것은 사실일 것이다. 그러나 그럼에도 불구하고 종교는 현실에서 실현되지 않은 이상적 가치들을 일깨워 줌으로써 오히려 현실의 문제를 직시하게 만들어 주고, 나아가 이 현실이 궁극적 실재가 아님을 알려 줌으로써 변화와 발전의 가능성을 자각하게 해 줄 수도 있지 않을까? 예를 들어 서양 민주주의를 이끈 시민혁명의 이념, 자유와 평등 사상의 맹아를 '신 앞의 평등'이라는 기독교적 사상에서 찾을 수도 있지 않겠는가? 구교도적 봉건사회로부터 벗어나기 위해 등장한 '저항'의 프로테스탄트운동을 어떻게 단순히 일시적으로 고통을 잠재우는 마약에 비유할 수 있겠는가?

절대의 가치는 현실 자체로부터 경험적으로 얻어지는 것이 아니다. 오히려 반대로 우리 안에 자유의 이념이 있기에 현실의 부자유함을 의식하게 되고, 우리 안에 정의의 이념이 있기에 현실의 부정의함을 의식하게 되는 것이다. 그 절대가치를 우리 안에서 찾아내든 객관화된 종교의 형태로 찾아내든 결국은 그런 가치를 이상으로 삼아 현실의 문제를 바로 보게 된다는 사실은 부정할 수 없으므로, 일체의 종교를 단순한 현실도피의 마약처럼 해석한다는 것은 종교에 대한 바른 평가가 아니다.

4. 불교와 소외의 문제

서양의 전통 형이상학에서는 무한과 절대를 객관적 신으로 실체화하여 이해해 왔는데, 헤겔 이후의 비판가들은 무한이란 결국 유한으로부터 이끌어져 나온 것으로서 인간의 추상적 관념에 지나지 않는 것이라고 해석하였다. 이러한 비판이 가능한 것은, 무한과 절대가 인간 외적인 객관 존재로 외화되고 타자화됨으로써 인간소외가 발생하게 되기 때문이다. 한마디로 포이에르바하 이후의 종교비판은 인간 너머에 설정된 절대가치의 부정이라고 말할 수 있다.

마르크스의 종교비판 역시 이런 문맥에서 이해될 수 있다. 종교적 가치가 인간 너머 인간의 현세적 삶을 넘어서는 외재적 가치로 정립되었기에, 그러한 종교는 일종의 이데올로기로 작용하여 인간으로 하여금 현세적 삶에 무기력해지게 만든다는 것이다. 그렇다면 이러한 마르크스의 종교비판은 불교에 대해서도 타당한가? 불교에 있어서도 인간의 자기본질의 소외가 발생하며, 불교 역시 인간의 현실파악능력과 현실개혁능력을 마비시키는 마약과도 같은 측면을 가지고 있는가?

1) 인간 본질의 자각으로서의 불교

흔히들 불교를 타력신앙이 아닌 자력신앙이라고 말한다. 또는 이것을 부정적으로 평가하여 불교는 종교가 아니라고까지 말하기도 한다. 이는 불교가 인간을 구제할 절대자를 각각의 인간 너머의 하나의 구체적 존재인 신으로 설정해 놓지 않기 때문이다. 그러나 그럼에도 불구하고 불교 역시 유한한 인간 삶을 넘어서는 초월적 가치로서 구제와 해탈 그리고 열반을 말한다. 이 점에서 보면 불교는 분명 하나의 종교이다. 다만 불교의 모든 초월적 가치는 유한한 경험적 인간에 대해 초월적인 것이기는 하지만 궁극적으로는 인간 자신 안에 자리잡은 내재적 가치이다. 바로 인간 자신의 본질 안에 무한과 절대의 불성이 내재해 있기 때문이다. 인간은 내 밖의 부처에 의해 구원받는 것이 아니라, 오직 그 스스로 부처가 됨으로써만 구원받을 수 있다.

불교는 인간이 소박한 종교 형태로 추구하는 절대자와 무한자가 결국 인간 자신의 본질이라는 것을 일찍이 간파하였다. 그러므로 불교는 불교인으로 하여금 그 자신의 본성을 직시하고 자신 안의 불성을 깨달을 것을 말하지, 그 자신 너머의 다른 신을 섬길 것을 말하지 않는다. 이렇게 보면 불교는 포이에르바하가 비판하는 식의 종교적 자기소외가 발생하지 않는 대표적 종교인지도 모른다. 마르크스의 종교비판이 원칙적으로 인간의 자기본질이 소외된 종교현상에 대해서는 타당한 것이라고 본다면, 불교는 처음부터 그러한 비판을 벗어나 있다고 볼 수 있다.

2) 불국토의 현세적 실현

불교는 현세초월의 절대적 신을 따로 상정하지 않고 인간 자신 안의 불성의 자각을 통해 스스로 부처가 될 것을 말하는 종교이다. 그렇기 때문에 궁극적으로는 부처와 중생, 열반과 현세, 진여와 생멸을 둘로 구분하지 않고, 중생 안에 부처가 있고 생멸을 통해 진여가 드러나며 이 현실세계 안에서 열반을 증득해야 한다고 말한다. 즉 현세적 삶을 보다 나은 내세를 위해 경과해야 할 수단이나 과정으로 보는 것이 아니라, 불교인들은 현실세계 안에서 불국토를 완성해야 할 과제를 지니는 것이다. 이러한 현세에서의 불국토의 실현이라는 이상을 한마디로 드러내고 있는 신앙이 바로 미륵삼부경彌勒三部經을 통해 중국이나 한국에서 민간신앙의 형태로 강력한 영향력을 행사하였던 미륵하생신앙이다.

경전에 따르면 미륵의 하생은 56억 7천만 년 뒤의 일로 서술되고 있지만, 이러한 시간관념을 무시하고 "바로 지금이야말로 미륵이 하생할 시기이다"라고 하면 미륵하생신앙은 사후의 왕생을 기다릴 필요 없이 이 지상에다 정토를 실현해야 한다는 극히 현세적인 신앙이 된다. 이런 방식으로 미륵하생의 이념 아래 중국에서는 대규모 반란이 끊임없이 일어나게 되는데, 이것이 바로 중국 역사상의 '미륵교비彌勒敎匪'이다.[6]

우리나라에서도 이미 삼국시대부터 북위 불교의 영향을 받아 미륵신앙이 수용되었는데, 중국에서와 마찬가지로 미륵하생의 현세신앙적 형태가 주도적이었다. 미륵사를 중심으로 하는 백제의 미륵신앙 역시 마찬가지여서, 미륵불의 세계를 현세의 백제 땅에서 실현하고자 하는 것이 바로 미륵사의 창건이념이었다. 미륵하생을 56억 7천만 년 뒤의 아득한 당래하생으로 보는 미래희구적 신앙이 아니라 그 당래를 현세로 이끌어 오는 현실적인 미륵불국토사상이었던 것이다. 백제의 미륵신앙이 미륵세계의 국토적 실현을 이상으로 한 것이라면, 신라의 미륵신앙은 그 인격적 구현을 이상으로 한 것이라고 볼 수 있다.[7] 신라인들은 미륵을 진심으로 신봉하고 지성으로 도를 구하면 그 몸이 그대로 미륵불이 된다는 미륵현신성불사상을 지니고 있었다. 그리하여 신라 화랑의 낭도는 용화향도라고 불렸으며, 그 수행의 이상은 미륵으로의 성불이었다.

이와 같이 현세화된 미륵하생신앙은 고려시대를 거쳐 조선시대에까지

---

6) 이러한 하생신앙을 배경으로 한 중국 최초의 난은 연창 4년(515년)의 大乘賊의 난이다. 그는 지도자 法慶을 미륵으로 모시고 옛 마성을 없애며 이상국토를 실현하고자 하였다. 이런 반란 중 또 다른 대표적인 것이 바로 측천무후의 무주혁명이다. "측천은 미륵의 하생이며 염부제의 주인이 된다"라는 말을 퍼뜨려 혁명에 성공하고 국호를 周로 개정한 것이다. 김상룡, 『미륵불』(대원사, 1991), 19쪽 이하 참조.
7) 김상룡, 『미륵불』, 43쪽 이하 참조.

이어진다. 조선시대에는 제도적으로 불교가 탄압을 받았지만 민중화된 불교로 미륵신앙의 맥은 계속 이어져서, 임진왜란이나 병자호란 등의 난과 제도적 모순에 의한 정치·사회적 혼란기에는 그런 말법을 구제할 당래불로서의 미륵하생을 기다리는 미륵신앙이 민중을 중심으로 전개되었다. 이런 양상은 한말, 일제시대를 거쳐 현대에 이르기까지 계속되어, 오늘날의 신흥종교인 증산교나 원불교 등에서도 미륵신앙적 요소가 많이 발견된다.

이렇게 보면 불교는 내세의 안락을 위해 현세의 고통을 참고 견뎌야 한다는 민중아편적 성격을 가진다기보다는, 반대로 민중에게 불국토의 이상을 펼쳐 보임으로써 현세의 고통이 인간 자신의 노력에 의해 제거될 수 있음을 알려 주고 나아가 그런 투쟁을 위한 저력까지도 제공해 주었다고 볼 수 있다. 비록 그런 노력들이 성공하지 못했기에 역사적으로는 혁명 아닌 난으로 규정되어 있기는 하지만 말이다.

5. 적극적 현실참여의 길은 무엇인가

기독교에 대한 비판으로서의 마르크스적 종교비판이 불교에 대해서는 타당하지 않다는 것을 논하려는 이 글은 어쩌면 기독교와 불교에 대해 공평하게 사유하지 않은 것인지도 모른다. 불교 교리상의 가르침과는 달리 일상적인 대다수의 불교인들에게 불교는 일종의 기복종교 또는 주술종교로 받아들여지고 있다. 절 뒷마당에 있는 삼신당과 절 앞마당의 돌부처를 어루만지면서 기복하는 사람들은 과연 무엇을 의미하는가? 우리 인간의 의식이 너무 약하기 때문에 불경에서 말하는 바 "네가 곧 부처"

라는 것을 실감하기 힘든 탓일까? 타력신앙의 형태로 우상화된 부처는 포이에르바하가 말하는 대로 인간의 자기소외를 말해 주는 것일 터이다. 그것이 곧 객관화되고 우상화된 신과 무엇이 다르겠는가?

나아가 오늘날의 사회를 보면 기독교와 불교 중 어느 종교가 더 현실참여적이며 현실개혁적인가? 물론 이상을 망각한 현실참여, 정치적 의도가 개입된 현실참여라면 없는 것이 더 나을는지도 모른다. 그러나 열반이 곧 생사이고 부처가 곧 중생이라는 이념을 실현하기 위한 현실참여, 이 현세를 불국토로 만들기 위한 현실참여라면 반드시 있어야 하지 않겠는가? 불교가 우리 사회에서 아편과 같은 역할을 하고 있는 것은 아닌가 하는 문제는 단순히 불교 교리상의 논리만을 따라 대답될 것이 아니라, 오히려 우리의 구체적인 현실에서 불교가 얼마만큼 자기 역할을 해 내고 있는가에 따라 대답되어야 할 것이다.

논평 : 불교적 인권사상과 그 실천방안
— 박경준 교수의 「불성계발과 인권확장을 위한 현대적 방안」에 대하여[8]

박경준 교수는 논문에서 인권이 유린당하고 있는 오늘날의 전세계적 상황들을 소개한 후, 이런 상황 속에서 '불교인의 정체성을 살려 나갈 수 있는 삶의 방식과 문명'에 대한 진지한 반성의 필요성을 강조한다. 그것을 위해 박교수는 불교가 보여 주는 인권존중의 측면을 불성 개념을 중심으로 논하고 있다. 본

---

[8] 이 글은 2004년 2월 불교생명윤리연구소 주최의 학술발표회에서 발표된 박경준 교수의 「불성계발과 인권확장을 위한 현대적 방안」에 대해 내가 논평한 것이다. 앞의 제4절에서 논한 불교의 두 측면, 즉 '인간 본성의 자각'과 '불국토 실현'이라는 두 측면 및 제5절의 물음에 대한 좀더 구체적인 논의라고 판단되어 덧붙여 놓는다.

논문은 인류의 인권확장을 위해 불교가 기여할 수 있는 길이 과연 무엇인가를 진지하게 고민한 결과물이라고 여겨진다. 본 논문을 계기로 나 역시 불교에서의 불성 문제를 현대적 인권문제와 연관지어 생각해 볼 수 있게 되었음을 감사히 생각한다. 이하에서는 우선 박교수의 논지를 간략히 정리해 본 후, 그와 연관하여 불성과 인권확장 문제에 대해 내가 생각하는 바를 간단히 언급하고, 한 가지 의문점을 제기하는 것으로써 논평을 다하고자 한다.

1. 논문의 논지정리

박교수의 논문은 크게 두 가지 주제로 나누어 볼 수 있을 것 같다. '불교의 인권사상에 대한 이론적 고찰'과 '인권확장을 위한 불교적 실천방안의 제시'가 바로 그것이다.

1) 논문 전반부의 논의에 따르면 불교는 깨달음의 능력인 불성을 바탕으로 인간존재의 가치와 존엄성을 강조한다. 우리는 석가의 가르침인 불교사상 안에서 사상의 자유, 표현의 자유를 읽을 수 있으며, 당시 계급사회의 차별을 타파하는 평등사상, 특히 남녀평등사상까지도 찾아볼 수 있고, 나아가 현대적 시민저항운동을 뒷받침할 만한 저항권사상까지도 읽어 낼 수 있다. 그리고 불교의 업설에서 자유의지와 도덕적 책임의 주장뿐 아니라 사회구조나 제도의 개혁가능성에 대한 사유까지도 발견할 수 있다. 이는 불교가 인간의 존엄성을 중시하는 인권사상이라는 것을 이론적으로 해명하는 작업이라고 볼 수 있다.

2) 이러한 이론적 작업의 바탕 위에 박교수는 이어 불교가 현대사회에서 인권확장을 위해 실천적으로 기여할 수 있는 길이 무엇인가를 논한다. 그러면서 그는 불교적인 새로운 문화산업 개발의 필요성을 역설한다. 현대의 대량소비문화 혹은 물질문명에 저항해서 깨달음의 성취 또는 불성계발에 적절한 수행환경 내지 사회환경을 조성해야 한다는 것, 즉 불교적 명상문화, 심성문화의 풍토를 조성해야 한다는 것이다. 사회체육, 국민생활체육 등을 보급시키고 명상산업 또는 심성산업 등의 새로운 문화산업을 적극 육성하자는 주장이다.

2. 불성과 인권실현의 길

본 토론회의 전체 주제는 '인간의 존엄성'이고, 박교수 논문의 주제는 '불성과 현대적 인권확장의 길'인 것 같다. 박교수의 논문을 읽으면서 나는 문득 여기서 불교생명윤리연구소, 불교인권위원회가 문제 삼고자 하는 것, 토론회를 통해 확립하고자 하는 것은 과연 무엇일까를 생각해 보았다. 현대사회에 적합한 불교적 인권확장운동을 위한 이론적 기반이 아직 확립되지 않았다고 생각해서 그것을 이론적으로 확보하고자 하는 것인가? 아니면 불교적 인권사상에 기반해서 현대사회에서 요구되는 인권운동이 구체적으로 어떤 것인지 그 실천방안을 모색해 보고자 하는 것인가? 박교수의 논문은 이 두 가지 문제를 한꺼번에 다 해결하려는 의도로 씌어진 듯싶다. 그래서 논문 전반부에서는 불성에 입각해서 불교적 인권사상을 이론적으로 정립하고, 후반부에서는 그런 인권사상에 기반한 구체적 실천방안을 제시하려고 한 것이라고 여겨진다.

나의 생각으로도 이 두 가지는 물론 아주 중요한 문제이며 그 각각만으로도 충분히 연구되고 검토되어야 할 것으로 보인다. 그런데 현재 차원에서의 논의를 위해, 즉 '불성에 입각한 인권확장운동'이라는 사회운동의 차원에서 그 각각을 다시 확인하는 것이 과연 무슨 의미가 있는 것일까 하는 의문이 들었다.

1) 우선 이론적으로 불교가 불성의 자각과 불성의 실현을 목표로 삼는 사상 내지 종교라는 것, 따라서 지극한 인권존중사상이라는 것은 더 말할 필요 없이 자명한 것이라고 여겨진다. 자기 안의 불성에 대한 깨달음은 모든 무명과 집착으로 인한 업과 윤회의 고리로부터의 벗어남, 즉 해탈을 뜻하며, 이것이 바로 자유이다. 그리고 타인 안의 불성에 대한 인정은 타인을 자기 자신과 마찬가지의 존재로 존중하는 것을 의미하며, 이것이 바로 평등이다. 나의 불성의 깨달음이 지혜라면, 타인을 나와 마찬가지의 불성의 인격으로 존중하는 것은 자비이다. 불교의 불성론은 지극한 인간존중 내지 생명존중의 사상이라는 것, 나아가 불공업과 공업을 포괄하는 불교의 업설은 개인 및 사회 전반에 대한 인간의 주체적 자각심과 책임의식의 표현이라는 것, 이런 것들은 이미 신라시대부터 우리에게 알려져 있던 것이 아닌가? 인권존중사상이라는 이론이 없어서 인권확장운동이

라는 실천이 부족했던 것은 아니지 않은가?

2) 그렇다면 현대사회에서 실천적으로 불교가 할 수 있을 인권확장운동이 구체적으로 어떤 것이어야 할지를 아직 모르기 때문인가? 결코 그렇지는 않을 것이다. 불교가 우리 사회를 불국토로 만들기 위해 무엇을 행해야 하는지는 진지하게 며칠만 생각해 보면 누구나 알 수 있으리라고 본다. ① 우선 사회에서 가장 소외된 인간의 기본적 인권을 염두에 둔다면, 버려진 아이들을 위한 고아원, 버려진 노인을 위한 양로원, 버려진 환자를 위한 의료원, 버려진 사람을 위한 재활원 등을 불교재단의 돈으로 건립하고 불교인들이 불교식으로 돌보는 것을 생각해 볼 수 있을 것이다. ② 포교 차원에서 불교를 사회에 스며들게 하여 불교적 이념을 일상화·생활화하기 위해서는 일반인들의 삶과 접맥될 수 있는 길을 찾아야 할 것이다. 결혼문화나 장례문화에 적극 참여하는 것도 필요할 것이다. ③ 보다 근본적이고 장기적으로는 불교재단에서 유치원이나 초·중·고등학교 등 교육기관을 설립하고 운영하여 자라나는 청소년에게 불교적 세계관과 가치관을 심어주는 것, 나아가 불교대학이나 불교연구원 등을 건립하여 시대정신에 발맞추어 가며 이론적 깊이를 더해 가는 것이 필요할 것이다. ④ 그 외에 불교는 인간 권리뿐 아니라 모든 생명의 존엄성을 강조하는 탁월한 생명존중사상으로서 전지구적인 생명운동, 환경운동에도 적극 앞장설 수 있을 것이다.

3. 문제제기

나는 이상 언급한 두 측면은 불교인이면 누구나 이미 알고 있을 것이라고 생각한다. 불교의 불성, 지혜, 자비, 해탈, 열반 등에 대해 약간의 이해만 있어도 불교적 인권존중사상의 깊이를 알 수 있을 것이다. 나아가 소외된 자들의 고통스런 외침이 그치지 않는 이 사회현실에 약간만 주의를 기울여도 우리는 그 안에서 불교가 할 수 있는 일이 무엇인지를 생각해 낼 수 있을 것이다. 말하자면 현대적 인권확장운동을 위해 불교의 이론적 기반이 부족한 것도 아니고, 실천적 방안이 부족한 것도 아니라고 본다.

따라서 나는 다른 방식의 문제제기를 해 보고 싶다. 이론적 기반도 충분하고 실천적 방안도 확실한데, 그럼에도 불구하고 불교계가 그런 실천운동을 활발하게 행하지 않는 이유가 무엇인가? 물론 나름대로의 운동이 있긴 있었을 것이다. 민주화운동이나 노동운동 등 힘든 활동도 있었을 것이다. 그러나 일반인들이 통계상으로 듣기에, 또 일상 삶에서 피부로 느끼기에 불교는 아직까지도 다른 종교계에 비해, 새로 수입된 지 얼마 안 되는 기독교에 비해 사회복지나 사회운동에 있어 소극적이라고 생각한다. 그 이유는 무엇인가? 불교 자체가 이론적으로 인권사상을 갖고 있지 않기 때문도 아니고 실천적으로 그 방안을 알 수 없기 때문도 아니라면 도대체 무엇 때문인가? 불교 인권사상의 이론적 기반을 더 깊이 논의하거나 실천적 방안을 더 상세히 논하기에 앞서 우선 이 문제가 해명되어야 하지 않을까 싶다. 혹시 불교가 아직도 종교적 깨달음의 길과 인권확장을 위한 사회운동의 길을 서로 대립되는 것으로 놓고 있기 때문은 아닐까? 개인적 종교수행과 사회적 대중운동, 상구보리와 하화중생을 서로 상반되는 것으로 보기 때문은 아닐까?

만약 불교계의 모든 사람이 정말로 그렇게 깨달음의 추구에만 전념하기에 사회운동에 부진한 것이라면, 그래도 거기에는 희망이라도 있을 것 같다. 그 정도로 진지하게 깨달음을 추구한다면 깨달음에 이른 자가 많을 것이며, 진정한 깨달음을 얻은 자라면 결국 하화중생의 길로 나아갈 것이기 때문이다. 수행을 통한 깨달음의 지혜 속에는 반드시 자비가 들어 있을 것이다. 자신의 깨달음의 추구가 실은 사회적으로 뭇 중생들의 보시 덕분이라는 것, 자신의 존재가 여러 인연화합의 결과라는 것, 자신이 몸담고 사는 사회가 공업에 의해 이루어진 것이라는 것, 이런 것들을 깨닫지 않을 수 없기에 자신만의 해탈이 무의미하다는 것을 모를 리 없을 것이다. 자비 없는 지혜는 참 지혜가 아니라는 것, 하화중생 없는 상구보리는 진정한 불교정신이 아니라는 것을 알 것이다.

문제는 지혜가 자비와 함께해야 하고, 상구보리가 하화중생과 함께해야 한다는 것을 다 알고 있으면서도, 그것을 대승보살정신이라고 외치고 있으면서도 실제로 그것을 실천하지 못하는 경우일 것이다. 무엇이 불교적 사회복지사업이고 무엇이 바람직한 포교의 길인지, 무엇이 불교정신을 이 땅 위에 번창하게 하는 것인지, 무엇이 이 땅을 불국토로 가꾸는 길인지를 다 알면서도 그것을 실천하지 못하는 것일 수도 있다. 그렇다면 그것은 무엇 때문일까? 그것이 무엇 때문인가를 밝혀내고 그 장애를 치유하지 않는 한은 불교이론의 연구나 불교실 천방안의 모색 등이 모두 공염불이 되지 않겠는가?

　이론적 기반도 실천적 방안도 다 알려져 있음에도 불구하고 구체적 삶에서 그것이 실행되지 않는 이유는 무엇일까? 이는 비단 불교계를 향해 던지는 질문일 뿐만 아니라, 사실은 모든 인간이 자기 자신의 삶에 대해 던지는 질문이기도 할 것이다. 우리가 우리 자신이 행해야 할 바의 것을 다 알고 있음에도 불구하고 그것을 실천하지 못하는 까닭은 무엇일까? 인간의 개인적 탐욕 때문일까? 집단적 이기심 때문일까? 집단 내지 교단 내의 갈등 때문일까?

3. 불교와 현상학 — 유식의 아뢰야식과 후설의 초월자아

1. 무엇을 비교할 것인가

 '주체는 죽었다'라는 모토 아래 자아의 해체를 주장하는 서양의 포스트모더니즘과 '제법무아'라는 화두 아래 자아의 부정을 주장하는 동양의 불교사상 간에는 어떤 유사성이 있을까? '현상 너머 물자체는 없다'는 현상학적 반실체론과 '색즉시공 공즉시색'의 불교 공사상 간의 유사성을 주장한다면 그것은 과연 의미 있는 작업일까? 20세기 서양철학의 한 조류인 현상학을 불교사상의 한 유파인 4~5세기의 유식철학과 비교한다는 것이 과연 어떤 의미를 지닐 수 있겠는가? 객관주의적이고 실증주의적인 자연과학의 풍토에서 그것과의 긍정적·부정적 관계 안에서 성장한 현상학을 엄밀한 객관적 과학정신과 대면한 적이 없었던 인도불교의 유식철학과 비교한다는 것이 과연 의미 있는 일일까? 고도의 기술문명과 자본주의 산업사회에서 잉태된 현대서양의 한 철학사조를 자본주의도 기술문명도 대두된 적이 없었던 먼 중세의 인도사상과 비교한다는 것이 과연 의미 있는 일일까?
 이러한 물음들에 대한 답변은 일단 보류하고, 그러한 비교의 의미에 대한 물음에 앞서 '사태 자체에로'라는 현상학의 정신에 따라 단지 그 둘의 철학적 내용 자체만을 문제 삼아 보기로 한다. 그리하여 비교된 결과 안에서 현상학과 유식의 유사성과 차이성, 동서 사유의 유사성과 차이성이 밝혀진다면, 바로 그러한 비교결과의 내용 자체가 비교의 의미를 말해 주게 될 것이다.

그렇다면 현상학과 유식 비교의 실마리가 될 수 있는 사태란 과연 어떤 것인가? 우리는 이를 그들 각자의 세계인식에서 찾아보기로 한다. 세계인식이란 곧 세계를 인식하는 인간의 자기인식을 의미하는 것이기도 하므로, 문제는 결국 그들의 자아 이해의 비교에로 나아가게 될 것이다.

우선 현상학이나 유식은 둘 다 소박한 실재론적 태도, 즉 세계를 주관으로부터 독립된 객관 자체로 간주하는 일상적 태도를 부정하고, 세계를 인간 주관의 능동적 구성 작용에 의해 구성된 산물, 즉 현상으로 간주한다. 현상학에서의 지향적 구성 작용과 유식에서의 식전변과정은 바로 그와 같은 주관의 능동적 작용을 의미한다. 이 글에서는 현상학의 구성작용을 감각에서 지각으로, 그리고 다시 생활세계 의식에서 순수초월적 주관성에로 이어지는 의식의 심층 분석을 통해 설명한 후, 마찬가지로 유식에서의 식전변과정을 전5식(감각)에서 제6식(대상의식)으로, 그리고 다시 제7 말나식(경험적 자기의식)에서 제8 아뢰야식(초월적 자기의식)에로 이어지는 심층 분석을 통해 밝힘으로써 두 체계의 유사성을 드러내 보이도록 한다.[1] 또한 그와 같은 구성 및 식전변의 궁극 주체로서의 초월적

---

[1] 여기서 '초월적'이라고 논하는 것은 독어 단어 transzendental에 해당한다. 칸트철학이나 현상학에 있어 이 개념을 '선험적'이라고 번역하는 사람도 있고 '초월적'으로 번역하는 사람도 있다. 그런데 선험이란 개념이 단지 경험에 앞선다는 측면만을 나타내는 데 반해, 초월이란 개념은 경험에 앞서면서 경험을 가능하게 하는 것이라는 점에서 경험의 차원으로 환원될 수 없는, 경험의 지평을 넘어선 초월적 차원이라는 의미를 함축하고 있다. 이러한 의미를 살리기 위해 여기서는 칸트철학에서와 마찬가지로 후설 현상학에 있어서도 초월적이라는 개념을 사용하기로 한다. 초월적 현

주관성과 아뢰야식이 구성의 주체라는 동일한 역할에도 불구하고 각각의 체계에서 어떻게 다르게 평가되고 있는지를 살펴본다. 결국 이와 같은 다름이 현상학과 유식, 서양과 동양의 현실에 대한 태도의 차이를 반영한다는 것, 또한 이 태도의 차이로부터 현상과 가상을 창출해 내는 주관적 구성 작용 자체에 대한 상이한 의미 부여가 귀결된다는 것이 밝혀지게 될 것이다. 그리고 마지막으로 이러한 구성 주체 이해의 다름이 함축하는 바가 무엇인가를 생각해 보기로 하겠다.

2. 현상학

1) 지향적 구성 작용의 의미

세계를 자아대립적인 객관적 실재로 간주하는 일상적 의식태도를 후설은 '자연적 태도'라고 부른다.[2] 자연적 태도에서의 세계는 그것을 경험하는 인간 주관과 무관하게 그 자체로 존재하는데, 이와 같은 세계존재의 가정을 가리켜 세계의 '일반정립'(Generalthesis)[3]이라 한다. 그러나 우리가 소박하게 객관세계로부터 얻어 온 객관적 인식이라고 생각하는 것들도 반성적으로 생각해 보면 인간 주관에 의해 부여되고 첨가된 주관적 산물이라는 것이 밝혀진다. 객관적으로 주어지는 것이 아니라 주관에 의해 생각되고 종합되며 의미 부여되는 것, 그러한 주관의 작용 과정을 후설은 '구성작용'이라고 부른다.[4]

상학, 초월적 주관성 등의 개념을 쓸 것이다.
2) 자연적 태도에서의 세계이해에 대해서는 『이념들』 I, 56쪽 이하 참조.
3) 『이념들』 I, 61쪽.
4) 객관세계가 '구성'된다는 생각은 후설의 초기 저서 『논리연구』에 이미 나타나고 있

우리가 주관으로부터 독립된 객관적 실재라고 가정하는 이 세계에서 오히려 주관의 구성작용의 흔적이 발견됨으로써 자연적 태도의 일반정립은 무력화되고 세계는 주관의 구성작용에 의해 구성된 결과물, 의식의 지향성에 의해 지향된 대상으로 밝혀진다. 그렇다면 주관의 구성작용은 구체적으로 어떤 작용인가?

2) 의식의 종합의 층들

(1) 객관화 작용(객관세계의 구성)

"그것(심리적 현상)들은 표상이거나, 아니면 표상을 기반으로 하는 것이다"[5]라고 주장하는 브렌타노를 따라 후설은 의식의 가장 기초적인 작용을 표상작용 내지 객관화 작용이라고 설명한다. 이 표상화로서의 객관화 작용으로부터 의식의 지향적 구성 작용을 발견하는 것이다.

객관화 작용은 감각내용과 지각된 사물의 구분, 소위 감각과 지각의 구분을 통해 설명될 수 있다. 사물을 접함으로써 가지게 되는 우리의 감각자료 내지 감각내용은 아직 지각이라고 할 수 없다. 왜냐하면 우리가 지각하는 것은 '빨간색 자체' 또는 '딱딱함 자체'가 아니라, 빨갛거나 딱딱한 속성을 가진 '사물'이기 때문이다. 대상으로부터 우리에게 주어지는

다. 거기에서 그는 심리적 내용과 의식대상을 구분하고, 그 대상은 의식의 지향성 안에서 구성되는 것임을 주장한다. "대상과 심리적 내용과의 혼동에 의해 사람들은 우리에게 의식되는 대상이 마치 상자 안에서처럼…… 의식 안에 그렇게 단순히 주어져 있는 것이 아니라는 것, 오히려 그것은 대상적 지향성의 다양한 형식 안에서…… 비로소 구성된다는 것을 간과한다."(『논리연구』 II/1, 169쪽) 이러한 구성이론은 "우리는 대상에 대해서 우리가 첨가한 것만을 읽어낸다"라고 말하는 칸트나 "우리가 읽어내는(herauslesen) 것은 우리가 집어넣은(hineinlegen) 것이다"라고 말하는 니체에게서도 찾아볼 수 있는 사고이다. 바로 이러한 주관의 구성작용이 소박한 실재론 내지 객관적 실증주의를 벗어나는 모든 관념론적 철학의 단초를 이루는 것이다.
5) 『논리연구』 II/1, 383쪽.

감각자료 자체는 의식의 내실적 내용을 이룰 뿐이며, 바로 그 감각내용이 주관적 활동에 의해 객관적 사물의 속성으로 파악됨으로써 비로소 한 사물의 지각이 완료되는 것이다. 이렇게 감각자료를 객관사물의 속성으로 대상화시켜서 인식하는 방식을 후설은 '파악'이나 '통각작용' 또는 '객관화 작용'이라고 부른다.[6]

객관화 작용은 대상으로부터 주어진 감각자료를 내용으로 삼아 객관적 사물을 구성하는 작용이므로 그 자체 다시 객관에서 유래하는 것일 수 없고, 따라서 주관적인 작용인 의식의 지향적 활동성일 수밖에 없다. 이 지향적 구성 작용을 통해 감각자료가 대상의 속성으로 파악됨으로써 비로소 우리의 의식은 지향적 의식대상을 지니게 되는 것이다. 이러한 지향적 객관화 작용에 의해 의식에 대한 '지향적 대상'이 구성된다. 결국 지각된 세계를 주관에 의한 구성의 산물이라고 말할 수 있는 것은 지각에서의 파악 작용이 객관사물로부터 주어진 것으로 간주되는 감각내용들을 넘어서는 것들이기 때문이다. 즉 객관적으로 주어진 소여所與 이상의 것이므로 주관적 활동의 산물로 간주되는 것이다.

초기의 후설에 따르면 이러한 지각의 객관화 작용은 다른 모든 의식작용의 기초가 된다. 우리는 객관적 표상을 떠올리지 않고는 어떤 것을 판단하거나 의심할 수 없을 뿐 아니라, 어떤 것을 원하거나 희망하거나 후회할 수도 없다. 이론적 객관화로서의 지각작용은 실천활동뿐 아니라 욕구 및 정서에 대해서도 그 기초가 되는 것이다.[7]

---

[6] 『논리연구』 II/1, 355쪽 이하 참조.
[7] 이상은 후설 초기의 감각과 지각의 관계에 대한 이해를 보여 준다. 감각이 의식의 내실적 내용일 뿐 의식적 지향대상이 되지 못한다는 점에 근거해서 감각보다는 지각이 기초지우는 역할을 한다고 설명하고 있지만, 그럼에도 불구하고 후설은 감각이라는 비지향적 의식을 인정하고 있는 셈이다. 이것은 흔히 후설의 소박한 실재론적 경험주의의 잔재라고 해석되는 것으로, 후설 이후의 현상학자들에 의해 많은 비

(2) 객관화된 지각세계와 그 지평(생활세계)

그런데 후기의 후설은 지각의 객관화 작용이 결코 의식의 가장 기초적 작용인 것이 아니라, 오히려 그보다 더 심층에 있는 어떤 작용에 의해 근거지어진 것임을 발견한다. 한 대상에 의식적으로 주의를 집중하여 그것을 여러 속성을 지닌 하나의 사물로 지각한다는 것은 그 자체 이미 많은 것을 전제하고 있는 것이기 때문이다. 지각작용의 발생을 가능하게 하는 더 깊은 기저의 지향적 의식활동을 밝히는 후기의 현상학을 전기의 '정적 현상학'에 대비하여 소위 '발생적 현상학'이라고 칭한다.

발생적 현상학에서 생활세계가 논의되는 것은 바로 이 생활세계가 우리의 객관화하는 파악작용을 가능하게 하는 바탕이기 때문이다. 즉 객관화 작용 이전에, 사물이 사물로서 인식되기 이전에, 우리는 이미 세계를 그 한 사물이 그 안에 녹아 있어 두드러져 나타나지 않는 지평으로 이해하고 있는 것이다. 인간의 감정과 정서, 원망과 후회는 모두 특정 대상을 객관화하여 표상하기 이전에 이미 인간 행위를 규정짓는 전체적 삶으로 선소여되어 있다. 객관화의 지향작용에 의해 구성된 지각 사물의 소여에 앞서 이미 우리에게는 그 지각 사물을 포괄하는 지평으로서의 삶의 세계, 생활세계가 선소여되어 있는 것이다.[8]

판을 받는 요소이기도 하다. 그러나 이러한 비지향적 의식으로서의 감각은 후설 후기의 발생적 현상학의 단계에 오면 스스로 비판받고 있다. 이는 인간의 의식에 있어서 표상작용, 객관화 작용이 더 이상 궁극적인 기초 활동이 아니라는 것을 발견함으로써 가능한 것이다. 아래의 주8) 참조.

[8] 후설은 생활세계를 객관화되지 않은 질료들의 세계라고 설명함으로써, 전기에서 지각으로 설명되지 않아 비지향적 요소로 남겨 놓았던 감각자료 역시도 주관의 지향성 아래 포섭시킨다. 감각자료는 객관사물 그 자체로부터의 소여가 아니라 지각을 구성하는 생활세계의 내용들인 것이다. 생활세계의 내용들은 객관화 이전의 지향내용들이므로 주관과 객관의 엄격한 구분이 들어서기 이전의 선소여 상태의 것들이다. 감각과 감정, 느낌과 본능이 뒤엉킨 생활세계, 주객미분의 선소여들이 그에 근거한 객관화의 기초가 되는 것이다. 객관화란 결국 그 선소여의 지평 중의 한 특정

이것은 이론적 의식(지각)과 실천적 내지 감성적 의식의 관계, 객관의식과 주관의식의 관계에 대한 설명이라고 볼 수 있다. 자아의 의지와 감성이 함께하는 생활세계를 객관화 작용에 선행하는 것으로 밝힌 것이다. 그렇다면 생활세계는 어떤 의미에서 우리에게 주어진 단순한 객관적 소여가 아니라 오히려 주관성의 지향작용에 의해 산출된 결과인 것인가? 생활세계와 주관성의 관계는 어떠한가?

(3) 생활세계와 초월적 자아

후설의 생활세계 분석은 그 생활세계를 구성하는 주관의 활동성의 해명을 목표로 한다. 한마디로 초월적 현상학의 철저화를 위한 것이다.[9] 생활세계가 주관에 의해 구성된 것이라는 것을 단적으로 밝히기 위해 후설은 의식의 가장 근원적 지향작용으로서의 시간의 구성을 설명한다.

생활세계는 단절된 순간들의 병렬이 아니다. 생활세계에서의 현재는 과거로부터 이어져 미래에로 연속적으로 나아가는 것이다. 그래서 생활세계는 '습관의 세계'라고도 불린다. 그런데 이러한 시간의 연속성은 바로 의식주관성의 지향적 구성 작용을 통해 시간적 연속체가 구성됨으로써 비로소 가능해진다.[10] 우리가 일상에서 현재라고 생각하는 시간은 선험적 의식의 지향적 현전화 작용의 결과이다. 즉 그것은 과거 및 미래와 단절된 순수현재가 아니라 과거의 기억과 미래의 예상을 자기 안에 포함하고 있는 것이다. 후설은 일상적·객관적으로 보아 이미 없다고 해야 할 과거를 붙잡아 두는 지향적 의식작용을 '파지把持'(Retention)라 하였고,

---

부분을 추출하고 분리하여 주목하는 것을 의미한다.
9) 이 점은 생활세계를 주제로 삼는 『위기』 중의 하나의 소제목이 '선소여적 생활세계에의 물음을 통한 현상학적 초월철학에로의 길'이라는 데서도 잘 나타난다.
10) 이러한 시간지평의 구성에 관해서는 『시간의식』, 31쪽 이하 참조.

아직 있지 않은 미래를 불러오는 지향적 의식작용을 '예지豫持'(Protention)라 했다. 생활세계의 근본틀이 되는 시간성이 바로 주관의 지향성에 근거한 것이므로, 이 생활세계는 그 궁극적 가능근거로서 그것을 지향적으로 구성하는 초월적 주관성을 지시해 준다.

3) 초월적 주관성의 의미

후설에게 있어 초월적 주관성은 객관대상의 구성뿐 아니라 그 근거가 되는 생활세계까지도 구성하는 지향적 활동주체이다. 생활세계가 주관에 의해 구성된 것이라고 말함으로써 후설은 구성하는 자아를 구성된 세계 위에 둔다. 즉 초월적 자아는 "탈세계화된 자아"[11]로서 세계를 조망할 수 있는 "무관심적 관망자"[12]가 되는 것이다.

따라서 후설이 거듭 강조하는 것은 개인적 영혼으로서의 심리·물리적 자아와 간주관적 주체로서의 초월적 자아의 구분이다.[13] 자아와 세계, 나와 너의 구분은 모두 초월적 자아의 지향작용에 의해 성립하는 이차적인 것들이다. 심리·물리적 자아는 다른 물리적·심리적인 것들과 상호작용하면서 나란히 존재하지만, 초월적 자아는 그 모든 존재와 관계의 지평을 구성하는 주관성으로서 세계의 지평을 넘어서 있다. 세계를 구성하며 그렇게 구성된 세계에 의미를 부여하는 자아인 것이다.[14]

---

11) 『위기』, 84쪽.
12) 『위기』, 160쪽. 자아는 세계 위에 서게 되고, 그렇게 해서 세계는 내게 현상으로 된다고 말한다. 『위기』, 155쪽 참조.
13) 후설은 이미 데카르트에서 이와 같은 초월적 주관성과 물리·심리적 자아와의 혼동을 발견하여 그것을 데카르트의 '자기오해'라고 해석한다. 데카르트가 회의 방법을 통해 초월철학의 길을 열었음에도 불구하고 그것을 완수하지 못하고 객관주의로 빠지고 만 것은 바로 이와 같은 자기오해 때문이다. 『위기』, 74쪽 이하;『성찰』, 63쪽 이하 참조.
14) 나와 너 또는 그로서 서로 구분되는 현상으로서의 개인적·심리적 자아와 구분하기

이처럼 후설은 세계를 의식주관의 구성물로 밝힘으로써 그 구성자로서의 의식주관을 구성된 세계로부터 구분하여 거기에다 세계를 넘어서는 초월성을 부여한다. 이와 같이 하여 순수주관성은 후설의 말대로 '모든 경이 중의 경이'가 된다.

지금까지 후설 현상학에 있어서의 주체의 구성작용을 살펴보기 위해 감각에서 지각(객관화 작용)에로, 그리고 지각에서 생활세계 의식에로 나아가고, 다시 궁극적으로 그 생활세계지평을 구성하는 것을 초월적 주관성으로 밝혀 보았다. 이제 유식에서의 아뢰야식의 식전변작용을 밝히기 위해 이와 유사한 방식으로 전5식에서 제6 의식에로, 그리고 의식에서 제7 말나식에로, 다시 거기에서부터 제8 아뢰야식에로 이어지는 의식의 심층구조를 밝혀 보기로 한다.

3. 유식철학

1) 식전변의 의미

우리의 일상적 논리에 따르면 인식대상인 법法은 인식주관인 아我와 독립적으로 실재하는 객관 자체이다. 그러나 유식[15]은 우리가 일상적으

위해 후설은 초월적 자아를 '근원-자아'라고 부르기도 하고 또 세계구성의 '초월적 간주관성'이라고 부르기도 한다. 『위기』, 187쪽 이하 참조.
15) 여기에서 다루는 유식은 미륵·무착·세친의 초기유식이 아니라, 호법 및 현장으로 대표되는 후기유식이다. 따라서 언급되는 텍스트는 세친의 『唯識三十頌』에 호법 등의 논사가 주석을 단 현장 譯의 『成唯識論』이다. 이하에서 『성유식론』의 인용은 일본에서 편찬된 『大正新修大藏經』(이하 '대정장'으로 약함), 권31을 따르기로 한다. 초기유식과 후기유식의 차이성에 대해서는 上田義文, 박태원 역, 『大乘佛敎의 思想』(민족사, 1989), 39쪽 및 130쪽 이하 참조.

로 그 자체 존재라고 생각하는 이 객관세계가 궁극적인 실유성을 가지는 것이 아니라 식識으로부터 변화되어 나온 현상적 존재에 지나지 않는다고 말한다. 이처럼 유식은 독립적 실체로서의 경境을 부정하고 그것을 식의 변현결과로 이해함으로써, 있는 것은 오로지 식일 뿐이라는 '유식무경唯識無境'을 주장한다.

> 식이 전변하여 분별하는 것과 분별되는 것이 있지만 그 둘은 모두 무이다. 그러므로 일체는 오직 식일 뿐이다.[16]

이와 같이 유식은 실체화된 경을 부정하고 일체를 식일원론識一元論적으로 설명하는데, 식이 경을 구성하는 과정을 식의 '전변轉變'이라 부른다. 유식에서 식에 해당하는 개념은 vijnapti, 즉 '둘로 나누어'(vi) '알게 하다'(jnapti)이다.[17] 이는 식이란 스스로 이분화하는 활동성임을 의미한다. 이분화란 곧 식의 인식주관과 인식객관으로의 자기이분화 과정으로, 식의 이분화 작용에 의해 이분된 그 각각의 부분을 견분見分과 상분相分이라 한다. 유식은 우리가 일상적으로 아와 법으로 간주하는 것이 결국은 식소변識所變, 즉 식전변의 결과인 견분과 상분에 지나지 않는다고 본다.

> 변變이란 식의 체가 이분하여 전轉함을 뜻한다. 상·견이 함께 자증에 의거하여 일어나므로, 이 이분에 의거하여 아와 법을 시설한다.[18]

유식에서는 이분화하는 근본식과, 그 식의 이분된 결과로서의 견분과

---

16) 『成唯識論』, 권7(대정장 31, 38下), "是諸識轉變. 分別所分別有, 彼此皆無, 故一切唯識."
17) 構山紘一, 묘주 역, 『유식철학』(경서원, 1989), 30쪽 이하 참조.
18) 『成唯識論』, 권1(대정장 31, 1上中), "變謂識體轉似二分. 相見俱衣, 自證起故. 依斯二分, 施設我法."

상분을 아와 법으로 인식하는 식을 구분한다. 이분화하는 근본식이 곧 아뢰야식이고, 아뢰야식의 현행결과로서의 견분을 아로 집착하는 식이 말나식이며, 다시 그 말나식에 근거해서 아뢰야식의 상분을 대상세계의 법으로 분별집착하는 식이 의식이다. 말나식은 자아에 집착하는 주관의 식이 되고, 의식은 법에 대해 분별사량하는 객관의식이 된다. 이제 그러한 식의 다층적 구조를 통해 식의 전변과정을 살펴보자.

2) 식의 다층적 구조

(1) 전5식(감각)과 제6 의식(대상의식)

우리의 인식을 이루는 가장 기본적인 요소는 보고 듣고 냄새 맡고 맛보고 만지는 감각작용이다. 이것은 우리 신체를 이루는 눈·귀·코·혀·피부의 다섯 감각기관을 통해 성립한다. 불교는 이 다섯 가지의 감각기관(五根)을 통해 성립하는 다섯 가지의 감각작용을 각기 안식眼識·이식耳識·비식鼻識·설식舌識·신식身識의 오식五識이라 부른다. 눈은 색(형태나 색깔)만을 볼 수 있고 귀는 소리만을 들을 수 있듯이, 각각의 식에서 해당 근이 취할 수 있는 대상인 경境은 각기 정해져 있다. 이와 같이 5식은 그 각각의 근과 경을 바탕으로 성립하는 감각작용을 의미한다.

그러나 우리의 인식은 감각만으로는 완성되지 않는다. 5식은 완전한 의미의 대상인식이 아니다. 예를 들어 감각으로서의 시각은 단지 색의 표상만을 가질 뿐 그 색이 외물에 속한다는 의식이 아직 없다. 즉 감각에는 아직 내외의 분별이 없는 것이다. 그렇다면 무엇이 5근을 통해 들어온 감각을 외적 대상의 감각으로 여기게 하는가? 무엇이 감각의 근을 통해 들어온 각각의 5식을 서로 별개인 5경 각각의 식으로 분산하여 이해하지 않고 바로 한 대상의 다섯 가지 식인 것으로 종합하게 하는가?

5식의 단계에는 나타나지 않던 '안팎의 구분'을 성립시킴으로써 객관적 사물의 인식을 완성시키는 식은 곧 제6식인 의식이다.

감각적 전5식의 현량에 있어서 현량대상이 식 바깥이라는 집착은 아직 없다. 그 이후에 의意의 분별이 허망하게 생겨남으로써 '밖'이라는 생각이 떠오르게 된다.[19]

'의식意識'은 의의 '내와 외의 분별' 위에 성립하는 외적 대상에 대한 식을 말한다.[20] 이것은 전5식을 총괄하여 한 대상의 식으로 종합하는 작용을 한다. 이 의식이 의지하는 근은 다섯 감관 다음의 근으로서 이를 의근意根이라 하며, 그 대상은 5경에는 속하지 않되 그들을 포괄하는 제6의 경으로서 이를 법경法境이라 한다. 한마디로 제6식인 의식은 의근이 법경을 인식하는 대상인식이다. 주객미분의 현량적 전5식의 감각에 의해 주어진 무분별의 표상을 주관과 객관의 분별을 통해 법경이라는 대상적 인식으로 객관화하는 작업이 곧 의식의 작용이다.

(2) 제7 말나식 : 생활세계 내의 경험적 자의식

유식에 있어서도 법경을 구성하며 객관화하는 대상인식인 의식은 식의 궁극적 단계로 간주되지 않는다. 객관화하는 의식의 근저에 그것을 가능하게 하는 보다 더 심층의 식이 작용하고 있기 때문이다. 그것은 바로 대상인식을 행하는 의 자신에 대한 자각적 자기의식이다. 자기의식이란 곧 대상인식인 제6 의식에서의 소의근이던 '의'(manas)의 자기의식을 말하므로, 유식은 이 자기의식을 제7식으로서 그 근에 따라 말나식末那識

---

19) 『成唯識論』, 권5(대정장 31, 39中), "現量證時, 不執爲外. 後意分別, 安生外想."
20) 이 의식과 전5식을 합한 諸六識이 바로 전변하는 能變識 중의 제3능변식이다. 이 제3능변식을 대상을 분별하는 식이라는 의미에서 了別境識이라고 한다. 즉 了境이 그 식의 性相이 된다. 『成唯識論』, 권5(대정장 31, 26上).

이라고 부른다.21) 책을 보거나 음악을 들을 때 우리의 의식은 항상 대상을 향하고 있으므로 책의 글이나 음악의 선율만이 감지되는 것 같지만, 엄밀히 말하면 그러한 의식의 근저에는 주제화·대상화되지 않은 채 글이나 선율을 의식하고 있는 나의 의식이 함께하고 있는 것이다. 이 후자의 의식이 대상인식으로서의 의식과 구분되는 식으로, 그 의식의 근인 의의 자기의식이란 의미에서 말나식이라 한다.

의식과 말나식과의 관계에서 우리가 확인할 수 있는 유식의 기본입장은 대상인식 자체가 성립하기 위해서는 이미 분별하여 인식하고자 하는 의의 자기의식 내지 자의식이 전제되어야 한다는 것이다. 이 자의식에 입각해서 비로소 대상세계와 나를 대립된 것으로 이해하고, 그렇게 세계와 맞선 나에 대한 집착을 가지게 된다. 이 집착으로 말미암아 번뇌와 속박이 발생하므로, 유식은 이 말나식을 온갖 번뇌의 근본이 되는 청정하지 못한 식이라는 의미에서 염오식染汚識이라고도 부른다. 가치중립적인 것처럼 여겨지는 대상인식인 제6 의식도 그 근저에서 고찰하면 이미 선악의 의지 작용과 결합된 자의식인 제7 말나식에 바탕을 두고 있는 것이다. 결국 대상화하는 의식의 근저에서 작용하는 식은 선악의 의지와 번뇌의 감정으로 물들어 있는 주관적 삶의 의식인 말나식이다.

(3) 제8 아뢰야식 : 생활세계 구성의 초월적 자의식

그러나 이상과 같은 의식 및 말나식의 작용으로 우리의 식이 다 설명되는 것은 아니다. 제6 의식인 대상인식이 멈추어도, 혹은 제7식인 자기의식의 내용이 변화해도 그것을 나 자신의 식 내지 하나의 세계인식으로 머무

---

21) 전변하는 식 중의 제2능변식이 곧 말나식으로, 이는 思量을 그 성상으로 한다. 『成唯識論』, 권4(대정장 31, 19中).

를 수 있게 하는 것은 그들 식보다 더 근원적인 식이 저변에 깔려 있기 때문이다. 한번 의식 안에 떠올렸던 식, 한번 의중에 품었던 식들은 어디로 가는가? 그 순간이 지나갔다 하더라도 알게 모르게 계속 내 삶에 영향을 미치고 또 수년이 흐른 후 어느 순간 불현듯 기억나기도 하는 것이 우리가 가지는 식의 참모습이다. 분명하게 의식하지는 못해도 우리 역사와 더불어 남아 있는 무한한 양의 식, 그것은 어딘가에 있기에 우리에게 영향력을 행사하고 또 문득문득 떠오를 수 있는 것이 아닌가? 의식이나 의지보다 더 깊이 감추어진 이 식을 유식은 제8식인 아뢰야식阿賴耶識이라 부르고, 모든 식작용의 전제가 된다고 해서 본식本識이라고도 부른다. 이것은 우리가 흔히 우리 자신과 동일시하는 마음(心)이다. 제8 아뢰야식은 명료한 대상인식인 제6 의식이나 제7 말나식보다 더 심층에서 지속적으로 작용하는 식이다. 그것은 모든 경험을 나의 경험으로 종합하고 경험된 세계를 나의 세계로 종합하여 알게 하는 근거가 된다는 점에서 가장 근원적인 자의식, 초월적 자의식이라고 할 수 있다.

그렇다고 아뢰야식이 하나의 점으로 머물러 있는 실체적 자아인 것은 아니다. 현상이 변화하고 흘러가는 유동적 존재인 것은 그 현상을 담고 있는 아뢰야식 자체가 유동적으로 변화하는 활동성이기 때문이다. 아뢰야식의 이러한 유동성을 유식은 물의 세찬 흐름에 비유한다.

  아뢰야식은…… 폭류와 같이 항상 유전한다.[22]

그렇다면 이렇게 유전하는 아뢰야식은 어떤 의미에서 다른 식들의 근거가 되는 것인가? 어떻게 의식의 대상인 '법'과 말나식의 대상인 '아'가

---

22) 『成唯識論』, 권2(대정장 31, 7下), "初阿賴耶識……恒轉如暴流."

아뢰야식의 이분화된 결과인 상분과 견분일 수 있는가? 이는 아뢰야식과 그 안에 함장된 종자種子와의 관계를 통해 설명된다.

종자란 아뢰야식 내에 함장되어 있으면서 그 안에서 성장하여 장차 현상세계로 현현할 수 있는 가능적 세력이다.[23] 종자는 무시이래의 업에 의해 아뢰야식 내에 훈습된 세력이자, 그 세력을 바탕으로 해서 현생에서도 계속되는 업의 축적결과이다. 내가 대상세계를 분별하여 인식할 때 가졌던 의식, 무엇인가를 의지할 때 품었던 생각들은 내 마음 속에 종자의 형태로 남겨진다. 종자를 남기는 나의 행위는 의식적이고 의지적인 행위이지만, 그 행위에 의해 마음에 종자가 쌓이는 것은 의식적·의지적으로 행해지는 것이 아니다. 마치 방안에 향을 피워 놓으면 저절로 그 방에 있는 자의 옷에 향내가 스며드는 것처럼, 우리의 행위인 업에 의해 우리 마음에 저절로 그 기운이 스며들게 되는 것이다.

그러나 이렇게 마음에 스며든 종자는 단순히 훈습된 상태로 그냥 머물러 있는 것이 아니라 아뢰야식 내에서 성장하여 현실적 식인 현행식으로 자라나게 되는, 작용력을 가진 능동적 기운으로 살아 있다. 능훈식에 의해 훈습되어 아뢰야식 내에서 성장하던 종자는 때가 되어 인연이 닿으면 구체화되고 현실화되어 6식 및 말나식과 그 식들이 대상으로 삼는 현상세계로 현현한다. 이는 마치 장래의 나무를 가능성으로 함유하고 있던 종자가 땅속에 머물러 있다가 때가 되면 현실적인 나무로 모습을 드러내는 것과 같다. 그러므로 우리가 대상으로 삼는 현상세계는 우리의 아뢰야식

---

23) 불교 유파 가운데 種子熏習을 처음 말한 부파는 輕量部라고 한다. 有部가 각 법의 體에 대해 三世實有를 주장함으로써 業의 상속성을 말할 수 있었다면, 찰나생멸론에 입각해서 現在有體 過未無體를 주장하는 경량부가 그럼에도 불구하고 삼세를 통한 업의 상속을 설명하기 위해 생각해 낸 것이 곧 종자이다. 이 종자가 인간 행위의 업력을 보유하고 있다가 언젠가 그 果報를 낳는다는 것이다.

중의 종자가 현실태로 발현한 결과인 것이다. 그리고 아뢰야식의 종자가 현행화되어 여러 식들과 현상세계를 구성하면 의식과 말나식이 다시 이 현현된 세계와 관계하여 업을 짓고, 다시 그 업이 종자를 남기는, 이와 같은 순환이 계속해서 이어진다.24) 다시 말해 아뢰야식이 전변하여 이룬 세계를 다시 의식과 말나식이 주관적 자아와 객관적 대상으로 연하게 되는 것이다. 이처럼 자아와 세계는 식의 전변을 통해 나타난 결과인 식소변識所變으로, 식을 떠나서 존재하는 것이 아니다.

3) 아뢰야식의 이중적 측면

아뢰야식은 전변의 주체이므로 본식이라고 불린다. 전변하여 나타난 현상 중 주관화된 견분과 객관화된 상분은 말나식과 의식에 의해 자아와 대상세계로 고정되고 실체화된다. 그러므로 소위 자아와 세계, 주관과 객관이란 것은 전변되어 나타난 식소변일 뿐이다. 그것은 그 자체 실유성을 가지는 실체가 아니므로 공空이며, 식의 변현으로 나타난 것으로서 완전한 무도 아니므로 가假이다. 말나식과 의식의 대상인 자아와 세계가 이처럼 경험적 내용을 지니는 가의 현상임에 반해, 아뢰야식은 그들 경험적 내용이 변화해도 뭇 식을 하나의 식 내지 인격으로 통합하고 유지하는 초월적 주관성의 역할을 한다. 즉 전변주체로서의 아뢰야식은 전변된 결과로서의 경험적 현상과 구분되는 것이다. 이러한 아뢰야식의 현상초

---

24) 이 순환이 바로 가능태로서의 種子와 현실태로서의 現行 간의 순환, 즉 '現行熏種子-種子生種子-種子生現行'으로 표현되는 순환이다. 능훈식의 현행이 원인이 되어 종자가 훈습되고 다시 이 훈습된 종자로부터 현행이 발생하는, 이러한 순환성을 『성유식론』에서는 "심지가 불꽃을 생하게 하며 불꽃이 생기면 심지가 불붙는다", "묶어 놓은 짚단이 서로 의지하여 서 있다" 등의 비유로 표현한다. 종자와 현생식이 서로 因이 되고 果가 되는 관계이다. 『成唯識論』, 권2(대정장 31, 10上).

월적 측면에서 볼 때 아뢰야식은 후설 현상학에서의 초월적 주관성의 위치와 상응한다고 할 수 있다.

그러나 유식에서 다시 강조되고 있는 것은 아뢰야식의 현상구속적인 측면이다. 즉 전변하는 아뢰야식에는 전변의 가능 근거인 종자가 존재하고 있는데, 이 아뢰야식의 종자는 바로 이전의 식소변인 현상과의 경험으로부터 훈습된 결과이므로 아뢰야식 자체는 이미 의식 및 말나식의 집착에 의해 물들어 있다는 것이다. 이처럼 아뢰야식이 집착에 물들고 업에 매여 있기 때문에 또 다른 업을 쌓는 전변이 끊임없이 계속될 수밖에 없으며, 따라서 윤회의 고리를 벗어나지 못한다는 것이다. 이런 의미에서 유식은 아뢰야식을 윤회의 주체로서 망식妄識이라고 부른다. 다시 말해 전변의 주체 역시 그것의 전변과정에 참여하고 있는 한 전변된 현상으로부터 전적으로 독립적인 것도, 자유로운 것도 아니라는 것이다. 전변된 현상이 거짓과 고통으로 가득 차 있다면, 그것은 전변의 주체가 바로 그러하기 때문이다. 구성의 주체를 그 구성의 결과와 질적으로 다른 것으로 간주할 수 없다.

4. 현상학과 유식철학의 비교

1) 구성결과의 현상과 전변결과의 가

현상학은 초월적 주관성에 의해 구성된 세계를 현상現象이라고 부르고, 유식철학은 아뢰야식에 의해 전변된 아와 법을 가假라고 부른다. 두 입장 모두 우리 의식이 대상으로 삼는 세계는 주관적·심리적 세계이든 객관적·물리적 세계이든 간에 그것은 실유성을 가지고 자족적으로 실재하는 실체가 아니라 그것을 의식하는 인간의 식과의 본질적 연관관계 안에서 그 식에 의해 그렇게 형성되는 것임을 강조한다. 그럼에도 불구하고 우리는 그렇게 구성된 세계를 바라보고 평가하는 데 있어서 현상학과 유식의 다음과 같은 차이를 발견할 수 있다.

현상학은 현상과 본질을 대립적으로 보는 이원론과 구분되는 입장으로서, 사물의 본질이 사물 현상 바깥에 있는 것이 아니라 현상 안에 내재되어 있다는 것을 강조하는 의미에서 '현상'이라는 개념을 사용한다. 반면 유식은 일체가 실유성이 없는 공空일 뿐이라는 중관학파에 기반을 둔 입장으로서, 일체는 공임에도 불구하고 또한 묘하게 나타나 있는 묘유妙有이기도 하다는 의미로 '가'라는 개념을 사용한다. 다시 말해 '현상' 속에서 후설이 찾고자 한 것이 세계의 본질이라면, '가' 속에서 유식이 드러내고자 한 것은 세계의 공성이다. 현상학은 세계가 초월적 주관성의 구성임을 밝힘으로써 세계의 질서와 아름다움과 가치의 근원을 인간 주관으로 옮겨와서 자아의 크기와 경이로움에 감탄하고자 하는 데 반해, 유식은 세계가 아뢰야식의 전변결과임을 밝힘으로써 세계의 혼란과 고통과 번뇌의 근원을 인간 주관으로 옮겨 놓고 자아의 자기부정과 자기극복의 필요성을 역설하고 있는 것이다.

2) 구성주체의 초월적 주관성과 전변주체의 아뢰야식

현상학에서의 궁극적 구성주체인 초월적 주관성은 그것의 구성물인 물리적 세계 및 심리적·경험적 자아와 구분되는 초월적 주관성이다. 마찬가지로 유식의 아뢰야식은 그 전변결과로서의 법이나 아와는 구분되는 근본식이다. 이렇게 보면 두 입장은 모두 다 구성주체와 구성결과의 구분을 통해 후자에 대한 전자의 우선성, 객관성에 대한 주관성의 우선성을 주장하고 있다고 볼 수 있다. 그러나 현상학이 차이성의 측면에 입각해서, 구성된 현상을 넘어서는 구성주체인 주관성의 독립성과 순수성을 강조하는 데 반해, 유식에서는 전변주체인 아뢰야식 또한 전변된 결과인 현상과 마찬가지로 공이라는 것을 강조한다. 가를 구성하는 그 주체 역시 공하다는 것이다. 공을 공이라고 하는 것 역시 공하다는 '공공空空'의 사상이 그것이다.

유식이 이와 같이 주장하는 것은 앞서 언급하였듯이 전변하는 아뢰야식 자체가 전변된 아와 법에 집착하는 의식과 말나식에 의해 다시 물들어 있기 때문이다. 즉 의식과 말나식의 분별과 집착의 경험으로부터 남겨진 종자가 다시 아뢰야식 내에 훈습되기 때문이다. 바로 그러한 훈습 결과, 그 훈습된 종자의 현행으로의 새로운 전변과정이 되풀이되는 것이다. 그러므로 윤회와 고통을 벗어나는 것을 목표로 삼는 유식에서는 윤회의 주체, 전변의 주체인 아뢰야식을 넘어설 것을 주장한다. 그것이 바로 '전식득지轉識得智'이다. 유식이 궁극적으로 획득하고자 하는 것은 의식과 말나식의 집착에 물든 전변주체로서의 아뢰야식이 아니라, 전변의 업을 벗어나고 집착을 벗어나는 해탈인 것이다.

그렇다면 진정한 자아, 즉 윤회의 과정을 넘어서는 해탈의 주체란 과연 어떤 존재인가? 그것은 더 이상 윤회의 주체가 아니므로 망식이라는 의미의 아뢰야식이라는 이름조차도 벗어 버린 상태이다. 지혜를 통한 해탈의 주체는 궁극적 자아로서의 진아眞我요 일심一心이며 여래장如來藏이다. 이 여래장을 두고서 깨달음을 통해 순화된 아뢰야식 자체라고 보는 입장도 있고(地論), 그것을 아뢰야식과 구분하여 다시 제9식인 아말라식이라고 규정하는 입장도 있다(攝論). 그러나 두 입장은 모두 마찬가지로 진정한 자아에 이르기 위해서는 전변된 현상을 넘어서는 것 이외에 다시 전변하는 주체 자체까지도 넘어서야 함을 주장하고 있다.

3) 자유와 해탈

　현상학에 있어서 인간이 이룰 수 있는 자유란 곧 초월적 주관성의 자유로서, 이는 바로 구성된 세계로부터의 자유를 의미한다. 반면 유식에서의 자유는 구성된 세계로부터의 자유뿐만 아니라 구성하는 자아로부터의 자유까지를 함축하고 있다. 자아가 끊임없이 세계에로 전변하는 한, 그 전변주체는 역시 세계에 매인 자아로서 자신의 업에 끌려 다니는 존재일 뿐이다. 자아의 진정한 해탈은 전식득지를 통해 이룩될 수 있다. 전식득지는 식의 자기부정을 요구하는데, 이는 우리의 아뢰야식의 흐름이 자유자재로 투시될 수 있고 또 임의대로 정지될 수도 있어야 한다는 것을 의미한다. 번뇌에 싸여 업과 인연에 의해 이끌리는 종자 내지 아뢰야식의 흐름을 멈추고 넘어서서 그로부터 자유로울 수 있을 때 번뇌와 업과 윤회로부터의 진정한 자유, 진정한 해탈이 가능한 것이다.

　아뢰야식이 세계를 구성하고 있으며 그렇기 때문에 구성된 세계는 실유성을 가지지 않는 공이지만, 마찬가지로 세계를 구성하는 식 역시 공이라는 것을 간파한 유식은 그 유위有爲의 세계 너머에 대한 동경을 간직하고 있다. 그래서 구성된 세계 및 구성작용 자체를 부정하면서 그 둘을 넘어서려고 한다. 불교에서 화두나 공안을 통해서 사유의 흐름을 끊고 해탈을 체험하는 실천적 노력을 행하는 것도 이러한 관점에서 이해될 수 있을 것이다.

5. 서양과 동양의 차이

현상학이나 유식은 세계의 객관성을 자아의 주관성에 기초지으려 한다는 점에서 관념론적이다. 현상학에서의 '구성'과 유식에서의 '식전변'은 바로 그와 같은 '주관에 의한 세계구성'을 설명하는 이론이다. 그 두 과정에는 상당한 유사성이 있는데, 그럼에도 불구하고 구성된 세계와 세계를 구성하는 자아를 이해하는 데 있어서 나타나는 실천적 관심의 다름으로 인한 차이 또한 간과될 수 없다.

후설 현상학에서는 궁극적 자유란 구성하는 자로서의 초월적 자아가 가지는 자유로서, 곧 구성된 세계로부터의 자유를 의미한다. 후설은 초월적 자아의 탈세계화된 실재성을 확신했던 것이다. 그러나 후설식의 초월적 자아는 후설 이후의 현상학자들에 의해 일거에 부정된다. 그들에 따르면 자아 역시 생활세계 내에서 역사·문화적으로 구성되는 것으로, 결코 생활세계를 넘어설 수 없다. 절대적 자아, 순수자아라는 주장은 극복되어야 할 근대적 주관주의의 유산으로 간주될 뿐이다. 이것은 후설이 강조했던 서양적 자아의 구성 성향을 역설적으로 증명하는 것이라고 생각된다. 어떠한 것이든 구성된 것으로서가 아니라면 설명되지 않은 것, 이해되지 않은 것으로서 남게 되는 것이다. 생활세계가 구성된 것이듯 자아 역시 그 세계 안에서 구성된 결과로 간주되는 것, 이것이 바로 해석학적 순환의 논리이다. 반면 유식은 아뢰야식의 이중성을 통해 그러한 점을 이미 간파하였기에 진정한 자유란 전변주체인 아뢰야식 안에서도 찾아지지 않는다는 점을 강조하였다. 아뢰야식 역시 업의 굴레 속에 있는 것이므로, 진정한 해탈을 위해서는 식소변으로서의 현상적 자아뿐만 아니라 능변식으로서의 아뢰야식까지도 함께 넘어서야 하는 것이다.

후설은 의식의 지향성을 의식의 본질로 규정하였는데, 이는 의식 자체가 지향적으로 세계를 구성하는 것을 그다지 부정적으로만 보지는 않은 것이다. 의식은 본질적으로 구성해야만 한다. 다만 우리는 반성적으로 그 구성하는 자아를 구성된 세계로부터 분리해 내어, 세계를 넘어서서 그 세계를 관망할 수 있다는 것이다. 이에 비해 유식은 아뢰야식이 전변하는 식이라는 것을 말하면서, 그 전변된 결과에 집착하지 말 것과 더불어 그 전변과정 자체를 넘어설 것까지도 요구한다. 자연스런 사유의 흐름 자체에 대한 단절의 요구이다. 세계의 구성을 멈추어 봄으로써만 진정한 자유를 얻을 수 있다는 것이다.

어떻게 보면 현상학이 열심히 세계를 구성함으로써 삶을 가꾸어 나갈 것을 주장하는 데 반해 유식은 세계의 구성을 멈춤으로써 죽음을 체험하기를 요구하고 있다고 말할 수 있을 것이다. 구성된 세계도 아니고 구성하는 활동도 아닌 그 이상의 신비적 체험, 아주 다른 사유를 요구하고 있는 것이다. 근원적 창조로서의 구성을 지향하는 현상학적 사고가 생生지향적인 서양적 태도를 보인다면, 전변의 극복으로서의 무위를 지향하는 유식적 사고는 현상초월적인 동양인의 태도를 대변하는 것이 아닐까? 삶을 살아감으로써 삶의 의미를 알게 되는 것이 아니라 오히려 삶을 넘어서는 죽음의 의미를 체험함으로써 삶의 참의미를 체득할 수 있다는 동양적 초월주의의 표현이 곧 유식적 사고가 아닐까?

제3장 불교와 현대윤리

1. 불교의 생명관 — 욕망과 자유의 갈림길

1. 들어가는 말

일반적으로 불교는 욕망을 부정하는 사고라고 평가받지만 불교만큼 욕망의 힘을 강조하는 철학도 없을 것이다. 또한 끊임없이 자유와 해탈을 추구한다고 말해지지만 불교만큼 해탈과 구원을 복잡하고 어렵게 만드는 종교도 없을 것이다. 욕망과 자유, 이 두 가지가 불교에서, 그리고 우리 자신의 삶에서 어떤 방식으로 얽혀 있는지, 그리고 그와 같은 얽힘이 우리의 삶에 어떤 긴장과 갈등을 야기하는지를 밝혀 보겠다.

불교에서 해탈이 그토록 어려운 과제로 등장하는 것은 극복되어야 할 욕망 자체가 무척이나 극복되기 힘든 무한한 힘으로 간주되고 있기 때문이다. 욕망이 그처럼 무한한 힘이라는 것은 불교의 생명관을 통해 밝혀진다. 즉 생명이 이 지구 위에 살고 있는 개체적 생명체의 살아 있음이라면, 불교는 그러한 개체적 생명체의 존재 자체를 욕망의 산물로 간주하고, 나아가 그들 생명체가 깃들여 사는 세간까지도 모두 생명체의 욕망의 산물로 간주하는 것이다. 이는 우주적 물질이 먼저 존재하고 그 물질로부

---

* 이 글은 2002년 여성철학회에서 발표한 논문으로 『한국여성철학』 제2권(여성철학회 편, 2002)에 실려 있다. 발표 당시 안옥선 교수가 논평해 주었는데, 그 논평에 대한 나의 답변을 본문 말미에 덧붙여 놓았다.

터 생명이 발생하며 그로부터 생명을 유지하기 위한 욕망의 발생이 있게 된다는 현대적 생명관과는 판이하게 다르다.1)

욕망은 욕계欲界에 사는, 또는 욕계를 형성하는 생명체의 의지로서, 불교식으로 표현하면 사랑(愛)과 집착(取)의 업業에 해당한다. 현생의 남겨진 업력業力에 따라 내생의 개체적 신체와 공동의 세간이 형성되는 것을 윤회라고 하며, 현생에서 더 이상 업을 짓지 않아 내생으로 윤회하지 않게 되는 것을 해탈이라고 한다. 결국 사랑과 집착의 업을 지으면 그 힘에 따라 윤회하게 되고, 사랑과 집착의 업을 짓지 않으면 윤회로부터 벗어나 해탈하게 되는 것이다.

이처럼 윤회와 해탈은 상반된 길로 제시되고 있다. 과거의 업력에 따라 또다시 새로운 업을 지음으로써 윤회의 수레바퀴를 빠져나오지 못하는 '중생'과 더 이상 업을 짓지 않아 윤회의 수레바퀴를 벗어난 '부처'가 서로 다른 길을 가듯이, 무지와 지혜, 무명과 명이 서로 대립되듯이, 윤회

---

1) 이런 상황에서 불교적 생명관을 다시 거론한다는 것이 무슨 의미가 있을까? 근대에서 현대에 이르기까지의 서구 자연관은 기본적으로 유물론적이고 기계론적이며 요소주의적이다. 각각의 개체들은 근본적으로 서로 무관한 요소적 실체로서, 그 각각은 다른 것들과 기계적인 작용반작용의 관계에 있을 뿐이다. 그러나 이러한 기계론적 자연관이 결국은 인간 삶에 타격적인 생태학적 위기를 몰고 왔다는 반성이 시작되면서부터 반기계론적이고 유기체적인, 또는 환경우호적인 자연관이 다시 각광을 받게 되었는데, 불교의 자연관 역시 이런 문맥에서 논의되는 경우가 많다. 불교의 무아설은 각각의 개체적 생명체가 결코 고립적인 존재가 아니라는 것을, 연기설은 모든 생명체는 본질적으로 다른 생명체와 긴밀한 상호연관관계 안에 있으며 인간과 자연 역시 불가분리적으로 서로 결합되어 있다는 것을, 분별지 비판은 자연이란 곧 인간의 인식대상이나 활용대상이기에 앞서 인간 삶의 근거이고 터전이라는 것을 말해 주고 있기 때문이다. 그러나 무아설과 연기설에 입각하여 자연 및 자연 속의 생명을 환경친화적으로 읽어내는 것만으로 불교의 생명관이 제대로 파악되었다고 말하기는 힘들다. 그러한 연기설은 생명이 드러나는 구체적 현상의 모습만을 말해 줄 뿐 불교가 생명 그 자체를 어떤 것으로 이해하는지, 물질 또는 정신, 몸 또는 마음과 연관하여 생명을 어떤 존재로 이해하는지를 말해 주고 있지 않기 때문이다. 여기서는 바로 이 문제에 주목하고자 하는 것이다.

와 해탈은 그런 상반된 길로 간주되는 것이다. 그러나 그 두 길이 정말 서로 상반된 길일까? 중생과 부처, 무명과 지혜, 욕망과 자유, 그 둘이 궁극적으로 서로 다른 것일 수 있을까? 이것이 바로 여기에서 다루고자 하는 물음이다.

2. 윤회의 길: 업력

1) 우주발생론

현대인들은 생명을 기본적으로 물질로부터 발생하여 그 물질적 기반 위에서 존속하다가 그 물질이 분해되면 끝나고 마는 어떤 것으로 간주한다. 우주발생학적으로도 생명은 우주 내 무기물질로부터 만들어진 것이며, 개체발생상으로도 생명은 정자와 난자의 결합에 의해 비로소 발생하는데 그 각각의 유전인자는 물리화학적 물질로 간주된다.[2] 반면 불교는 생명을 일종의 힘으로 보되, 그 힘을 물질로부터 발생하는 물리적 힘이 아니라 오히려 물질 자체를 형성할 수 있는 힘으로 간주한다.

만일 현대의 설명방식대로 빅뱅의 폭발로 인해 물질적 요소들이 생겨

---

[2] 오늘날의 상식적 생명관은 서양에서 19세기 말부터 20세기에 걸쳐 완성된 자연과학적 생명관이다. 150억 년 또는 200억 년쯤 전 응축된 우주에너지의 폭발인 빅뱅으로부터 전자, 광자 등의 입자가 생기고, 그로부터 원자 및 물질들이 생기고, 다시 그로부터 별들이 만들어지다가 약 46억 년 전에 지구가 만들어지고, 그 지구 위에 수십억 년에 걸쳐 박테리아, 녹조류 등의 생명체가 생기더니 5억 년 전부터의 고생대, 중생대를 거쳐 6천만 년 전의 신생대에 이르러 포유류와 어류가 나오고 다시 그로부터 인류가 등장하였다는 것, 그리고 DNA자기복제상의 실수인 돌연변이에 의해 생명체가 박테리아로부터 시작하여 인류에 이르기까지 진화 발전하였다는 것, 믿음직하든 않든 이미 우리는 이러한 것을 과학적 진리로 받아들이게끔 강제되어 있다. 이런 생명관에 따르면, 우주적 물질이 존재하고 그로부터 생명체가 만들어진 후, 그 생명체의 신체적 호르몬 분비에 따라 욕망이 발생하는 것으로 이해된다.

나게 된 것이라고 본다면, 불교의 생명은 물질적 요소들의 화합 이후에 비로소 발생하는 것이 아니라 오히려 폭발의 힘 또는 폭발 이후에 요소들을 생겨나게 하는 힘 등에 해당할 것이다. 그처럼 우주를 발생시키는 힘을 불교에서는 '업력業力'이라고 부른다. 업력으로부터 우주의 기본 물질인 지수화풍이 만들어지고, 그로부터 다시 우주공간과 많은 별들 그리고 지구가 형성된다고 보는 것이다. 이는 다음과 같이 기술된다.

아무것도 없는 허공에 온갖 유정有情들의 업력이 작용함으로써 풍륜風輪이 생겼는데, 그 넓이가 무수하다.…… 그 풍륜은 굳고 치밀하여 큰 장사가 금강의 바위로 위력을 다해 치더라도 금강만 부서지고 풍륜은 부서지지 않는다. 그 위에 다시 온갖 유정들의 업력이 작용해서 큰 구름과 비가 일어나 수레바퀴만한 물방울을 풍륜 위에 뿌리니, 물이 쌓이어 바퀴를 이루는데 그것이 수륜水輪이다.…… 어떻게 해서 수륜이 옆으로 넘쳐흐르거나 흩어지지 않는가? 누가 말하기를, 온갖 유정들의 업력이 이를 받쳐서 넘쳐흐르거나 흩어지지 않음이 마치 먹은 음식물이 소화되기 전에는 끝내 숙장으로 떨어지지 않는 것과 같다고 하였다. 또는 주위에서 회전하는 풍륜으로 지탱되어 넘쳐흐르거나 흩어지지 않음이 마치 동구미가 곡식을 담아 유지함과 같다고 하였다. 유정들의 업력이 다시 작용하니 다른 바람이 일어나 그 물을 육박하고 쳐서 그 위에 금륜金輪을 결정하는데, 마치 끓인 우유의 표면이 엉기어 막이 생기는 것과 같다. 그렇게 하여 수륜이 줄어들면서 나머지가 변하여 금륜을 이루니, 수륜과 금륜의 넓이가 같아진다.…… 금륜 위에 아홉 개의 큰 산이 있는데, 묘고산이 그 가운데에 있고 바깥으로 여덟 산이 묘고산을 두루 둘러 있다. 그 중 일곱 외륜산 바깥에 4대주가 있고, 다시 그것 바깥에 철륜산이 있어 한 세계를 두루 둘러싸고 있다.3)

우주를 생성시키는 이 업력은 유정有情의 업력이다. 유정은 무생물이나

---

3) 世親 저, 玄奘 역, 『阿毘達磨俱舍論』, 제11권, 「第三分別世品」(대정장 29, 57上中).

식물과 달리 정情을 가진 존재, 고통을 느낄 줄 아는 존재, 즉 동물적 생명체이다. 그런데 이 우주발생의 설명을 보면 설명되어야 할 생명 또는 생명체의 존재가 이미 전제되어 있다. 우주를 생성하는 업력이 유정의 업력이니, 우주발생 이전에 이미 유정이 있었다는 말이다. 그렇다면 그 유정은 어디에 어떻게 존재하였는가? 그 유정이 존재하던 우주는 어떻게 생성된 것인가?

불교의 관점에서 보면 우리가 사는 이 우주는 무한수의 우주 중의 하나에 지나지 않는다. 우주는 한 번 생성된 후 영원히 계속되는 그런 단일한 존재가 아니라 긴 시간에 걸쳐 성주괴공成住壞空을 거듭하는 존재이다. 한 유정이 존재하던 우주는 그 이전 우주에 살던 유정의 업력에 의해 만들어진 것이며, 그 이전 우주는 다시 더 그 이전의 우주에 살던 유정의 업력에 의해 만들어진 것이다. 그리고 새로운 우주를 생성해 내는 힘은 그 이전의 우주에 살던 유정의 업력이 바람처럼 밀려와 작용하는 업력이다. 따라서 불교에 있어서는 우주를 형성하는 무시이래의 존재가 단일한 신이 아니라 무수한 유정의 업력이 된다.[4]

이 우주는 각 유정이 머물러 사는 기세간器世間이 되는데, 그 기세간은 유정 각각에 의해 각기 상이하게 만들어지는 것이 아니라 유정들 공통의 업 즉 공업共業에 의해 만들어지는 공통의 기세간이다.[5] 그리고 이 공통의 기세간은 오직 그 공업을 가지는 유정에 대해서만 그런 모습으로 존재한

---

[4] 이는 곧 기독교에서 우주발생을 설명하기 위해 신의 창조를 말하면서 그 신에 대해서는 시작을 다시 물을 수 없다고 하는 것과 상통하는 면이 있다.
[5] 그러나 여기서의 共業이란 각각의 업이 부분적으로 참여하여 하나의 전체로 통합된다는 의미에서의 공업이 아니라, 각각의 업이 각각의 기세간을 만드는데 그 기세간이 공통적이듯이 업도 공통적이라는 의미에서의 공업이다. 각각의 유정은 자기의 공업에 따라 자기의 기세간을 형성하는데, 그 업이 같은 것이기에 기세간 또한 같은 기세간이 되는 것이다.

다. 예를 들어 인간인 내가 보는 이 기세간은 내가 인간으로서 보는 한에서만, 즉 인간의 공업을 가진 한에서만 이런 모습의 기세간일 뿐이다. 다른 인간들 역시 이 세계를 나와 동일한 방식으로 보기에 우리는 이 세계가 그 자체로 인간과 무관하게 독립적·객관적으로 실재한다고 생각하지만, 불교에 따르면 실제 인간 기세간은 오직 인간에 대해서만 존재할 뿐이며 인간을 떠나서는 없는 것이다.[6] 축생은 그들 축생의 업에 따라 우리와는 완전히 다른 기세간을 형성하여 그 안에 살고 있을 것이며, 천상이나 지옥의 존재는 그들 존재의 업에 따라 또 완전히 다른 기세간 속에서 살고 있을 것이다. 어느 경우이든 그 각각의 유정에 대해서만 그에 상응하는 기세간이 있는 것이다.

그렇다면 이 공통의 기세간 안에서 서로 다른 존재로 살아가는 각각의 유정, 각각의 개체는 어떻게 해서 형성되는 것인가?

2) 개체발생론

업력은 유정이 지은 업의 세력으로, 세력은 반드시 그에 상응하는 결과 즉 보報를 가져와야만 한다. 어떤 힘도 아무런 작용(報)을 남기지 않고 그냥 사라질 수는 없다. 공업에 따라 기세간이 형성되듯이 기세간 안에 살고 있는 각 개체의 몸과 정신 역시 업력에 따라 형성되는데, 그 업은

---

6) 업은 세계를 형성하는 존재론적 근거이다. 단순히 세계를 인식하는 인식론적 근거에 그치는 것이 아니다. 공업은 유정 공통의 기세간을 형성해 내는 업이며, 뒤에서 논하게 될 불공업은 유정 각각의 유근신을 형성해 내는 업이다. 따라서 우리의 기세간이 모든 인간에 대해 하나의 기세간으로 간주될 수 있는 것은 각각의 인간이 각각 자기의 기세간을 형성하되 모두 동일한 종류의 업력에 따라 동일한 종류의 세간을 형성하였기 때문이지, 즉 업력의 공통성에 근거하였기 때문이지, 인간 업력과 무관하게 하나의 기세간이 객관적으로 실재하기 때문에 그런 것은 아니다. 공업의 유정이 없다면 공통의 기세간이란 존재하지 않는다.

개체적 업이기에 불공업不共業이라고 한다.

업력이 어떤 방식으로 개체를 형성하게 되는지를 12지연기에 따라 설명하는 태생학적 연기 해석을 불교에서는 '삼세양중인과설三世兩重因果說'이라 부른다. 이것은 오늘날의 유물론적인 태아발생론과는 판이하게 다르다. 우리는 보통 개체 생명을 정자와 난자가 결합하여 수정란이 되면 그 수정란 안에서 자연발생하는 것으로 간주한다. 그러나 불교에 따르면 부의 정자와 모의 난자는 생명체를 가능하게 하는 우연적이고 보조적인 연緣일 뿐이고, 본질적 인因은 그 수정란 안으로 들어오는, 이전 생의 유정이 남긴 업력이다. 이 업력의 총체를 식識이라 한다.

한 개체가 이생에서의 삶을 다할 때, 그 개체에 의해 행해진 업이기는 하되 아직 그 보를 갖지 못한 업들이 있을 수 있다. 그 업력은 개체의 현재적 삶이 끝나도 사라지지 않고 남아 중유中有 존재가 된다. 식의 형태로 존재하는 그 중유의 존재는 이 세상에 다시 태어나 보를 다하고자 욕망하게 되는데, 자신과 가장 유사한 장차의 부나 모 중의 하나에 밀착하여 있다가 부모가 성관계를 할 때 그 활동을 자신의 욕망표현으로 생각하여 수정란 속으로 들어오게 된다.[7] 그리고 모태 내에 자리잡은 식으로부

---

7) 이때 여자로 태어날 식은 자신이 장차의 부와 관계하고 있다고 생각하고, 남자로 태어날 식은 자신이 장차의 모와 관계하고 있다고 생각한다고 한다. 서양의 오이디푸스콤플렉스와 비교해 볼 만한 생각이다. 이처럼 태어날 식에 이미 남녀의 구별이 있기는 하지만, 그것 역시 다른 모든 삶의 내용과 마찬가지로 이전 생에서의 업력에 따라 결정된 것이다. 불교에 따르면 삶에 있어서의 모든 구체적인 특성들, 예를 들어 동물성이나 인간성, 여성성이나 남성성 등은 현상적이고 경험적인 속성일 뿐, 그 어느 것도 개체의 본질적 속성인 자성이 아니다. 본래 개체적 자성이 없다는 無自性에 입각하여 空을 말하고 있는 것이다. 이로 볼 때 여성성이나 남성성을 마치 개체의 본질적 특성인 듯 간주하여 끝내는 여성의 成佛불가능 주장에까지 이르게 된 것은 석가 자신의 교설이기보다는 오히려 당시의 사회관습적인 사유틀을 벗어나지 못했던 승가집단 내 승려들의 무비판적 사고의 표현일 뿐이라고 하겠다. 이에 대해서는 안옥선, 「초기경전에 나타난 여성성불불가설의 반불교성 고찰」, 『철학연구』 제68집

터 명색名色이 발생한다. 명이란 심리적 기제요 색이란 물리적 기제이니, 곧 태아의 몸과 마음이 형성되는 것이라고 할 수 있다. 그 몸과 마음은 좀더 구체적인 인식기관인 근根을 형성하게 되는데, 안이비설신의眼耳鼻舌身意의 육입처六入處가 그것이다. 신체적·정신적 근이 갖추어지면 태아는 태 밖으로 나오게 된다. 이를 탄생이라 한다. 탄생된 아이는 곧 세상과의 부딪침(觸)이 있게 되는데, 이 부딪침으로 인해 즐겁거나 괴롭거나 즐겁지도 괴롭지도 않은 등의 느낌(受)을 갖게 되고, 느낌으로 인해 즐거운 느낌을 주는 것을 좋아하고 괴로운 느낌을 주는 것을 싫어하는 애愛가 있게 되며, 애로 인해 집착(取)이 있게 된다. 그리고 이 애착에 따라 무수한 새로운 업을 짓게(行) 되며, 그 업력이 곧 다시 태어날 존재(有)를 형성하게 되는 것이다. 이 업력의 유로 인해 내생으로 다시 생生하게 되고, 내생에서의 노사老死를 겪게 된다.

이렇게 보면 다시 생하게 되는 것은 이전 생의 유정이 집착적 업을 짓기 때문인데, 모든 집착들 가운데 가장 근본적인 집착은 일체가 무아이고 공임을 모른 채 이것이 나이고 저것이 세상이라고 집착하는 아집과 법집이다. 아집과 법집은 공을 모르는 무명無明으로 인한 것이며, 그 무명으로 인한 행行(업을 지음) 때문에 식이 윤회를 거듭하여 다음 생으로의 태어남이 있게 되는 것이다. 이상의 연기 과정을 연결하면 다음과 같은 열두 고리로 이어진다.[8]

(대한철학회 편, 1998), 165쪽 이하 참조. 일체가 무자성이고 공이라는 깨달음, 개체적 경계가 고정적이지 않다는 깨달음을 끝까지 가로막는 마지막 경계는 아마도 性의 경계일 것이다. 모든 것이 다 자성이 없어도 남성성과 여성성만은 그 자성을 가지고 있다는 생각이다. 그래서 남성은 여성을, 여성은 남성을 끝까지 자기 경계 밖의 타인, 성적 욕망의 대상으로 간주하게 되는 것이다.
[8] 불교의 연기론은 원래 12支보다 적은 수의 항목으로 설해지다가 나중에 12지연기로 확립된 것이라는 설이 있다. 『잡아함경』에서 "이것이 생하므로 저것이 생하고, 이것

무명 → 행 → 식 → 명색 → 육입처 → 촉 → 수 → 애 → 취 → 유 → 생 → 노사			
전생	현생		내생
	(태내)	(태 밖)	

한 개체적 유정에 의한 업력은 그 개체의 죽음 이후에도 식으로 남아 있다가 다음 생의 개체 즉 오온五蘊을 형성하고, 그렇게 형성된 오온의 유정은 다시 그 나름의 업을 짓고 살다 죽지만 그 유정이 남긴 업력은 또다시 그 다음의 오온을 형성하게 된다. 이런 식으로 해서 업력으로 인한 오온의 윤회가 거듭되는 것이다. 결국 어떤 근의 생명체가 될 것인지는 그 업의 종류에 따라 결정되며, 경으로서의 기세간은 바로 그 근에 상응하여 형성된다고 하겠다.9)

3) 애욕의 힘

불공업에 의해 생성되는 '유근신'과 공업에 의해 생성되는 '기세간'은 유정의 식으로부터 분리되어 그 자체로 존재할 수 없다. 유근신이든 기세간이든 모두 각 유정이 지은 업의 산물일 뿐이다. 유근신을 업의 직접적 결과라는 뜻에서 정보正報라고 하고, 기세간을 업의 결과이되 정보가 의지해 사는 것이라는 의미에서 의보依報라고 한다. 우리의 신체나 세간은

이 멸하므로 저것이 멸한다"는 일반론 이외에 구체적 항을 들어 연기를 설할 때에도 항상 12지가 거론되는 것은 아니다. 다만 12지 자체도 이미 『잡아함경』에서 찾아볼 수 있다. 『雜阿含經』 제12권, 「法說義說經」(298경) 등 참조.
9) 업에 따라 근이 달리 형성되고 그 근에 따라 다른 세계가 형성되는 것은 경험세계에서의 진화과정에 비유될 수 있을 것이다. 예를 들어 동굴 속에 들어가 살게 된 박쥐는 그 동굴 속 경험을 통해 점차적으로 어둠 속에서 환경을 읽어낼 수 있는 근을 형성하게 되고, 그렇게 해서 그 근에 상응하는 박쥐의 세계가 새롭게 형성되는 것과 같은 예이다.

우리 자신의 업의 결과이기도 하지만 동시에 업의 근거이기도 하여 우리는 그것에 의지해 살면서 그로 인해 다시 새로운 업을 짓게 된다. 이런 점에서 유정과 세계는 뗄 수 없는 관계에 있다.

그런데 우리는 우리 자신의 업의 결과에 대해 정보인 개체적 유근신을 주관적 자아라고 간주하며, 그 정보가 의지해 사는 의보인 기세간을 그것이 인간 전체에 공통적인 까닭에 객관적 세계라고 간주한다. 이와 같이 해서 주관적 자아가 존재한다는 '아집'과 객관적 세계가 업력의 식識과 별도로 존재한다는 '법집'에 사로잡혀 우리는 자아도 세계도 모두 우리 자신의 업의 산물일 뿐 업력을 담은 식을 떠난 별도의 실체가 아님을, 즉 자아와 세계의 공성空性을 자각하지 못하고 있다. 이것이 바로 자신의 근과 세계를 산출해 내는 자신의 업력의 근원에까지 도달하지 못하여 자기 자신의 식에 어두운 무명無明이다.

무명에 쌓인 식으로부터 명색과 육입처의 근이 형성되고 그 근이 기세간과 접촉하여 느낌이 발생하는 것까지는 이전 업의 자연스러운 결과일 뿐이다. 그것은 업력으로부터 발생하는 피할 수 없는 보報에 해당한다. 연기의 과정 가운데 새로운 업을 짓는 단계인 조업造業은 이전 업의 결과로 주어진 세간과의 접촉에서 야기되는 느낌에 따라서 능동적으로 사랑이 시작되면서부터이다. 사랑으로 인해 집착이 일어난다. 뜻으로든 입으로든 몸으로든, 애착으로부터 나온 일체의 행은 자신의 보를 이끌어 올 능동적 업이 된다. 사랑과 집착의 힘이 바로 다음 생의 신체와 세간을 형성할 업력이 되는 것이다. 현생에서 애(사랑)와 취(집착)로 표현되는 이 업은 전생에서는 무명으로 인한 '행行' 한마디로 요약되고, 내생에서는 탄생 이후의 '노사老死' 한마디로 요약된다. 끊임없는 행위의 연속으로서의 우리의 삶, 태어난 후 죽음에 이르기까지 계속적인 늙어 감의 과정인 우리의 삶은 결국 사랑과 집착, 애착, 애욕, 욕망의 삶인 것이다.

그런데 불교에 따르면 애착으로 인한 욕망적 삶, 새로운 삶을 이끌어 올 끊임없는 조업작용으로서의 삶은 그 자체가 괴롭고 피하고 싶은 것이다. 그것은 우리 삶을 형성하는 연기의 이치를 알지 못하고 아공과 법공의 이치를 깨닫지 못한 채 나와 세계, 아와 법을 각각의 실체로 망분별하여 집착하는 무명 속의 삶이기 때문이다. 무명으로 인해 생긴 현생에서 또 다시 내생을 이끌어 올 업을 짓는 것은 업과 보의 반복, 탄생과 죽음의 반복일 뿐이다. 나와 세계에 대한 집착에 기반하여 존재에 대한 애욕을 갖게 되고, 그 애욕으로 인해 존재의 연기적 상호연관의 회로 속에 끌려 들어가 결국 회로 밖으로 나오지 못하는 것이다. 사랑함으로써 집착하고, 집착함으로써 세상과의 연결고리를 끊지 못하고 다시 태어나는 것, 이것이 업력에 의해 다시 태어나는 윤회인 것이다.

태어났으니까 사랑하게 되고, 사랑하니까 다시 태어나게 되는 윤회의 길, 그러나 불교에 따르면 인간의 앞에 오직 이 길만이 열려 있는 것은 아니다. 해탈이라는 또 다른 길이 가능한 것이다. 아공과 법공을 깨달아서 애착을 버리고 새로운 업을 짓지 않으면 업력이 다해져서, 이생의 삶을 마치더라도 내생에 다시 태어나지 않고 영원한 안락에 머무를 수 있다.

3. 윤회를 벗는 해탈의 길

1) 공의 깨달음

아공과 법공을 깨달아 무명에서 벗어나면 더 이상 애착에 따르는 새로운 업을 짓지 않게 되고, 그러면 더 이상 새로운 오온을 형성할 업력이 없어 기존의 남은 업력이 다하는 어느 순간엔가 육도윤회로부터 벗어나게 된다. 이와 같은 고통스런 윤회로부터의 벗어남을 해탈이라고 한다. 윤회로 이끄는 업을 짓지 않게끔 우리의 정신을 고양시키는 공의 깨달음이란 과연 어떤 의식상태인가?

공이란 있다고도 없다고도 말할 수 없는 것, 유와 무의 분별을 넘어선 어떤 것이다. 인연을 따라 있게 된 것이기에 '없다'라고 단언할 수 없고, 인연을 따라 없게 될 수 있기에 '있다'라고 단언할 수 없다. 무엇이 그런 공인가? 우리가 흔히 있는 것으로 단정하는 나와 세계가 바로 그런 것이다. 유근신으로서의 나와 기세간으로서의 세계는 애욕의 업력이 낳은 결과, 불공업과 공업이 낳은 정보와 의보일 뿐이지 그 자체 존재가 아니다. 내가 두 종류의 실체로 분리하여 생각하는 나와 세계는 실제로 분리되어 있는 것이 아니며 또 그 둘 다를 형성해 내는 식의 업력으로부터 자유로운 독립적 실재도 아니라는 것, 그 둘 다가 식이 만든 현상이며 가상이라는 것, 이것을 깨닫는 것이 곧 아공과 법공의 깨달음이다.

나와 세계가 식의 업력, 욕망의 업으로부터 형성된 결과라는 것을 실질적으로 자각하기 위해서는 나와 세계, 주관과 객관으로 분화되면서 그런 현상을 산출해 내는 업력의 발원지, 욕망의 근원으로 돌입하지 않으면 안 된다. 주객으로 분화되기 이전, 나와 세계의 경계가 그어지기 이전, 분별적 이원성 이전의 순수동일성의 차원에 이르러야 하는 것이다. 일체의 경계나 한계가 사라진 무한, 일체의 이원성이 사라진 동일성, 그것이 바로 공이다. 마음 안에서 마음 내용에 그어진 경계들을 지워 나가면서 얻어지는 마음바탕이기에, 그 공은 단순한 빈 공간이나 무생물과는 달리 스스로를 의식하는 자각능력을 지니고 있다. 그리고 이러한 공의 자기자각을 마음 또는 한마음, 즉 일심一心이라고 한다. 결국 공의 깨달음이란 마음이 스스로를 미분적 동일성으로 자각하는 것, 그러면서 자기 안에서 나와 세계로 분화해 나가는 욕망의 폭발력, 사랑과 집착으로 분출되는 자신의 업력을 자각하는 것을 의미한다. 한마디로 나와 세계를 형성하는 근원적 힘을 스스로 자각하는 것이다.

나와 세계를 만드는 근원적 힘이 신도 물질도 아닌 유정 자신의 업력이기에 유정은 스스로 그 근원을 깨달을 수 있고 그 근원에 머무를 수 있다. 근원을 깨닫는 것이 곧 공의 깨달음이며, 근원에 머무르는 것이 곧 윤회를 벗는 해탈이다. 아공과 법공을 깨달음으로써 나와 세계의 망분별에 빠지지 않고 집착에 물들지 않으며 애욕에 이끌리지 않아, 내생을 불러올 업을 더 이상 짓지 않게 되는 것이다. 애욕의 업력으로부터 자유로워짐으로써 더 이상 오온을 형성하지도, 그 몸에 상응하는 세간을 형성하지도 않게 되는 것, 그것이 바로 윤회를 벗는 해탈이다.

해탈의 경지는 아공·법공의 깨달음 속에서 아집과 법집이 멸하고 나와 세계의 분별이 사라진 무한의 경지이다. 나와 세계가 이원화되지 않고, 나와 세계의 경계가 사라진 경지인 것이다. 그러한 공의 깨달음에 이르는 길, 무경계의 경지에 이르는 길, 해탈의 길은 어떤 길인가?

2) 깨달음에 이르는 길 : 욕망 밖에 서기

아와 법, 자아와 세계, 인식과 존재가 구분되지 않는 그 동일성의 지점에 이르러 일체 분별의 허망성을 자각하고 일체 존재의 공성을 자각하는 것이 불교가 추구하는 해탈이다. 그것은 자신의 업력을 자각하되 그 업력을 따라 새로운 업을 짓지는 않는 것, 자신의 욕망을 뿌리 속 깊이 자각하되 그 욕망을 따라 행하지는 않는 것을 의미한다.

욕망을 자각하되 따르지 않는 것은 욕망 밖에 서서 욕망을 바라봄을 의미한다. 욕망을 바라보고 있는 한, 욕망 밖에 선 것이다. 우리는 일반적으로 욕망을 느끼면 곧 그 욕망에 사로잡혀서, 욕망이 마음을 이끌고 욕망이 마음의 주인이 되고 만다. 욕망은 분출되고 충족되지만, 마음은 그 욕망의 근원을 자각하지 못한다. 그러나 마음이 욕망을 바라보고 있는 한, 마음은 욕망을 의식하되 욕망에 의해 이끌리지 않는다. 마음은 욕망 밖에 서서 욕망의 근원까지 거슬러 올라갈 수 있으며, 그 근원에서 욕망의 힘, 업과 연기의 원리, 자아와 세계의 공성을 자각할 수 있다. 공의 자각에 이르기까지 욕망, 욕망의 힘, 업력의 원리를 꿰뚫어 관찰하는 것, 그것이 불교가 해탈을 위해 가고자 하는 길이다.10)

세계와의 부딪침으로부터 발생하는 신체적 변화와 심리적 변화, 그 미묘한 느낌 등을 살피면서 그 상태와 마음의 움직임을 한순간도 놓치지 않고 세밀히 관찰함으로써 그 움직임의 법칙을 연기법으로 깨닫고자 하는 것이 불교의 사념처관(四念處觀)11) 또는 비바사나(毘鉢舍那) 수행법(관법)이다. 욕망은 의식에 드러나지 않고 심층에서 작용할 때만 직접적 작용력을 가질 수 있다. 나무뿌리가 땅속에 감추어져 있기에 살아서 작용할 수 있듯이, 욕망이 업을 낳을 수 있는 것은 그 욕망의 정체를 파악하려는

---

10) 따라서 불교를 욕망을 억압하고 부정하는 이론으로 보는 통념은 잘못된 것이다. 불교는 의식의 표면에서 욕망을 억압해 보았자 그 욕망이 무력화되거나 사라지지 않는다는 것을 잘 알고 있다. 욕망이 발생하는 것은 그럴 만한 인연이 있어서 그런 것이므로, 욕망을 억압한다고 해서 이미 있는 인연이 자기 결과를 생하지 않고 그냥 사라지지는 않을 것이기 때문이다. 그래서 불교는 욕망을 억압하고 제압하기보다는 오히려 더 분명한 의식으로 욕망을 직시하고 관찰할 것을 설한다. 욕망이 어디에서 와서 무엇을 지향하며 어디로 움직이고 있는지를 제대로 관하라는 것이다. 이는 곧 의식표층의 욕망 차원에 머물러 있지 말고 오히려 욕망을 따라 의식심층으로 들어가서 욕망의 발원지, 근원, 뿌리에 이를 것을 권하는 것이다.
11) 身念處, 受念處, 心念處, 法念處에 대한 관법이 곧 사념처관이다. 사념처관은 석가가 설한 기본적 수행방법론으로, 원시경전에서 이미 제시되고 있다. 『雜阿含經』제19권, 535경 이하 참조.

의식의 시선으로부터 감추어져 있기 때문이다. 욕망을 바라보는 사념처관의 시선은 마치 나무뿌리를 들추어내어 밝게 비추려는 햇빛과도 같다. 그것은 뿌리의 전모를 밝게 비추면서, 그와 동시에 뿌리를 메마르게 하여 더 이상의 작용력을 갖지 못하도록 하는 것이다. 사념처관을 통해 욕망의 뿌리까지 도달하게 되면 그 욕망적 업의 힘을 바로 자각하면서 업력에 따라 형성된 자아와 세계의 공성을 깨닫게 된다. 그 순간 욕망은 자기작용력, 조업의 힘을 잃게 되는 것이다.[12]

이처럼 공의 깨달음을 통해 해탈에 이르고자 하는 노력은 곧 일체의 경계짓기에서 비롯되는 모든 욕망, 애정과 집착을 가상으로 생각하여 넘어서고자 하는 노력이다. 그것은 희로애락의 감정, 삶에의 욕망을 포함한 자신의 삶 전체를 일종의 연극으로 간주하면서 자기 자신을 무대 위가 아닌 무대 밖 관람자로 위치시키고자 하는 것과 같다. 무대 너머로 나아가려는 바람, 인생을 연극을 보듯 관망하려는 태도인 것이다. 그렇게 함으로써 무대 위에서 벌어지는 일을 누구보다도 더 잘 관찰하되 무대 위의 인물이나 사건에 대해 열망하거나 집착하지 않을 수 있다. 그리하여 다음 막으로 이어질 업을 쌓지 않음으로써 다음 막에서는 정말로 무대 밖으로 나갈 수 있게 되는 것이다.[13]

---

[12] 이상 지관의 수행법을 통해 도달된 마음상태는 무색계의 定으로도 표현될 수 있다. 자아와 세계는 독립적 실체가 아니며 자아와 세계의 경계도 실질적이고 고정적인 것이 아니라는 것을 자각함으로써, 그렇게 자각하는 마음 자체는 나와 세계의 경계를 넘어 확장되어 간다. 그 의식이 어디에서도 멈추지 않고 무한으로 확장되어 나간 경지가 곧 空無邊處이며, 그 공무변처가 식으로 자각된 것이 곧 識無邊處이다. 그것은 그것의 있음과 없음을 구분짓는 경계가 없으므로 있다고 간주할 수도 없고 그 안에 머무를 수도 없다. 이러한 상태를 無所有處라고 한다. 나아가 경계짓는 일이 발생하지 않으므로 생각도 아니지만, 그러나 그렇게 확장된 것이 바로 식 자체이므로 생각이 아닌 것도 아니다. 이를 非想非非想處라고 한다. 무색계의 정에 대해서는 『雜阿含經』 제16권, 474경 등 참조.
[13] 연극 속에서 연극에 집착하지 않는다고 해서 그대로 연극을 벗어날 수 있는 것은

해탈을 꿈꾸는 자는 이렇게 무대를 떠나기 위해, 무대 위 어느 것에도 집착하지 않기 위해 끊임없이 이 삶이 무대 위 연극이며 가상임을 의식하고자 한다. 자신의 시선을 무대 밖으로부터, 허공으로부터 오는 시선으로 바꿈으로써 실제로 무대 밖에 서고자 하는 것이다. 시선은 무대로 향해 있되, 그것은 오직 무대의 가상성과 공성을 자각하기 위해서일 뿐이다. 무대를 주목하는 것은 오직 무대를 떠나기 위해서일 뿐이다. 무대 위에서 벌어지는 윤회적 삶과, 무대를 떠나고자 하는 해탈의 꿈은 이렇게 서로 대립적인 것이다.

4. 윤회를 완성하는 해탈의 길 : 불이법문

1) 보살의 자비정신

그러나 윤회와 해탈이 대립으로 남아 있는 한 우리의 삶은 구원받을 길이 없다. 그리고 이 경우, 왜 공空이 공으로 남아 있지 못하고 일심一心이 일심으로 머무르지 못한 채 욕망을 따라 다多의 색色으로 변현하게 되는

아니고, 꿈속에서 꿈을 꿈으로 생각하여 집착하지 않는다고 해서 그대로 꿈에서 깨어날 수 있는 것은 아니다. 하지만 그렇더라도, 연극을 만드는 자가 연극 밖에 따로 있는 것이 아니고 꿈을 깨우는 자가 꿈 너머에 따로 있는 것이 아니라면 무대 밖으로의 초월, 꿈으로부터의 깨어남은 결국 연극 속의 나, 꿈속의 나가 무엇을 지향하는가에 의존할 수밖에 없다. 연극은 관객이 보지 않는다고 해서 끝나는 것이 아니라 극중의 스토리가 끝이 나야 끝날 수 있다. 제1막 중에 제2막을 이끌어 올 만한 내용이 남아 있으면, 즉 해결되지 않은 문제, 보를 받지 않은 업이 남아 있으면, 또는 제2막을 전개하고자 하는 극중 인물의 의지가 남아 있으면 그 내용과 문제, 그 업과 의지에 따라 결국 제2막이 전개되는 것이다. 극중의 등장인물이 극중의 어떤 것, 무대 위의 어떤 것에 집착하고 있으면 그 집착으로 인해 그는 다음 막의 무대 위에 다시 등장하게 되는 것이다. 윤회를 벗어 해탈한다는 것은 극중의 어느 것에도 집착하지 않음으로써, 즉 집착적 업을 짓지 않음으로써 극중의 자기 역할을 마감한다는 것, 그래서 더 이상 무대에 오를 필요가 없게 된다는 것을 의미한다.

지, 왜 우주는 성주괴공을 반복하고 왜 유정의 윤회를 이끄는 무명의 바람이 불어오는지에 대한 물음은 대답될 수 없게 된다.14)

육도윤회하는 우리의 삶이 무대 위 연극처럼 우리 자신의 업력에 의해 빚어지는 가상일 수는 있다. 그러나 그 깨달음이 우리로 하여금 정말 삶의 무대를 완전히 떠나고자 하는 마음을 일으키는 것일까? 망분별에 근거한 헛된 욕망과 집착, 그 업력으로부터 벗어나고자 하는 우리의 원願이 곧 삶과 윤회를 벗어난 정적열반에의 원일 수 있을까? 무대 위에서 만난 사람들, 내가 사랑하는 사람들은 모두 무대 위에 있는데 나만 홀로 무대를 벗어나 해탈하기를 진정 갈구할 수 있을까?

해탈하기 위해 무대 위의 삶과 그 삶을 형성하는 욕망을 부정하는 것, 열반에 이르기 위해 생사를 부정하는 것, 이는 위로 올라가기 위해 내려가는 길을 부수는 것과 마찬가지이다. 그러나 내려가는 길을 부수면 오르는 길도 동시에 무너진다. 위와 아래의 구분은 상대적이기 때문이다. 한 지점에서는 오르는 길이었던 것이 더 위의 지점에서 보면 내려가는 길이다. 이미 올랐다고 해서 지나간 길을 무너뜨려 버린다면 과연 무엇을 딛고 올라갈 수 있겠는가? 해탈을 위해 깨닫고자 하는 연기법이 연기하는 이 세계의 법이라면, 해탈은 이 세계가 있는 한에서만 가능한 것이다.

그러므로 올라가는 길이 곧 내려가는 길이며, 해탈의 길이 곧 윤회의 길이다. 무대 밖으로 향하는 시선, 비상하는 시선은 곧 무대를 바라보는 시선, 하향하는 시선이다. 이처럼 두 길이 곧 한 길이기에, 우리는 내려가는 만큼만 올라갈 수 있고 고통스런 만큼만 즐거울 수 있으며 절망하는

---

14) 이는 곧 기독교식으로 말해서, 신은 왜 세계를 창조하였는가, 일자로부터 왜 다자가 생성되었는가, 왜 차라리 아무것도 없지 않고 무엇인가가 존재하는 것인가 등의 물음과 같은 차원의 물음이다.

만큼만 희망을 가질 수 있다. 두 길이 곧 한 길이기에, 높이 올라갈수록 추락할 수 있는 더 깊은 심연이 드러난다. 그 깊은 심연까지를 끌어안아야 비로소 무상無上의 깨달음에 이를 수 있는 것이다.

그래서 불교는 궁극적으로 불이법문不二法門을 설한다. 열반이 곧 생사이고, 부처가 곧 중생이다. 부처의 깨달음은 중생 안에서만 구현되며, 열반의 환희는 생사의 고통 속에서만 실현된다. 세간이 윤회하는 중생들의 공업共業에 의해 형성되는 것이므로 기세간에 사는 모든 인간은 공업에 의해 서로 묶여 있다. 윤회를 벗고 해탈한다는 것은 윤회하는 다른 인간들을 남겨둔 채 홀로 무대 밖으로 비상해 가는 것이 아니라, 무대 전체를 해탈의 무대로 만들어 가는 것을 의미한다. 윤회를 반복하는 무대 위의 삶이 해탈적 삶으로 바뀌어 가게 하는 것이다. 결국 해탈이란 윤회의 완성이지 윤회의 부정이 아니며, 윤회적 삶 역시 해탈로 나아가는 구원의 길로서 긍정되어야 할 것이지 해탈을 저지하는 방해물로서 부정되어서는 안 될 것이다.

이러한 윤회와 해탈, 중생과 부처의 불이법문이 가장 잘 표현된 것이 불교의 보살정신이다. 보살은 깨달은 부처가 되어 홀로 열반에 들기보다는 오히려 생사의 고통 속에 허덕이는 중생을 구제하고자 우리 삶의 무대 위에 다시 태어나기를 기원한다. 중생을 향한 사랑, 곧 자비로 인해 이 세상에 다시 태어나기를 원하는 것이다. 그것은 업력에 의한 윤회가 아니라 자비의 원력願力에 의한 환생이다. 그렇게 해서 보살은 중생의 삶을 저버리지 않고 다시 무대 위의 삶으로 되돌아온다.

그렇다면 삶에 있어 보살적 자비가 수행하는 일은 과연 무엇인가? 자비는 해탈의 깨달음과 지혜에다 생명과 온기를 불어넣어 준다. 해탈하고자 사념처를 관하는 수행의 마음은 의식의 밑바닥, 욕망의 근원을 밝게 비추어 자아와 세계의 공성을 깨닫게 한다. 여기서 지혜는 욕망의 뿌리를 밝게 비춤으로써 마치 햇빛이 그렇게 하듯 욕망의 힘을 무화시켜 버린다. 지혜로 인해 욕망적 애착이 멸하고 더 이상의 업을 짓지 않게 되므로 결국 윤회를 벗어 해탈하게 되는 것이다. 이에 반해 보살의 자비는, 지혜가 욕망의 뿌리를 밝게 비추어도 그 뿌리가 메말라 죽지 않게 함으로써 생을 버리지 않게끔 만드는 사랑의 힘이다. 욕망의 근원을 자각하여 자아와 세계의 공성을 깨달았음에도 삶의 뿌리가 메말라 버리지 않도록 하는 힘, 바로 자비의 힘인 것이다. 이렇게 해서 자비는 지혜와 더불어 불교의 불이법문을 형성하는 양대 원리가 된다.

> 반야般若에 의해 자애自愛의 생각을 없애고, 대비大悲에 의해 타애他愛의 생각을 일으킨다. 반야에 의해 범부의 집착을 버리고, 대비에 의해 이승二乘의 집착을 버린다. 반야에 의해 열반을 버리지 않고, 대비에 의해 생사를 버리지 않는다. 반야에 의해 불법을 성취하고, 대비에 의해 중생을 성숙시킨다.15)

보살은 깨달음이 있어도 무대 위에 고통 받는 다른 중생이 남아 있는 한은 무대 위를 떠나지 못하는 자비의 화신이다. 보살은 생명을 사랑하고 중생을 사랑한다. 그러나 우리 범부도 그렇지 않은가? 자아나 세계가 공이라는 것을 어떤 방식으로든 알고 있어도 우리는 쉽게 무대를 떠나지 못하고 그 위를 맴돈다. 업으로든 원으로든, 우리는 이 세상을 떠날 수가 없다. 무대 위에 타인이 남아 있는 이상은 그리로 향한 끌림, 사랑의 힘을 이겨내지 못하는 것이다. 그것은 무대 자체가 우리 공업의 결과로서, 그

---

15) 世親 저, 眞諦 역, 『佛性論』(대정장 31, 787中), "由般若故, 滅自愛念, 由大悲故, 生他愛念. 由般若故, 捨凡夫執, 由大悲故, 捨二乘執. 由般若故, 不捨涅槃, 由大悲故, 不捨生死. 由般若故, 成就佛法, 由大悲故, 成熟衆生."

1. 불교의 생명관 — 욕망과 자유의 갈림길

안에서 우리가 타인에 묶여 있기 때문이다. 우리를 무대 위에 묶어 두는 것은 결국 무대 위의 타인, 다른 중생들인 것이다.

이렇게 보면 보살의 자비와 선남선녀의 사랑은 근본에 있어서는 동일하다. 보살을 이 세간 속에 살게 하는 힘은 원력이고 우리를 이 세간 속에 살게 하는 힘은 업력이지만, 그 둘은 결국 하나로 이어져 있다. 우리 중생의 사랑 또한 그 핵심은 보살적 동체의식, 자비의 원력인 것이다.

2) 보살의 자비와 중생의 사랑

망분별에 근거한 헛된 욕망과 집착을 벗기 위해 우리는 수행을 하고 내면을 주시한다. 욕망을 버리기 위해 욕망을 관찰하고 느낌을 버리기 위해 느낌을 관찰한다. 무대를 떠나기 위해 끊임없이 무대를 주목하는 것이다. 하지만 그렇게 해서 무대를 떠나고 나면 그 시선은 어디로 향할 것인가? 허공을 향한 머무를 바 없는 시선, 그러나 그 허공이 빈 공간이 아니라 식으로 자각되는 식무변처識無邊處이고자 한다면 그 시선은 어떤 방식으로 자신을 의식해야 하는가? 무대 위 어떤 것도 대상으로 삼지 않는 의식, 대상 없는 의식이 그럼에도 불구하고 의식으로 남아 있고자 한다면 그 의식은 무엇으로 채워져야 하는가? 무대 위의 객체에 고정되지 않고도 시선이 시선으로 살아 있는 길은 무엇인가?

무대 위의 삶, 무대 위의 사물세계를 떠나 우리 시선이 궁극적으로 찾고 있는 것, 그리고 그러한 무대 너머로의 초월 속에서 한 시선이 마주칠 수 있는 것은 오직 또 다른 시선일 뿐이다. 그때 마주치는 시선은 대상적 사물이 아니라, 나의 의식을 대상화의 의식이 아닌 주체적 의식으로 깨어나게 하는 시선이다. 그 시선의 마주침 안에서는 나와 너, 주와 객의 분별이 없다. 내가 너를 바라보는 시선과 네가 나를 바라보는 시선이 그대로 하나가 되는 것이다. 시선이 마주쳐 하나가 되는 순간 두 마음은 그대로 일심이 되며, 그때 우리는 우리가 하나라는 동체同體의식을 갖게 된다. 그것은 서로 안에서 무한을 보고, 그 무한 속에서 하나가 되는 것이다. 개념적 분별과 사념이 끊어지고 말이 멎는, 바로 삼매의 순간이다. 영혼의 떨림과 교감이 있고 환희가 있는 순간이다.

이처럼 일심은 시선 속에서만 확인된다. 그렇다면 무한은 왜 무한으로 머물러 있지 못하고 유한화하는가? 공은 왜 묘유妙有로 환하며, 일자一者는 왜 다자多者가 되는가? 일자는 일자 자신만으로는 의식되지 않고, 다자 안에서만 일자로 확인될 수 있기 때문이다. 그래서 일은 다가 되어 그 속에서 자기 자신을 확인하는데, 그 확인의 순간은 바로 환희이다. 무한과 영원, 신神과 심心이 도달하고자 하는 것은 결국 환희인 것이다.[16] 우리 마음이 마주치는 시선 속에서 확인하는 것, 생명 속에서 느끼는 것은 곧 우리가 하나라는 환희이며, 이것이 바로 사랑의 본질이다. 이렇게 볼 때 욕계에 사는 중생의 욕망적 사랑도 근본적으로는 무색계의 삼매, 동체의식으로부터 오는 것이다. 동체적 삼매의 기쁨으로부터 사랑이 시작되는 것이다. 다만 그 삼매의 순간 속에 오래 머무르지 못한다는 것이 바로 욕계에 사는 인간의 약함이다. 그만큼 삼매는 순간적이다.[17]

---

[16] 고통의 생사윤회 너머로 추구되는 적정열반은 고통이 없는 환희의 경지이다. 보살정신을 강조하는 대승사상이 결국 密敎로 나아가게 된 것은 이런 문맥에서 이해할 수 있다. 고통보다 더 깊은 곳에 기쁨과 환희가 있음을 니체는 다음과 같이 노래한다. "세계는 깊다. 낮이 생각하는 것보다 더 깊다. 세계의 고통은 깊다. 쾌락은 마음의 고뇌보다 더 깊다."(『짜라투스트라는 이렇게 말했다』, 제4권, 「취한 노래」)

[17] '순간'은 독일어로 Augenblick인데, Augen은 눈이고 Blick은 섬광으로 곧 눈의 번쩍임, 눈빛, 시선을 말한다. 순간이 곧 시선이며 시선이 곧 순간인 것이다. 순간이 지속성으로서의 시간성에 대립되는 개념이라면, 또 그런 점에서 영원과 통하는 바가 있다면 시간적 존재로서의 인간이 영원 또는 무한을 체험하는 것은 순간으로써만 가능할 것이다. 그리고 그 순간은 바로 시선이다. 무한체험 또는 열반체험으로서의 삼매는 시선 속에, 시선의 마주침 속에 있는 것이다. 사랑이 시선 속에만 있다는 말은

욕망의 궁극적 지향, 힘든 욕망의 파행을 거쳐 궁극적으로 얻고자 하는 것도 결국은 동체의식, 일심의 느낌, 그 하나됨의 환희일 뿐이라는 점에서 중생의 욕망 또한 그 핵심에 있어서는 보살의 자비정신과 다르지 않다. 그것은 다른 중생과의 끈을 저버리지 못하는 마음이며, 결국 생명이 전개되는 무대를 떠나지 못하는 마음인 것이다. 그러나 보살의 자비가 정신적 하나됨에 만족하는 마음의 사랑이라면, 중생의 욕망은 신체적 접촉을 갈구하는 몸의 사랑이다. 마음의 사랑, 시선의 사랑은 햇빛을 받고 반짝이는 나뭇잎처럼 수동적이며, 시선의 마주침이 가져다주는 동체의식 속에서 환희에 떨 뿐이다. 추구하는 바가 이미 갖추어져 있기에 그 이상의 행동이 불필요하다. 반면 욕계의 중생을 사로잡는 욕망의 사랑, 몸의 사랑은 빈 배를 채우기 위해 먹어대는 동물처럼 활동적이고 능동적이다. 전자는 식물적 사랑이며, 후자는 동물적 사랑이다.

　식물적 사랑, 보살의 자비적 사랑은 수렴의 방식으로 진행되며, 동물적 사랑, 중생의 욕망적 사랑은 욕망의 확산 혹은 발산의 방식으로 진행된다. 욕망의 수렴은 욕망에 머물러 있는 데 반해 욕망의 확산은 욕망의 끝을 향해 나아가는 자기소모적 욕망이다. 그러므로 욕계의 욕망은 한 대상에서 다음 대상으로 끊임없이 전진해 간다. 그러나 그러한 동물적 사랑, 그러한 욕망의 확산 안에도 수렴하는 식물적 사랑이 핵으로 남아 있다. 확산하는 원심력 안에서도 자기중심을 잃지 않게 되는 것은 그 확산적 욕망을 수렴시키는 구심력이 있기 때문이다. 욕망의 확산으로 표현되는 중생의 집착적 사랑 안에도 욕망의 수렴으로 표현되는 보살의 동체적 자비가 그 핵심으로 작용하고 있는 것이다.

　또한 사랑은 순간 속에만 있다는 말과 통한다.

5. 인간의 원

우리가 무대를 관망하는 것은 꼭 무대 밖으로 나가려는 바람(願) 때문이 아니라, 무대 전체를 바로 바라보려는 바람 때문일 것이다. 그것은 극중의 인물처럼 자기 기쁨에 빠져 남의 슬픔을 간과하거나 자기 슬픔에 매몰되어 남의 기쁨을 놓치지 않고 극 전체, 인생 전체를 관망하려는 바람이다. 전체를 바라보기 위해, 전체를 나의 삶으로 받아들이기 위해 무대를 무대 너머 '영원의 상' 아래에서 바라보고자 하는 것이다.

상구보리정신으로 열반을 지향해도 결국은 하화중생정신으로 이생으로 되돌아오고 마는 보살정신은 그야말로 우리 중생의 삶과 욕망을 긍정해 주고 구원해 주는 자비의 표현이다. 무대를 떠나지 못하고 무대 위에 머무르려는 우리의 욕망, 이것이 보살정신으로 승화될 수 있으려면 우리 삶의 무대가 해탈적 삶의 무대가 될 수 있도록 하려는 노력이 전제되어야 한다. 무대 위에서 우리가 함께 어떤 극을 벌일 것인가를 고민하는 것, 인생이 꿈이라 하지만 애초에 모두가 함께 모여 꾸는 공동의 꿈인 이상 우리가 함께 어떤 꿈을 꿀 것인가를 고민하는 것, 이것이 바로 이 땅 위에서 보살이 해야 할 일이다.

무대 위의 삶이 괴롭고 불합리하고 무의미해 보일 때 우리는 무대 밖으로의 초월을 꿈꾸게 된다. 되풀이되는 '고'의 연속으로서의 윤회적 삶보다는 고가 멸절된 적정의 해탈을 지향하게 되는 것이다. 그러나 그래도 우리가 느낄 수 있는 '의미 있음'과 '아름다움'과 '생명의 소중함' 등이 모두 무대 위의 일이지 무대 밖의 일이 아니라는 것을 자각할 때, 우리는 무대 위의 삶에 대한 긍정을 신성한 의무처럼 느끼게 되기도 한다. 이러한 존재긍정의 정신, 무대 위 일체 존재를 어느 것 하나 버리지 않고 모두

끌어안고 감싸려는 그런 강렬한 존재긍정의 정신만이 부처와 중생, 열반과 생사가 둘이 아닌 하나로 되게 하는 불이법문의 정신일 것이다. 그것만이 해탈의 소망과 애착적 욕망 사이에서 끊임없이 갈등하는 인간의 삶을 구원해 주는 마지막 자비의 손길일 것이다.

욕망이 강한 자만이 욕망으로부터의 탈출, 해탈을 꿈꾼다. 추락하면서 비상을 꿈꾸고 비상하면서 추락을 경험하는 것, 무대를 넘어서기 위해 끊임없이 무대에 시선을 집중하는 것, 그러나 그것이 단순한 인격의 이중성이나 위선에 그치는 것이 아니기를 바라는 것은 욕계에 사는 우리 모든 인간의 운명이고 한계이며 소망일 것이다.

안옥선 교수의 논평에 대한 답변

우선 안옥선 교수가 논문을 정성껏 읽고 평해 주신 것에 대해 감사한다. 안교수가 본고에 대해 제기한 문제를 하나의 물음 형식으로 표현한 후 그에 대해 답해 보도록 하겠다.

1) 불교 외적 문제제기가 아닌가?

불교의 생명을 물질과 정신, 또는 몸과 마음과 연관하여 논하겠다면서 정신/물질, 심/신이라는 개념을 쓴 것이 자칫 불교 외적 문제제기같이 보일 수도 있겠지만 실은 철저히 불교 내적 문제제기라고 생각한다. 개체적 유근신(신체)과 공통적 기세간(세계) 등의 물질세계와 개체의 업業이나 식識 등의 정신적 에너지가 서로 어떤 관계에 있는가, 즉 물질과 정신, 몸과 마음, 색色과 심心이 어떤 관계에 있는가의 문제는 불교가 깊이 고민하고 추구해 온 철학적 문제들이기 때문이다.

2) 불교에서의 생명의 과정성 내지 무상성을 잘 드러내지 못한 것 아닌가?

유정의 업력 또는 생명력이 고정된 실체가 아니라 시간의 흐름 속에서 찰나생멸하는 무상한 것이라는 것을 물론 따로 논하지는 않았다. 다만 여기서는 무상, 고, 공, 무아인 업력 내지 생명력이 바로 우리를 윤회하게 하고 세간을 형성시키는 힘이라고 하는, 그런 강력한 업의 힘을 강조해 보고자 한 것이다. 그러나 그것은 결국 신체나 세간이라는 것이 실은 그것을 형성시키는 유정의 업력과 마찬가지로 그 자체로 실재하는 객관적 실체가 아니라 인연화합의 결과인 무자성의 공이라는 것을 말하고자 함이기도 하다.

3) 사용된 비유가 적절한가?

사실 인생을 무대 위 연극으로 비유하는 것은 누구나 흔히 하는 상투적 비유일 것이다. 이 글에서 새롭게 생각해 본 비유는 욕망이나 업을 나무의 생명력으로, 지혜(깨달음)나 수행과정을 그 나무뿌리(욕망의 심층근거)를 비추는 햇빛으로 비유해 본 것이다. 지혜는 마음 심층에서 욕망의 생상生相과 멸상滅相을 관함으로써 욕망의 힘을 벗고 생사윤회를 벗어나게 하는데, 지혜의 빛이 욕망을 약화시킴은 햇빛이 그 아래 드러난 뿌리를 메마르게 하는 것과 같다. 반면 자비는 지혜로 욕망의 근원을 밝히되 그 근원의 생명력이 메마르지 않게 하는 힘이다. 지혜가 존재(결국은 자기 자신)와 싸우는 인식이라면, 자비는 존재를 존재이게끔 하는 인식이라고 볼 수 있다.

4) 윤회의 길은 유전문으로 설명하면서 열반의 길은 왜 환멸문으로 설명하지 않는가?

환멸문을 배제한 것이 아니라 오히려 공의 깨달음이나 욕망 밖에 서는 것으로써 그것을 설명한 것이다. 공의 깨달음은 12지 중의 제1지인 무명을 벗어남이며, 욕망 밖에 서는 것은 제8과 제9지인 애와 취를 멸하는 것이기 때문이다. 무명을 벗어도 아직 몸이 남아 있으면 명색, 육근, 촉, 수는 이전 업의 보로서 계속 남아 있으므로 능동적 조업인 애와 취를 멈추는 것에서부터 멸이 시작되고, 그렇게 해서 내생에 다시 생하게 될 유(업력의 쌓임)가 형성되지 않으면 비로소 윤회를 벗어날 수 있는 것이다. 이처럼 공의 깨달음을 통한 환멸문의 출발 지점을 애와 취(욕망, 업)로 보았기에 욕망 밖에 섬을 수행으로서 강조한 것이다.

5) 12지연기 중의 애는 긍정적 의미의 '사랑'보다는 부정적 의미의 '갈애'나 '애욕'으로 풀이하는 것이 낫지 않겠는가?

우리가 일상적으로 '사랑'이라는 개념 아래 이해하는 것은 실제로 자비나 인이라기보다는 갈애나 애욕이 아닌가? 나는 그런 어감을 담아서 '사랑'이라는 단어를 쓴 것이다. 평자의 짐작처럼 열반적 의미를 부여하거나 자비의 개념으로 읽어내기 위해 '사랑'이란 단어를 선택한 것이 아니라, 아예 처음부터 '사랑'이라는 말 자체가 그 안에 애착이나 애욕, 갈애의 뜻을 담고 있음을 드러내기 위해 그 단어를 쓴 것이다. 물론 바로 그러한 애욕과 갈애의 사랑 안에도 자비의 정신이 그 핵심으로 자리잡고 있음을 말하고자 하였다.

6) 육근과 육입처를 구분해야 하지 않는가?

학자들 중에는 육입처를 '무명으로 인한 집착적 감각활동'으로, 육근을 그러한 집착과 무관한 '감각기관 자체'로 구분하는 이들도 있지만, 이런 구분을 절대화하여 12지연기 중의 제5지는 육근이 아니라 육입처일 뿐이므로 무명이 멸할 때 따라서 멸하는 것은 감각기관 자체(육근)가 아니라 집착(육입처)이라고 강조하는 것은 문제가 있다고 본다. 왜냐하면 무명의 멸에 따라 멸하는 것이 집착(육입처)일 뿐이라는 말은 무명으로 인해 생하는 것도 육입처일 뿐 육근 자체는 아님을 함축하기 때문이다. 이렇게 볼 경우 12지연기설은—또한 윤회와 해탈의 문제조차도—단지 인간의 심리적 집착과 그 집착의 해소만을 논하는 심리학적·정신분석학적 이론으로 축소되어 버려서, 본래 석가의 깨달음이 함축하는 인간 및 세계 존재에 대한 존재론적·형이상학적 측면이 배제되어 버린다.

나는 무명으로 인해 생하는 것이나 멸하는 것은 육근 자체라고 생각한다. 물론 몸은 이미 이전 생의 업력의 결과이기 때문에 무명이 멸한다고 즉석에서 육근의 몸이 멸하는 것은 아니지만, 무명이 멸하면 탐진치가 멸하면서 애와 취부터 멸하여 육근을 정화시켜 나갈 수 있을 것이다. 무명이 멸하여 새로운 조업이 없으면 다음 생 또는 그 다음 생에 식이 윤회하지 않게 되므로, 명색이 생하지 않고 육근 자체가 생하지 않는다. 즉 육근은 생하고 육입처만 없게 되는 것이 아니라는 것이다. 근이 없으므로 경이 없고, 이로써 육도의 경계를 벗어나게 된다.

7) 중생의 욕망적 사랑과 보살의 자비는 다르지 않은가?

나는 중생의 욕망적 사랑의 핵심도 보살적 자비, 동체의식이라고 본다. 그 차이는 다만 중생은 동체의식 안에 단지 순간적으로만 머무른다는 데에 있다. 진정한 의미의 사랑은 단지 순간—시간적 순간, 순간적 시선—에만 있다. 강한 사랑의 느낌 속에서는 의식적·개념적 분별심이 사라지면서 나와 너의 경계가 없는 무념무상, 무아의 경지가 된다. 이처럼 마음의 분별작용이 사라진 빈 마음, 일심의 상태에서 동체의식에 머무름을 '마음의 사랑'이라고 하였다. 분별적 경계가 사라지고 하나(일심)의 환희에 이미 나아가 있어서 더 이상 확장될 것이 없기에 '수렴적'이라고 하였고, 분별적 의식이 없어서 더 이상 경계 짓고 계산하고 성취하려는 구체적 행위가 불필요하기에 '수동적'이라고 하였다. 일반 중생들이 긴 사랑의 행로—온몸으로 욕망을 발산하고 능동적으로 나아가 신체적 하나됨에 이르는 긴 행로—의 끝에서 확인하는 것 역시 서로에 대한 사랑의 마음, 이미 처음부터 거기 있었던 마음의 사랑이 아닌가? 시작과 끝이 이미 그렇게 맞물려 있는 것이라면, 그럼 그 중간 과정인 '몸의 사랑'이란 과연 무엇인가? 그것은 마음을 먹고 사는 것이다. 마음의 사랑으로부터 몸의 즐거움을 얻는 과정, 마음의 사랑을 먹어치우는 소모의 과정이다. 그래서 중생의 욕망적 사랑을 '몸의 사랑', '능동적 사랑', '동물적 사랑'이라고 하였다. 물론 넘치는 마음의 사랑을 간직한 보살은 중생을 위해 어떤 방편도 사용할 수 있을 것이라고 본다.

8) '중생이 곧 부처'임을 강조하여 얻는 것이 무엇인가?

'중생이 곧 부처'임을 강조하는 것은 인간이 자기 자신을 가장 존귀한 존재로 자각하는 그런 주체성의 확립에 기여하는 바가 있지 않을까 싶다. 자기 자신을 존귀한 존재로 자각하는 자만이 타인을 그런 존귀한 존재로 바라볼 수 있을 것이다. 자신을 미천한 자, 타락한 자로 의식하는 자는 남에 대해서도 그렇게 생각한다. '인간이 곧 한울님'이라는 인내천人乃天사상은 결국 '다른 사람 섬기기를 하늘같이 하라'는 사인여천事人如天사상과 하나로 통한다고 생각된다.

9) 가부장제적 사회현실 속에서 인간평등의 가치를 실현하기 위해 보살정신이 여성에게서는 어떻게 표출되어야 하는가?

인간 삶의 무대에서는 상호연관성의 원칙에 따라 서로의 위치나 역할이 정해져 있지만, 그것이 인간 각자의 삶을 규정하는 절대적 규칙이어서는 안 된다. 인간은 누구나 그런 규정성으로부터 자유로울 수 있고 또 자유로워야 한다. 이 글에서는 진정한 사랑이란 그런 고정된 위치나 역할 너머의 인격을 사랑하는 것임을 논하고자 하였다. '중생이 곧 부처' 또는 '중생 모두가 보살'이라는 구호 자체에는 이미 인간평등의 이상이 담겨 있으므로, 불평등한 제도에 저항할 수 있는 이념적 기초는 확립되어 있다고 본다. 다만 좀더 구체적으로, 그러한 평등의 이상을 실현하기 위해 이 현실에 어떤 제도적 장치(무대장치)가 마련되어야 하는가 하는 문제는 내겐 아직 더 숙고해야 할 과제로 남아 있다.

2. 불교의 생태학 — 현대의 체계이론에 대한 비판적 고찰

1. 생태학적 위기상황과 불교

지구 표면의 넘치는 인간, 그 인간의 욕구충족을 위한 천연자원의 고갈, 지질·수질 및 공기의 오염, 그리고 오존층파괴와 지구온난화, 이제 재앙처럼 닥치는 해빙, 이상기류현상, 해일 등등, 이러한 현대 상황은 생태학적 위기로 파악되고 있으며, 그 극복을 위해 도처에서 위기의 원인을 진단하고 처방을 모색하고 있다. 직접적 원인은 과학기술과 산업개발로, 처방은 두 방향으로 진행된다. 하나는 과학기술과 산업개발의 속도를 더욱 가속화하여 위기를 극복할 기술만능세계를 이룩하는 것이다. 핵에너지 개발, 게놈프로젝트, 생명공학, 우주과학 등이 그것이다. 다른 하나는 과학기술과 산업개발의 속도를 늦추어 위기 폭발을 지연 내지 약화시키는 것으로, '자연의 유한성'과 '인간 욕망의 무한성'의 부조화가 위기를 야기한다고 보아서 욕망의 절제와 제한을 주장하는 것이다. 그러나 이기적 인간이 어떻게 자신의 욕망을 절제할 수 있겠는가?

---

* 이 글은 동국대학교 생태환경연구센터에서 개최한 <에코포럼>에서 2005년에 발표한 후 『생태적 상호의존성과 인간의 욕망』(동국대학교 출판부, 2006)에 실은 글이다. 발표 때에 임홍빈 교수가 논평해 주었으며, 그 논평에 대한 나의 답변을 본문 말미에 덧붙였다.

욕망절제의 필요성을 논하기 위해 흔히 체계이론이 도입된다. 어느 개체도 그 자신이 속한 환경으로부터 독립적이지 않고 일체는 상호의존적이므로, 내 욕망의 무한추구가 가져오는 환경파괴는 결국 나 자신에게 부메랑으로 되돌아오게 된다. 그렇기에 나 자신을 위해서라도 욕망절제는 필요하다는 것이다. 이처럼 체계이론은 만물의 상호의존성을 강조한다. 상호작용은 체계 구성요소들 간에 에너지나 물질이 작용의 매개체로 이동하면서 성립하는 것이다. 상호작용의 관점에서 보면 지구 전체, 즉 동물·식물·무기물은 소비자·생산자·분해자라는 하나의 순환고리를 이루는 전일적全一的 유기체와 같다. 나아가 체계이론의 위계 개념에 따르면 상위계층의 구조는 하위계층 구조의 복잡성이 증대됨에 따라 자체조직화를 통해 새롭게 창출되며, 그렇게 해서 더욱 복잡한 구조의 고등생명체가 발현하게 된다. 이렇게 보면 개별 생명체란 체계내적 상호작용의 복잡성에 따라 형성된 결과물이다.[1]

그리고 바로 이 지점에서 불교가 거론된다. 불교의 연기설과 무아론이 체계이론의 상호의존성 및 개체창발의 설과 상통하는 것으로 여겨지기 때문이다. 연기緣起는 일체 만물이 고립적 실체로서 존재하는 것이 아니라 중중무진의 상호의존관계에 있음을 말하며, 무아無我는 자아가 개별 실체가 아니라 연기의 원리에 따라 중연衆緣이 화합하여 형성된 가假에 지나지 않음을 말한다.[2] 이러한 상호의존성(연기)과 개체창발론(무아)을

---

[1] 이상 생태학에서 논의되는 체계이론에 대해서는 이도원, 「생태학에서의 시스템과 상호의존성」(『에코포럼 자료집』, 2004. 10)을 참조하였다. 이도원은 체계이론에서의 상호의존성을 '수평적 상호의존성'과 '수직적 상호의존성'의 두 차원으로 구분하면서, 후자의 설명을 위해 '위계이론'이 도입된다고 말한다(7쪽). 본고에서 논하는 '체계적 상호의존성'과 '위계적 창발론(진화론)'은 이 두 측면에 상응한다고 볼 수 있다.
[2] 불교생태학의 확립을 위해 불교의 연기를 시스템이론의 상호의존성과 연결지어 설명하는 것에 대해서는 김종욱, 「불교에서 시스템과 상호의존성」(이도원의 상기 논

생태학적 문맥에서 간단히 풀이하면 다음과 같다. 내가 버린 노폐물은 강을 오염시켜서 거기에 사는 동식물을 해치고 그 동물과 식물을 내가 다시 먹게 됨으로써 결국 내 몸을 망치게 되는데(연기), 이러한 자연의 상호연관성을 알아서 자연오염을 막자는 것이다. 또한 나라는 인간존재는 그보다 하위계층인 자연, 동식물, 무생물 등의 복잡한 구조 속에서 진화하여 형성된 개별자에 지나지 않으므로(무아), 그 존재 터전인 자연 전체의 질서에 반하는 반생태적 행위는 하지 말자는 것이다.

그런데 이것은 생태학적 위기가 문제시되지 않던 수십 년 전부터 우리가 이미 되뇌어 온 과학상식이 아닌가? 과학자들은 이미 오래 전부터 인간은 대폭발 이후 수백억 년에 걸쳐 무기물로부터 박테리아와 식물, 동물을 거쳐 원숭이로부터 진화된 동물이라고 말하지 않았는가? 자연의 먹이사슬은 동식물계와 무생물계를 포함하여 일체 존재가 하나의 고리로 연결되어 있다는 것을 주장하지 않았는가? 바로 그러한 자연관과 생명관의 기반 위에서 생태학적 위기가 발생하였는데, 그 동일한 논리가 어떻게 다시 생태학적 위기 극복의 단서가 될 수 있겠는가?

문에 대한 논평문); 고영섭, 「불교생태학 서설 : 시스템이론과 상호의존성의 숙성과 발효」(에코포럼 제5차 발표문, 2005. 2); 조애너 메이시, 『불교와 일반시스템이론』(이중표 역, 불교시대사, 2004)을 참조할 수 있다. 안옥선은 「불교생태학에서 존재 평등의 근거」(『불교학연구』 제10호, 2005. 4)에서 연기와 더불어 무아가 고려되어야 함을 다음과 같이 강조한다. "연기가 모든 존재가 나 아닌 것이 없기 때문에 나와 평등하다고 말한다면, 무아는 나라고 할 만한 것이 없기 때문에 평등하다고 말할 것이다. 연기가 존재들의 '일체적' 평등을 말하고자 한다면, 무아는 '해체적' 평등을 말하고자 한다."(251쪽) 이로 볼 때 안옥선도 연기(상호의존성)를 그 자체 평등의 교설이라고 생각하며 무아를 그와 같은 차원의 것으로 이해하고 있음을 알 수 있다. 그러나 무자성(무아)이기에 상호의존성에 따라 연기하는 이 현상세계는 그 자체가 차별적 세계이다. 문제는 '각각의 생명이 이러한 차별적 현상세계 질서를 넘어서는 평등성을 가지고 있는가?'라는 점에 있으며, 바로 이 점에서 체계이론의 상호의존성과 불교의 연기가 서로 구분된다고 본다. 본고는 이 차이를 밝히고자 한 것이다.

불교의 생태학적 함의를 밝혀보고자 하는 이 글에서는 우선 불교를 체계이론의 틀에 따라 해석하는 것이 문제가 있다는 것을 논하기 위해 체계이론 자체의 한계를 살펴보고자 한다. 중요한 것은 체계이론의 자연관과 생명관에 전제된 존재론(唯物論)은 불교의 자연관과 생명관의 기반이 되는 존재론(唯心論)과 판이하게 다르다는 것이다.[3] 그와 같은 차이가 정확히 포착되어야만 불교다움을 잃지 않는 불교생태학의 정립이 가능하다. 그러므로 본문에서는 불교의 생명관이 어떤 점에서 유심론적이며, 그것이 현대과학의 유물론적 생명관과 어떻게 다른가를 살펴보고, 이어서 그러한 생명이 표출되는 두 가지 방식, 즉 업業을 형성하는 '욕망'과

---

3) 메이시는 『불교와 일반시스템이론』에서 체계이론이 자아와 세계, 마음과 몸, 정신과 물질, 아는 자와 알려지는 것 등 사이의 '선형적인 단일방향의 인과'가 아닌 '양방향의 상호인과'를 주장하는 새로운 패러다임이라고 주장함으로써, 마치 체계이론이 물심이원론을 극복한 새로운 사유인 듯한, 그래서 유물론이 아닌 듯한 인상을 갖게 한다. 그러나 메이시 자신이 말하듯 체계이론은 '인공두뇌학'(cybernetics)에 기반한 이론으로서, 일체 현상을 "자동유도 대공미사일의 피드백 과정"(45쪽)처럼 설명하려는 이론이다. 즉 입력된 프로그램(코드)에 따라 환경을 감지(입력)하여 자기 활동(출력)을 조절하는 네거티브 피드백(온도조절장치의 인공센서 개발과 같은 제1인공두뇌학) 및 그 조절에 실패했을 때 자신의 코드를 스스로 개선하는 포지티브 피드백(자체 업그레이드 또는 자기조직능력개발 같은 제2인공두뇌학)의 과정으로(167쪽) 우주 삼라만상의 생명현상 및 인간의 정신현상까지도 설명하려는 과감하고도 음흉한 유물론이다. 이에 따르면 마음은 시스템 작동에서 보여지는 "모든 시스템의 내면성"(244쪽)일 뿐이다. 우리가 마음의 활동이라고 여기는 생명, 의식, 정신 등이 시스템의 포지티브 피드백 과정에서 창발되는 것, 시스템의 작용일 뿐이라는 것이다. "자연시스템의 계층적 자기조직 속에서 새로운 것이 산출된다"(140쪽)는 것은 곧 자연시스템을 모방하는 인공두뇌의 물리화학적 회로로부터 "생명과 지능이 진화"(135쪽)하리라는 주장이다. 이는 곧 살아있는 인간 정신과 과학적으로 개발된 인공두뇌가 근본적으로 다른 것이 없다는 발상이다. 데카르트가 동물의 생명을 기계(일방향인과의 기계)로 본 것을 비판하면서도, 인간의 정신까지 포괄할 만한 보다 세련된 기계(상호인과의 기계)를 고안한 것이라고 볼 수 있다. 그동안의 유물론이 일방향의 인과만을 알아 생명과 정신의 능동성을 제대로 설명하지 못했다면, 이제 피드백작용의 양방향 상호인과를 가지고 생명과 정신의 능동성까지도 물리화학적 토대 위에서 남김없이 설명하겠다는 유물론인 것이다. 어찌 불교를 이 틀에 따라 읽을 수 있단 말인가?

원願을 세우는 '자비'가 어떤 관계에 있는지를 살펴보겠다. 끝으로 그와 같은 생명과 욕망 그리고 자비에 대한 불교적 이해가 함축하는 생태학적 의미가 무엇인가를 생각해 볼 것이다.

2. 생태학적 관점에서 본 체계이론의 한계

1) 체계적 상호의존성의 문제점

생태학적 위기가 점점 더 심각해지는 이유 중의 하나는 그 위기의 인식이 단지 앎이나 이론 차원에 그치고 구체적 행위로 이어지지 않는다는 점이다. 즉 우리가 이론적으로 생태학적 위기의 심각성 및 비생태적 행위의 비윤리성을 인식한다고 해도 그것이 개인의 행동에 직접적 구속력을 갖지 못한다는 것이다. 그런데 이것은 개인 행위의 생태학적 결과가 대부분 바로 그 순간 그 자리에서 행위 당사자에게 발생하는 것이 아니라 일정 시간을 두고 일정 거리 밖에서 발생하며, 그로 인한 피해가 당사자 개인에게만이 아니라 불특정 다수에로 확장되기 때문이다. 나 자신에게 이익이 되는 것은 구체적으로 눈에 보이는 데 반해 그 행위의 생태학적 결과는 불특정 다수에게로 확장되므로, 그만큼 추상화되고 희석화되어 특별한 죄책감이 일어나지 않게 되는 것이다.

체계이론은 생태적 위기가 지구 전체의 일로서 궁극적으로 어느 개인도 그로부터 자유롭지 못하다고 논하지만, 실질적으로는 인간 행위의 실천적 구속력을 약화시키는 데에 한 몫을 할 뿐이다. 예를 들어 산업폐기물 방출, 무차별적인 녹지나 간척지의 개발 등 나의 비생태적 행위는 나 개인에게 즉각적으로 경제적 이익을 보장해 주는 데 반해, 그 환경파괴의 효과는 자연만물의 상호의존성 즉 연기의 그물망을 따라 멀리 퍼져 나가 만인의 몫으로 돌아간다. 연기의 그물망이 멀리 퍼지면 퍼질수록 그 업이 희석되고 자신에게 되돌아올 몫이 적어지기 때문에 우리는 더 자신 있게 비생태적 행위를 하게 된다. 개인욕조나 목욕탕에서는 방뇨하지 않으면서도 대형수영장이나 바다에서는 쉽게 방뇨하는 것, 폐수를 자기 집 연못이 아니라 하천으로 방출하는 것, 그것은 만물의 상호연관성을 모르기 때문이 아니라 바로 정확하게 알고 있기 때문에 가능한 것이다. 게다가 그런 기업가나 개발업자는 자본가와 한편이다. 만물의 상호의존성에 따라 그의 비생태적 행위의 파장이 멀리 지구 끝까지 퍼져나가는 동안 그는 공기 좋은 산속 별장이나 외국 별장으로 몸을 옮겨 오염되지 않은 생수를 사마시고 유기농산품을 사먹는다. 체계이론을 아는 그는 언젠가 그 파장의 여파가 자기 자신에게 되돌아올 것을 예감하면서, 지구가 멸망하기 전에 다른 별로 날아가 버리고자 현재 우주과학에 돈을 들이붓고 있거나 아니면 공겁空劫의 시기를 거쳐서도 불사조처럼 살아남고자 유전자실험에 돈을 들이붓고 있을지도 모른다.

평범한 사람의 경우도 체계이론을 통해 생태학적 각성에 이르게 되기는 힘들다. 일체가 그렇게 상호연관관계에 있다는 것은 그 그물망 속에서 나의 행위의 중요성을 숙고하게 하거나 책임감을 느끼게 하기보다는 오히려 개인의 무력감만을 느끼게 할 뿐이다. 온 국가의 경제체제가 산업개발과 기술개발로 유지되는데, 한 개인이 샴푸를 쓰지 않고 자가용을 타지 않는다고 뭐가 달라지겠는가? 나는 전체적 구조와 그 관계망 안에서 일시적으로 떠오른 무상한 포말과 같은 존재가 아닌가?

이처럼 체계이론은 비록 이 지구 위의 일체 존재가 모두 상호의존적 연관관계를 통해 그물망처럼 연결되어 있으며 생태학적 위기가 전지구적 차원에서 발생하는 것이라는 점을 밝혀 주기는 했지만, 그런 생태학적 위기를 극복할 만한 새로운 사유방식이나 의식의 전환까지 가져다주지는 못하였다. 오히려 그것은 현재의 위기를 체계적으로 진행되는 자연필연성인 것처럼 받아들이게 하는 측면이 있다.

2) 위계적 창발론(진화론)의 문제점

인류멸망과 지구멸망이 예언되는 생태학적 위기 속에서도 우리가 천연스럽게 비생태적 행위를 계속할 수 있는 것은 우리의 의식 어딘가에 '자연은 영원하다'라는 생각이 남아 있기 때문일 것이다. 자연파괴가 우리 눈에 아무리 심각하게 나타난다고 해도 자연 자체의 신비한 자기정화의 숨은 힘이 작동하게 될 것이라고 믿는 것이다. 따라서 소위 생태학적 위기에 해당하는 이상기류현상이나 해일이 나타나도 그것을 자연의 자기정화과정으로 간주하며, 그런 식으로 자연은 영원히 지속될 것이라고 생각한다. 이 점에서 우리는 유물론자 또는 물리주의자이다. 물질은 우리의 의식 내지 정신과 무관한 독립적인 것으로서 오히려 우리의 정신을 진화론적으로 가능하게 하는 물질적 토대로 여겨진다.

이처럼 존재의 기반을 물질로 보는 유물론적 기반 위에서 다시 존재의 위계를 논하는 진화론이 성립한다. 즉 물질이 일체 존재의 기반이 되면서 자체적으로 진화하여 생명과 정신이 새롭게 창출되는데, 이때 그 창출된 것이 창출기반보다 더 상층의 지위를 갖는 새로운 위계질서가 형성되는 것이다. 이러한 위계질서는 진화 자체가 그 이전 단계 질서의 부정으로서 생겨난, 보다 발전된 것이라는 점에서 성립한다. 생명은 물질의 산물이되 그 부정으로서 물질보다 더 상위의 존재이며, 정신은 생명의 산물이되 그 부정으로서 생명보다 더 상위의 존재이다. 진화가 대립과 부정이라는 것은 단적으로, 물질은 엔트로피 증가의 방향, 즉 무질서와 혼동의 방향으로 나아가는 데 반해 생명의 진화는 그 반대의 방향인 엔트로피 감소, 즉 질서의 방향으로 나아간다는 것에서도 주장된다. 진화는 무질서로 나아가는 자연에 역행하면서 새롭게 창출된 생명의 물질에 대한 승리, 정신의 생명에 대한 승리로 간주된다. 새로운 질서의 창출은 곧 그것의 모태가 되는 구질서의 부정이며, 투쟁에서의 승리이다.4)

　이처럼 진화론은 존재기반을 가장 하위질서의 물질로 놓고, 역사를 그로부터 보다 상위질서로 발전해 나아가는 대립과 투쟁의 과정으로 여긴다. 진화 자체가 스스로 상위의 질서를 창출해 나가는 것이므로, 그러한 부정과 투쟁의 과정은 끝이 없다. 물질로부터 나온 생명을 위해 물질의 질서가 부정될 수 있고, 생명으로부터 나온 정신을 위해 생명의 질서가 부정될 수 있다. 마찬가지로 현재의 인간 종으로부터 새로운 종의 진화가 가능하다면 그 새로운 종의 발현을 위해 현재의 인간 종의 질서 또한 부정될 수 있는 것이다.

---

4) 진화를 시스템의 포지티브 피드백 작용으로 설명하는 것도 여기 속한다. 메이시는 『불교와 일반시스템이론』에서 "진화의 과정은 돌연변이와 환경 사이에서 포지티브 피드백 루프를 형성하고 있는 수많은 방식의 일탈확대작용"(168쪽)이라고 설명한다. 그는 일탈확대작용을 새로운 것의 "생성"(167쪽)으로 보며, 그 과정을 보다 나은 방향으로의 발전, 진화로 간주하는 듯하다. 그는 "진화 또는 유기체와 문화에서 포지티브 피드백 과정들은 기본적이고 건설적인 역할, 즉 자기조직화를 추진하고 적응력과 지능이 새로운 형식으로 분화하도록 추진하는 역할을 한다"(168쪽)고 주장한다. 이처럼 환경과의 적응과정에서 자신을 새롭게 조직하는 포지티브 피드백을 통해 이전보다 더 나은 것이 창출된다는 진화론적 사고는 사실 희랍의 오이디푸스신화에서부터 등장하는 서구의 기본적 사유틀인지도 모른다. 진화론은 곧 인간의 정신영역에 있어서는 부친살해로 표현되지 않겠는가? 부모로부터 나온 자식이 부모와의 대립과 극복, 즉 정신적 부친살해를 통해서만 성숙할 수 있다는 것이 오이디푸스 신화의 메시지일 것이다. 부친살해의 정신보다 효를 강조하는 동양적 사고는 유물론적 진화론과는 거리가 멀다고 본다. 석가가 메이시처럼 인간 정신의 진화를 믿었다면 500년 후에 불법이 사라지리라는 염려는 하지 않았을 것이다.

오늘날 생명공학이 꿈꾸는 것은 현재의 인간 종으로부터 진화한 새로운 종의 탄생이다. 지금까지의 진화가 과학기술의 두뇌를 낳았으므로 그 두뇌의 적극적 활동을 통해 새로운 종이 창출되는 것은 자연스런 진화의 과정이다. 진화론적 생명관에 따르면 새로운 종의 기원은 곧 유전자돌연변이이다. 따라서 인간 정신이 유전자조작을 통해 돌연변이를 야기하여 새로운 종의 탄생을 꾀하는 것은 자연의 진화 과정에 인간 정신이 능동적·주체적으로 참여하는 것이 된다. 현대의 게놈프로젝트는 유전자조작을 통해 새로운 구조의 정신, 새로운 고등생명체, 새로운 종을 탄생시키기 위한 노력이다. 유전자조작을 통해 만들어질 '죽어도 죽을 수 없는 종', 우주공학을 통해 지구 밖 다른 별에 자기 거처를 정하는 종, 그런 종은 분명 현대의 인간 종과는 다른 종일 것이다.

그러나 새로운 종의 탄생이 의미하는 바는 과연 무엇인가? 과학기술을 통한 새로운 종의 탄생을 꿈꾸는 자들에게 현재의 생태학적 위기는 새로운 종의 탄생을 위한 과거 종의 멸종 신호일 수도 있다. 그들에게 현재의 인간 종은 미래의 원숭이, 위대한 진화 과정에서 도태될 운명에 처한 원시인일 뿐이다. 그들은 위기를 또 다른 기회로 읽을 수도 있는 것이다. 실제로 과학기술과 산업개발이 심각한 생태학적 위기를 낳고 있음을 알면서도 첨단의 과학기술과 자본의 결탁이 오히려 가속화되고 있다는 것은, 새로운 종을 꿈꾸는 자들에게는 현재의 위기가 진지한 위기로 받아들여지지 않음을 의미한다. 권력을 쥔 새로운 종은 구시대에 펼쳐진 상호의존성의 그물망을 새로운 지배체제의 질서로 재편할 수 있기 때문이다. 그런데도 이러한 상호의존성과 위계질서의 체계이론이 생태학의 핵심 개념으로 등장하는 것은 무슨 까닭인가? 그리고 그와 더불어 불교의 연기와 무아가 함께 논해지는 것은 또 무슨 까닭인가?

3) 체계이론에서 환멸문의 부재

생태학적 위기의 논의에 체계이론이 도입되는 것은 물론 그 안에 생태학적 통찰이 담겨 있기 때문이다. 체계이론은 생태학적 관점에서 우리의 지구가 어떻게 체계적으로 그 위기를 확산시켜 가고 있는가를 보여 준다. 지구 환경 안에서 일체가 얼마나 유기체적으로, 또 전일적으로 연결되어 있는지, 한마디로 우리가 어떻게 체계적으로 망해 가고 있는지를 보여 주고 있는 것이다. 이는 곧 고통의 집적 과정을 논하는 불교 연기緣起의 유전문流轉門과도 같다.

그러나 체계이론을 불교 연기와 연관지을 때 간과해서는 안 될 중대한 차이는, 체계이론에는 연기의 환멸문還滅門이 존재하지 않는 데 반해 불교에는 연기의 환멸문이 존재한다는 것이다. 유전문은 현상적 인과관계에 대한 설명일 뿐이다. 유전문이 말해 주는 인과 계열의 자기순환성, 일체의 상호의존성은 체계이론의 상호의존성과 형식상 유사하다. 그러나 일체가 전일적인 상호의존관계에 있으면, 즉 일체가 상호연관관계의 그물망 안에만 놓여 있으면 그 어느 것도 연기의 고리를 끊고 나올 수가 없다. 따라서 유전문만 가지고 있는 체계이론은 우리가 엮어 놓은 생태적 위기의 그물망을 어떻게 벗어날 수 있는지에 대한 통찰을 제공해 주지 못한다. 체계이론에 환멸문이 없는 것은 그것이 현상세계의 질서를 서술하고 설명하는 경험과학이기 때문이다. 환멸문이 시작될 수 있는 단초를 현상적 자연질서 안에서는 찾아낼 수 없다.

환멸문은 연기의 본질, 현상의 근원에 대한 통찰이 없이는 불가능하다. 불교는 현상의 질서를 서술하는 차원을 넘어 우리의 현상세계가 무엇으로부터 발생한 것인가를 밝힌다. 그 점에서 불교는 현상적 경험과학이 아니라 존재의 근원에 대한 통찰을 담고 있는 형이상학이다. 현대과학의 위세에 눌려 불교를 현상에 대한 분석, 경험과학의 논리로 평면화시켜서는 안 된다. 그럴 경우 불교의 핵심은 빠져나가고 만다.

현상의 근원에 대한 불교적 통찰이 생태학적 관점에서 우리에게 말해주는 것은 무엇인가? 불교 연기설과 체계이론과의 근본적 차이는 생명에 대한 이해의 차이에서 드러난다. 체계이론에 따르면 존재의 근원은 물질이고, 생명은 그 물질로부터 창출된 진화의 산물이다. 반면 불교에 따르면 오히려 생명, 생명의 힘, 업력이 존재의 근원이며, 물질적 기세간과 개별자의 몸은 업력이 구체화된 이차적 현상일 뿐이다. 이렇게 볼 때 체계이론의 존재론이 유물론이라면 불교의 존재론은 유심론이다. 체계이론에서는 물질이 만물의 근원이며 생명도 정신도 모두 그것으로부터 창출된 이차적 산물이지만, 불교에서는 생명의 자기의식인 마음(識)이, 고통을 느끼는 이 유정有情의 마음이 만물의 근원이며 유근신이나 기세간은 모두 그 마음이 변현된 가假일 뿐이다.

3. 불교의 생명관

1) 우주발생론 : 기세간의 형성과정

오늘날의 과학적 세계관에서는 정신이나 생명조차도 기본적으로 물질로부터 발생한 것으로서 그런 물질적 기반 위에서 존속하다가 그 물질이 분해되면 함께 멸하는 것으로 간주된다. 발생학적으로 보면 우주 내 무기물질로부터 생명이 만들어졌으며, 각각의 개체적 생명은 정자와 난자라는 유전인자의 결합에 의해 생성되는데 각각의 유전인자 또한 물리화학적 물질로 여겨질 뿐이다. 물질로부터 수억 년에 걸쳐 생명이 탄생되었으며, 개체 발생은 그 과정의 압축으로 간주된다. 반면 불교에서는 생명을 일종의 힘, 에너지나 기氣로 보는데, 그 힘 내지 생명력은 물질로부터 진화하여 발생한 이차적 존재가 아니라 오히려 물질 자체를 형성할 수 있는 근원적 힘이다. 유정의 업력業力으로부터 우주의 기본물질인 지수화풍이 형성된다고 보는 것이다.

> 아무것도 없는 허공에 온갖 유정有情들의 업력이 작용함으로써 풍륜風輪이 생겼는데, 그 넓이가 무수하다.…… 그 위에 다시 온갖 유정들의 업력이 작용해서 큰 구름과 비가 일어나 수레바퀴만한 물방울을 풍륜 위에 뿌리니, 물이 쌓이어 바퀴를 이루는데 그것이 수륜水輪이다.…… 유정들의 업력이 다시 작용하니 다른 바람이 일어나 그 물을 육박하고 쳐서 그 위에 금륜金輪을 결정하는데, 마치 끓인 우유의 표면이 엉기어 막이 생기는 것과 같다. 그렇게 하여 수륜이 줄어들면서 나머지가 변하여 금륜을 이루니, 수륜과 금륜의 넓이가 같아진다.…… 금륜 위에 아홉 개의 큰 산이 있는데, 묘고산이 그 가운데 있고 바깥으로 여덟 산이 묘고산을 두루 둘러 있다. 그 중 일곱 외륜산 바깥에 4대주가 있고, 다시 그것 바깥에 철륜산이 있어 한 세계를 두루 둘러싸고 있다.[5]

이처럼 우주는 유정의 업력에 의해 만들어지는 것으로 설명된다. 유정은 정情이 없는 무생물과 달리 정을 지닌 존재이다. 정을 지닌다는 것은 감정 내지 고통을 느낀다는 말이다. 유정은 곧 감정을 갖는 생명체이며, 이 점에서 마음(心·識)이라고 할 수 있다. 불교가 우주발생의 과정을 유정의 업력으로 설명하는 것은 생명을 물질의 진화결과물이 아니라 오히려 물질의 근원으로 보고 있음을 말해 준다.[6]

---

5) 世親 저, 玄奘 역, 『阿毘達磨俱舍論』, 제11권, 「第三分別世品」(대정장 29, 57上中).
6) 이처럼 불교에서의 새로운 우주를 생성해 내는 힘은 그 이전의 우주에 살던 유정의 업력이다. 불교에 있어 우주를 형성하는 무시이래의 존재는 단일한 神이 아니라 무수한 유정(마음)과 그 유정의 업력인 것이다. 신에 대해 그 신이 어떻게 해서 존재하

이렇게 형성된 우주공간 속에 다시 각 유정이 머무르는 기세간이 형성
되는데, 불교는 기세간 역시 물리적으로 따로 존재하는 것이 아니라 그
속에 존재하는 각 유정들의 공통된 업(共業)에 의해 형성되는 것으로 간주
한다. 각 기세간 내 유정들의 공통된 업에 의해 비로소 기세간이 만들어지
는 것이다.[7] 그러므로 공통의 기세간은 오직 그런 공통의 업을 가지는
유정에 대해서만 그런 모습으로 존재한다. 인간계는 그 안의 인간에게
대해서만 그런 모습으로 존재하는 하나의 공통된 세계이며, 축생계는
그 안에 사는 축생들에게만 그런 모습의 세계일 뿐이다. 천상이든 지옥이
든 모두 마찬가지이다. 천상은 천상의 존재들에게만 그들의 선업에 따라
그렇게 형성된 즐거움의 세계이고, 지옥은 지옥의 존재들에게만 그들의
악업에 따라 그렇게 형성된 괴로움의 세계이다.

인간인 내가 살고 있는 이 인간계라는 기세간은 내가 인간의 공업을
가진 한에서만 내게 그렇게 나타나는 세간이다. 다른 인간들 역시 이
세계를 내가 보는 방식과 동일한 방식으로 보기에 우리는 이 세계가 모든
인간으로부터 독립적으로 그 자체 객관적으로 실재한다고 생각하지만,
불교는 인간 기세간은 오직 인간에 대해서만 존재하며, 인간을 떠나 따로

게 되었는가를 묻는 것이 무의미하듯이, 유정의 마음에 대해서도 그것이 어떻게 해
서 존재하게 되었는가를 묻는 것은 무의미하다. 유정의 참마음인 진여는 무시이래
불생불멸의 존재인 것이다.
[7] 그러나 여기서 共業이란 각각의 업이 부분적으로 참여하여 전체 하나로 통합된다는
의미에서의 공업이 아니라, 각각의 업이 각각의 기세간을 만들되 그 기세간이 공통
적이듯이 업도 공통적이라는 의미에서의 공업이다. 즉 각 유정은 자기 공업에 따라
자기 기세간을 형성하는데, 그 업의 내용이 같은 것이기에 기세간이 같은 기세간이
되는 것이다. 따라서 우리의 기세간이 모든 인간에 대해 하나의 기세간으로 간주될
수 있는 것은 각각의 기세간을 형성하는 각각의 인간이 모두 동일한 종류의 업력에
따라 동일한 종류의 세간을 형성하였기 때문이지, 즉 업력의 공통성에 근거한 것이
지 인간 업력과 무관하게 하나의 기세간이 객관적으로 실재하기 때문은 아닌 것이
다. 공업의 유정이 없다면 공통의 기세간이란 존재하지 않는다.

존재하는 것이 아니라는 것을 강조한다.

이처럼 기세간은 그 안에 살고 있는 유정에 대해서만 하나의 공통의 세계로 존재한다. 그렇다면 이 공통의 기세간 안에서 서로 다른 존재로 살아가는 각각의 개체는 어떻게 해서 형성되는 것인가?

2) 개체발생론 : 유근신의 형성과정

불교에 따르면 개체적 생명체 또한 각 유정이 지은 업의 세력인 업력으로 인해 형성된다. 이전에 지은 업의 세력이 아직 그에 상응하는 결과인 보를 낳지 못했을 경우, 그 남은 업력이 개체를 형성하는 것이다. 공업의 세력에 따라 형성되는 것이 공통의 기세간이라면, 그 기세간 안에 살고 있는 각 개체의 몸(有根身)은 공통적이지 않은 업(不共業)의 세력에 따라 형성된다. 업력이 어떤 방식으로 개체를 형성하게 되는가에 대해서도 불교는 오늘날의 유물론적인 태아발생설과는 완전히 다른 답을 준다. 과학은 개체 생명을 부의 정자와 모의 난자가 결합하여 수정란이 되면 그 수정란 안에서 자연 발생하는 것으로 간주하지만, 불교에 따르면 부의 정자와 모의 난자가 결합된 수정란은 새로운 생명체를 형성하는 보조적 연緣일 뿐이고, 그 근본적 인因은 수정란 안으로 들어오는 업력의 담지자인 식識이다.

업력을 지닌 식이 중유의 중음신中陰身으로 머물다가 수정란 안으로 들어오게 되면, 그로써 식은 새로운 생명체로 태어나기 위해 모태 내에 자리잡게 된다. 그렇게 착상된 식으로부터 물리·심리적 기제인 명색名色이 발생하고, 그로부터 구체적인 인식기관인 육입처六入處(眼耳鼻舌身意)가 형성되어 태아로 성장한다. 10개월 후 태 바깥으로 탄생된 아이는 부딪침인 촉觸을 통해 세계로부터 다양한 느낌인 수受를 갖게 되며, 그 느낌에 대해 애정(愛)을 일으키고 집착(取)하게 된다. 이 애와 취가 곧 새로운 업이 되어 업력을 남기며, 그것이 다시 태어날 존재 즉 유有를 형성하여 내생으로 생生하고 노사老死를 겪게 된다.[8]

무명→행→식→명색→육입처→촉→수→애→취→유→생→노사			
전생	현생(태내/태 밖)		내생
업	보	업	보

이와 같이 한 개체가 지은 업이 남긴 업력은 그 개체의 죽음 이후에도 식識으로 남아 있다가 그 다음 생의 개체인 새로운 오온五蘊을 형성하며, 그렇게 형성된 유정이 다시 그 나름의 업을 짓고 살다 죽지만 그 유정이 남긴 업력은 또다시 그 다음의 오온을 형성한다. 이렇게 해서 업력으로 인한 오온의 윤회가 거듭된다. 이처럼 그 업의 종류에 따라서 어떤 근根을 가지는 생명체로 태어날 것인지가 결정되는 것이며, 경境으로서의 기세간은 바로 그 유정의 근에 상응하여 형성되는 것이다.

3) 연기의 유전문과 환멸문 : 윤회의 마음과 해탈의 마음

이러한 윤회의 논리를 보면 중생은 업과 보로 이어지는 순환고리를

---

[8] 이상은 12지연기를 개체발생에 대한 태생학적 설명으로 간주하여 '三世兩重因果'로 풀이한 것으로, 12지연기가 윤회를 설명하는 발생의 논리라고 한 『아함경』에 근거한 것이다. 하지만 이처럼 12지연기를 삼세인과로 풀이한다고 해서 이것을 불교적 '상호인과성'이 아닌 기계론적인 '선형적 일방향 인과'라고 반박하는 것은 정확한 것이 아니다. 상호인과성은 인과의 고리가 서로 맞물려 순환을 이룸으로써 제1원인이 따로 설정되지 않는다는 점(무명이 생, 노사를 연하여 생함)에서 성립하는 것이지, 직접적인 역방향인과를 통해 성립하는 것은 아니기 때문이다.

빠져나올 수 없다. 유근신으로 태어나서 촉·수에 이어 애·취의 업을 짓고, 그 업에 따라 다른 몸으로 다시 태어나서 노사의 과정을 거치며 또다시 업(행)을 짓는, 그런 과정이 무한히 반복되는 것이다. 무명으로 인해 행이 있고, 그 애와 취, 노사로 인해 다시 무명이 있고, 이렇게 악순환을 거듭하는 연기의 고리가 중중무진의 상호의존관계를 이루게 됨으로써 중생은 마치 쳇바퀴 속의 다람쥐처럼 바퀴 밖으로 빠져나올 수 없는 것이다. 이것이 바로 연기의 유전문으로, 우리가 왜 고통의 윤회를 벗어나지 못하는지를 설명해 준다.

그런데 불교의 연기는 유전문이면서 동시에 환멸문이다. 환멸문은 연기적 인과관계 속에서 한 항을 없앰으로써 다시 그 다음 항을 없애고, 이런 식으로 결국 전체를 다 멸하여 다시 태어나지 않고 윤회를 벗어나는 것이다. 그런데 상호의존관계에 따라 이미 형성된 한 항이 어떻게 그 영향력을 벗어나 다른 궤도로 나아갈 수 있단 말인가? 전일적 상호의존관계 속의 한 항이 어떻게 그 관계망을 벗어날 수 있는가? 윤회고리로부터의 탈출, 해탈은 어떻게 가능한가?

이는 불교의 연기가 비약을 가능하게 하는 역설의 구조이기에 가능하다. 즉 연기는 일차적으로 항들 간의 인과관계의 고리가 순환을 이루어 전체가 상호의존관계(유전문)에 있지만, 바로 그 연기를 깨닫는 순간 그 상호의존관계를 벗어나게 되기 때문이다. 유정은 연기를 모르는 한은 계속 그 연관관계 속에 있지만, 그 속에 있다는 것을 아는 순간(연기를 깨닫는 순간) 이미 그 안이 아니라 그 바깥에 서게 된다. 유전문에서 환멸문으로 넘어가는 것이다. 이런 역설의 구조를 보여 주는 것이 바로 연기의 첫 항인 무명無明이다.

무명은 밝지 못함, 알지 못함을 뜻하는데, 이 무명은 어떤 다른 특정한 진리를 모르는 것이 아니라 일체가 무명에 근거한 것이라는 바로 그 사실(연기)을 알지 못하는 것이다. 무명으로 인해 연기의 유전문인 윤회가 성립하는데, 바로 그 연기를 모르는 것이 무명인 것이다. 따라서 무명으로 출발하는 연기는 '자기지시적 명제'가 갖는 역설의 구조를 갖는다.9) 이런 역설은 차원을 구분함으로써만 해결될 수 있는데, 어떤 방식으로 차원이 구분되는지를 밝혀 주는 것이 바로 연기의 또 다른 항인 식識이다. 그렇다면 식이 보여 주는 연기의 두 차원은 어떤 것인가?

① 연기의 상호의존성은 현상세계의 모든 것들이 중중무진의 상호의존적 연관관계에 있다는 것을 말해 준다. 그 어느 것도 고립적 실체로서 존재하는 것이 아니라 인연화합의 산물이며 연기의 산물이다. 이 점에서 일체는 자기 자성이 없는 '무자성無自性의 가假'이다. ② 그런데 불교 연기에 있어 그 연기고리 중의 한 항이 식識이라는 것은 그러한 연기적 상호의존성의 현상세계가 식에 의거한 존재라는 것을 말해 준다. 상호의존적인 현상세계 전체가 유정의 업인 행行의 산물로서 식識에 의존한다는 점에서, 한마디로 유정(생명)의 식 내지 마음이 없으면 현상세계 자체가 존재할 수 없다는 점에서 그것은 '비실유非實有의 가假'이다.10)

---

9) 자기지시적 명제의 역설은 '거짓말쟁이 역설', 즉 '나는 거짓말쟁이이다'라는 명제의 역설로 알려져 있다. 만약 이 명제가 참이라면 나는 거짓말쟁이이므로, 내가 한 이 말, 이 명제도 거짓이어야 한다. 반대로 만약 이 명제가 거짓이라면 그에 따라 나는 거짓말쟁이가 아니므로, 내가 한 이 말, 이 명제는 참이어야 한다. 이처럼 이 명제는 참이라면 거짓이 되고, 거짓이면 참이 되는 역설을 보인다. 이 역설은 어떻게 해소될 수 있는가? 발화된 명제와 그 명제의 발화 차원을 구분함으로써 가능하다. 명제에 의해 말해지고 있는 나(거짓말쟁이로서의 나)와 지금 그 명제를 말하는 나(내가 거짓말쟁이라는 것을 아는 나)를 구분하는 것이다. 이처럼 자기지시적 명제의 역설은 명제내재적 차원과 명제초월적 차원이라는 차원의 구분을 통해서만 해소될 수 있다. 마찬가지로 연기에 대해서도 연기내재적 차원(유전문: 윤회)과 연기초월적 차원(환멸문: 해탈)을 구분할 필요가 있다.
10) 假를 '무자성의 가'와 '비실유의 가'로 구분하는 것은 空 역시 '무자성의 공'과 '비실

전자의 가(무자성의 가)는 개체가 전체와의 상호의존적 연관 관계 속에서 형성되는 연기의 산물임을 말하는 것이고, 후자(비실유의 가)는 그렇게 상호의존적인 현상세계 전체가 식 바깥의 객관적 실유가 아님을 말하는 것이다. 체계이론에서 논하는 만물의 상호의존성은 전자의 의미만 가질 뿐 후자의 의미는 갖고 있지 않다. 그렇다면 현상세계 전체가 '비실유의 가'라는 것은 무엇을 의미하는가?

현상세계가 '비실유의 가'라는 것은 현상세계는 그것을 인식하는 식(마음)에 대해서만 그렇게 존재하는 것이지 식과 독립적으로 존재하는 것이 아니라는 뜻이다. 꿈꾸어진 세계가 꿈꾸는 의식을 떠나 따로 존재하지 않는 것처럼, 현상세계도 그것을 의식하는 식을 떠나 따로 존재하지 않는다. 그런 의미에서 가假이다. 그런데 꿈꾸는 세계가 가라는 것은 꿈에서 깨어남으로써 알 수 있지만, 현상세계가 가라는 것은 무엇을 통해 알 수 있는가? 불교는 그것을 무명의 극복, 깨달음이라고 한다.

그러므로 불교의 깨달음은 현상세계 전체가 상호의존관계에 있다는 단지 그 사실만을 아는 것이 아니라, 그런 상호의존관계의 현상세계가 유정의 마음에 의해 그려진 꿈과 같다는 사실을 아는 것이다.[11] 그 사실을

유의 공'으로 구분 가능하다는 것을 의미한다. 불교가 연기를 통해 공을 설할 때는, 단지 일체가 상호의존관계에 있다는 무자성만을 설한 것이 아니라 그 상호의존적 현상세계 자체가 비실유의 공임을 설한 것이기도 하기 때문이다. 앞에서 논한 "유근신이나 기세간은 모두 유정의 업(불공업과 공업)의 산물로서, 각 유정의 식으로부터 독립적으로 그 자체로 존재하는 것이 아니다"라는 것이 바로 이러한 비실유성을 말해 준다. 유근신을 업의 직접적 결과인 '正報'라 하고 기세간을 업의 결과이되 정보가 의지해 사는 것이라는 의미에서 '依報'라 하는 것도 이런 의미이다.
11) 만일 상호의존성만을 아는 것일 뿐이라면, 그 사실을 안다고 해도 그 상호의존적 관계를 벗어날 수는 없을 것이다. 즉 유전문에서 환멸문으로 돌아서는 것, 윤회에서 해탈로 전환하는 것은 불가능할 것이다. 그러므로 연기의 깨달음, 연기에서의 무명의 극복은 단지 상호의존성인 무자성의 가를 깨닫는 것에서가 아니라, 비실유의 가를 깨닫는 것에서 성립한다.

깨닫는 순간, 즉 꿈에서 깨어나고 무명을 벗어나는 순간 의식은 더 이상 자기 자신을 꿈꾸어진 세계 속에서 찾지 않는다. 그는 자신이 꿈속에 등장하는 한 인물이 아니라 꿈의 세계 전체를 그리는 '꿈꾸는 자'라는 것을 알게 되기 때문이다. 자신이 보여진 현상세계 속의 한 인물이 아니라 현상세계 전체를 보는 눈이라는 것을 알게 되는 것이다.

이와 같이 불교의 연기는 만물이 상호의존관계에 있다는 단지 그 한 차원의 이야기가 아니라, 보여진 세계와 그 세계를 보는 눈이라는 두 차원의 이야기이다. 이러한 두 차원으로의 갈림은 식에서 비롯된다. 식이 스스로를 깨닫지 못하고 무명 상태에 있으면(계속 꿈꾸고 있으면), 그는 자신을 꿈꾸어진 현상세계 속의 한 인물로 간주한다. 그리하여 세계를 실유로, 자아를 그 세계 속의 한 인물인 실아實我로 여기면서 법집과 아집을 갖게 되고, 그 집착으로 인해 업을 짓고 현상세계에 다시 태어나는 윤회를 반복하게 된다. 반면 식이 스스로를 세계를 보는 눈으로 깨달으면(꿈에서 깨어나면) 보여진 세계나 그 세계 속의 나에 대한 집착을 넘어서게 되어 업이 성립하지 않으므로 윤회를 벗고 해탈할 수 있다.

이렇게 해서 불교의 연기는 유전문과 환멸문, 현상구성의 논리와 현상초월의 논리라는 두 차원을 가지게 된다. 두 차원을 오갈 수 있는 것은 식 즉 유정의 마음이다. 유정의 마음은 자신을 유전문 속에 던져 업보를 따라 윤회할 수도 있고, 자신을 유전문 밖에 세워 환멸문을 따라 해탈에 이를 수도 있다. 자신을 자각하지 못하는 한 무명 속에서 윤회하고, 자신을 자각하면, 즉 연기를 깨달으면 해탈한다는 것은 곧 생명(유정의 마음)이 인연화합된 연기의 산물(가의 현상세계)에 속하는 것이 아니라 근본적으로 현상세계를 넘어선 존재라는 것을 말해 준다. 유정의 마음은 현상적으로는 윤회하는 중생심(중연이 화합해서 생겨난 마음: 假)이지만, 근본적으로는 해탈할 수 있는 진여심(진실로 그러한 마음: 眞)인 것이다. 그렇다면 생명인 유정의 마음은 이 두 차원에서 각기 자신을 어떻게 표출하는가?

4. 생명의 자기 표출의 두 길 : 욕망과 자비

1) 욕망 : 차별성의 의식

윤회의 세계는 이미 연기의 유전문을 따라 형성된 세계이다. 그 세계 속에서는 어느 것도 고립적으로 존재하지 않고 일체가 상호의존적 상관관계 속에 있다. 그러나 만물이 상호의존관계에 있다는 것이 그대로 만물이 서로 평등하다는 것을 말해 주는 것은 아니다. 오히려 상호의존성의 현상세계는 평등이 아닌 차별성의 세계이고, 더 큰 차별성을 좇는 욕망의 세계일 뿐이다.

업에 따라 형성되는 현상세계는 그 자체가 차별적인 세계이다. 현상세계를 구성하는 각 개체의 유근신이 각각의 차별적인 불공업에 따라 형성된 것이기에 서로 다를 뿐 아니라, 공업에 의해 형성되어 공통적인 하나의 세계로 여겨지는 기세간에서도 각 개체가 처하는 지점이 시공간적으로 상이하기 때문에 결국 개체 주변의 가정, 집단, 사회 등 환경적 요인은 서로 다를 수밖에 없다. 바로 이러한 차이성에 입각해서 각 개체는 서로 다른 것들과 관계하게 되며, 관계는 언제나 상호관계이기에 만물은 상호의존성을 띠게 된다.

그런데 관계가 왜 차이에서 비롯되는 것인가? 상호관계에 들어서자면 둘은 서로 다른 것이어야 하기 때문이다. 인간은 닭이 아니며, 닭은 지렁이가 아니다. 이렇게 차이에 입각하여 발생하는 상호의존관계는 결국 차이와 경계를 소멸시키는 방향으로 나아간다. 지렁이가 닭에게 먹혀 닭의 피와 살이 되고, 다시 그 닭이 나에게 먹혀 나의 피와 살이 된다. 그렇게 해서 지렁이와 닭과 인간 간에 상호의존적인 하나의 체계가 이루어진다. 인간인 나는 또 다른 인간인 네가 아니다. 그리고 바로 그 차이로부터 인간 간에도 상호의존관계가 형성된다. 내가 가난하고 네가 부자면 결국 나는 너의 돈을 받아먹기 위해 너에게 나의 노동력을 바쳐야 하고, 내가 무식하고 네가 똑똑하면 결국 나는 너의 지식을 얻어듣기 위해 너에게 나의 돈을 바쳐야 한다.

내가 가지지 못했고 내게 결핍되어 있기에 불쾌하고 불편하게 느끼게 되는 것, 바로 그것을 얻고자 하는 것이 욕망이다. 그래서 쾌감(樂受)을 주는 것을 좋아하고(愛) 그것을 좇아 집착하게(取) 되는 것이다.[12] 이처럼 욕망은 차이에 의해 발생한다. 특히 유정의 세계에서 욕망을 야기하는 가장 큰 차이는 성차(性差)이다. 따라서 유정의 욕망 중 가장 강한 욕망은 남녀의 차이에 입각한 성적 욕망이 된다.

불교에 있어서도 중생의 욕망 중 가장 근본적인 것은 성적인 욕망이라고 간주된다. 중생이 끊임없이 육도윤회하게 되는 것은 바로 성욕 때문이다. 그러나 윤회를 일으키는 이 성욕은 부모의 성욕이 아니라, 바로 부모의 성행위 결과 태어나게 될 당사자의 성욕이다. 근원적으로 성욕은 모태

[12) 차이에 입각해서 발생하는 욕망은 결국 욕망대상을 취함으로써 그 차이를 없애고자 하며, 그 과정에서 상호의존관계가 성립된다. 무엇인가가 나에게는 없고 너에게는 있다는, 바로 그 차이에 입각해서 나의 욕망이 너에게로 향하면서 나와 너 사이에 상호관계가 성립하게 되는 것이다. 그러나 욕망이 궁극적으로 지향하는 것은 네가 아니라 나의 결핍을 충족시킬 그 무엇이며, 너로부터 그 무엇을 취하고 나면, 즉 나의 욕망이 충족되어 나와 너의 차이가 소멸되고 나면 나는 더 이상 너를 욕망하지 않게 된다. 그런데도 상호관계가 유지되는 것은 인간의 욕망이 무한히 반복되기 때문이거나, 아니면 더 큰 쾌락을 위해 욕망의 충족을 지연시키기 때문이다.

를 통해 다시 태어나고자 하는 중음신의 욕망이다. 그리고 다시 태어난 중생으로 하여금 내생에도 이 욕계에 다시 태어나도록 업을 짓게 만드는 근원적 욕망이 바로 성욕인 것이다.[13] 이 성욕으로 인해 유정은 차별적 현상세계를 벗어나지 못하고 윤회하며, 일단 태어나면 또다시 무수한 차별성에 자극되어서 고통을 피하고 즐거움을 좇아 다투는 상호의존관계 속에 살다 죽는다.

이렇게 유정이 윤회를 반복하게 되는 것은 자신의 진여성을 알지 못하는 무명 상태에서 현상세계 만물을 실유의 존재로 집착하기 때문이다. 현상세계가 비실유의 가假임을 모르기 때문에 자신을 현상세계 내의 한 개체로 의식하고, 그 결과 다른 개체들과의 차별성에 따라 욕망을 일으키고 업을 지음으로써 윤회를 반복하는 것이다.

2) 자비 : 평등성의 의식

욕망을 일으키고 업을 낳는 것이 차별성의 의식이라면, 진여성의 자각은 그러한 차별성이 허망분별이라는 것, 중연을 따라 성립하는 무자성의 가이며 비실유의 가라는 것을 아는 것이다. 무명에 쌓인 중생은 현상세계의 차별성에 따라 욕망을 일으켜서 업을 짓고 윤회하며 점점 더 허망분별의 차별성을 증폭시킬 뿐이지만, 깨달은 자는 욕망과 집착을 버림으로써 업으로 인한 육도윤회를 넘어서려 한다. 그는 현상세계와 그 안의 삶이

---

[13] 이렇게 보면 불교에 있어서의 욕망은 생명을 끌어당겨 이 욕계의 현상세계로 끊임없이 되돌아오게 하는 힘, 생명으로 하여금 육도윤회하게 하는 힘이지, 결코 없던 생명을 새롭게 창출하는 힘이 아니다. 생명, 유정의 마음은 그 자체 무시이래로 불생불멸의 진여로 존재하는 것이다. 다만 그 마음이 자기 자신의 본성을 알지 못하는 무명 상태에 있음으로써 스스로를 현상세계 내에서 생멸하는 개체로 간주하고 부모의 성적 결합을 통한 그 개체의 탄생을 생명의 출발로 여기는 것일 뿐이다.

가라는 것을 알아서, 인생을 일장춘몽처럼, 한편의 연극을 보듯 그렇게 관망하려는 태도를 취한다. 그렇게 해서 무대 위 특정 인물이나 사건에 열망하지도 좌절하지도 않고 모든 집착을 버림으로써 업력으로 인해 다시 태어나기를 그만두려는 것이다.

그러나 집착을 버리고 업을 짓지 않는다는 것이 곧 다른 유정에 대한 일체의 관심과 사랑과 배려를 끊어버린다는 것은 아니다. 해탈에 이르고자 하는 깨달음은 바로 현상의 비실유성, 차별의 허망분별성에 대한 깨달음이며, 현상적 차별성 너머의 모든 생명체가 본래 평등한 본성을 구비하고 있다는 것에 대한 깨달음이다. 그러므로 자기 자신을 현상 너머의 진여로 자각한다는 것은 곧 일체 유정의 마음이 본래 그렇게 평등한 하나의 진여임을 깨닫는 것이다. 그렇기 때문에 불교는 유근신 및 기세간의 현상세계에 대해 업에 의해 형성된 가假라 말하지, 윤회하는 유정의 생명 즉 그 유정의 식識인 마음을 가假라고 말하지는 않는다. 물리적 모습으로 가시화되어 나타나는 모든 것은 식의 변현이고 가상이지만 물리적 자연법칙으로 환원될 수 없는, 그 안에서 살아 숨쉬는 생명은 가假가 아니다. 일체 유정의 마음은 실제로 존재하는 것이다.

물리적 현상세계가 개체들 간의 차별성의 세계로서 가假라면, 마음의 세계는 평등한 진여의 세계로서 진眞이다. 현상세계의 차별성에 대한 의식으로부터 욕망이 싹튼다면, 마음의 평등성에 대한 자각으로부터는 본래 우리가 하나라는 의식, 너의 아픔에 공감하는 의식, 바로 자비가 싹튼다. 만물이 본래 평등한 하나라는 만물일체의 느낌, 이 동체대비同體大悲의 감정이 바로 자비이다.[14]

---

[14] 그래서 깨달은 자는 스스로 윤회할 업을 짓지 않음에도 불구하고, 고통 받고 있는 다른 중생이 이 땅 위에 남아 있는 한 그 중생에 대한 자비로 인해 이 세계를 떠나지

3) 욕망과 자비

욕망은 현상세계의 차별성을 따라 대상에 집착하고 애착하여 업을 짓고 윤회하면서 점점 더 허망분별의 차별성을 증폭시키지만, 깨달음인 지혜는 그러한 망분별과 집착을 버리고 윤회의 현상세계를 넘어서고자 한다. 욕망이 허망한 현상세계에 점점 더 침몰하는 것이라면, 지혜는 그 허망성을 자각하여 현상세계 밖으로 비상하는 것이다. 욕망이 윤회를 낳는다면, 지혜는 윤회고리로부터의 탈출, 해탈을 낳는다.

자비는 욕망과 지혜, 윤회와 해탈, 그 양극단을 다시 화해시키는 마음이다.15) 현상세계는 가假이지만, 그 안에서 고통 받는 유정의 마음은 가가

못한다. 그는 열반에 드는 부처가 되기보다는 생사의 고통 속에 허덕이는 중생을 구제하기 위해 이 땅에 다시 태어나기를 기원하는 보살이 된다. 보살은 중생을 향한 사랑, 慈悲로 인해 이 세상에 다시 태어난다. 그것은 업력에 의한 윤회가 아니라, 자비의 願力에 의한 환생이다. 그렇게 해서 보살은 중생을 저버리지 않고 다시 이 무대 위로 되돌아온다.

15) 이러한 화해는 욕망과 자비, 중생심과 진여심이 본래 불일불이의 관계이기에 가능하다. 즉 업에 따라 윤회하는 중생의 욕망도 실제 그 핵심은 바로 하나이고자 하는 마음, 자비인 것이다. 욕망은 개체간의 차별의식인 자극에 기반하며, 그 자극을 통해 긴장을 증폭시킨 후 그러한 긴장해소에서 오는 쾌락을 얻고자 한다. 보다 큰 쾌락을 얻기 위해서는 보다 큰 자극과 긴장이 있어야 하지만, 그러한 자극과 긴장을 거쳐 욕망이 궁극적으로 추구하는 쾌락은 바로 그 자극과 긴장이 소멸되는 순간에 발생한다. 욕구하는 바가 충족되어 쾌락과 더불어 자극과 긴장이 없어지면, 욕망이 사라지고 마음은 평정을 찾게 된다. 이렇게 보면 욕망이 궁극적으로 지향하는 것은 사실 자극과 긴장의 상태(불쾌)가 아니라 자극과 긴장이 사라지는 욕망해소의 순간(쾌락)이며, 자극과 긴장을 낳는 차별성의 상태가 아니라 그 차별성이 사라지는 평등한 하나의 상태인 것이다. 남녀의 차이에 입각한 성욕도 궁극적으로는 평등한 인격으로서 그 마음이 하나되는 경지에 이르고자 하는 욕망인 것이다. 이처럼 욕망이 궁극적으로 지향하는 것이 마음의 하나됨에서 오는 환희라고 본다면, 중생이 갖는 욕망의 핵심도 사실은 보살과 마찬가지의 자비이다.

이런 점에서 라캉은 욕망과 욕구와 요구를 구분한다. 현상세계 내 대상을 통해 외적으로 충족될 수 있는 것은 욕구(besoin)이다. 반면 우리가 사랑으로서 요구하는 것은 그렇게 충족될 수 있는 욕구를 넘어서는데, 그러한 요구에서 욕구를 빼고 나면 남겨지는 것이 욕망(desir)이다. 욕구의 만족은 쾌락(plaisir)을 주지만, 욕망이 지향하는 것은 향락(jouissance)이다. 라캉은 욕망을 상상계(현상세계)와 상징계(사유세계)를 넘어

아니다. 그 마음의 고통이 진실이기에 그 고통을 외면하지 못하는 것이 바로 보살의 자비심이다. 보살은 욕망의 현상세계를 떠나지 않고 이 현상세계 속에서 열반의 세계, 정토가 실현되기를 희망한다.

그렇다면 이 현상세계에서 정토가 실현된다는 것은 무엇을 의미하는가? 우리가 사는 현상세계는 차이를 극대화시키고 그 차이를 따라 고락의 감정과 애증의 집착을 일으켜 뺏고 빼앗기며 먹고 먹히는 욕망의 세계이다. 반면 보살이 지향하는 정토, 그리고 평범한 우리 중생 모두가 진실로 바라는 세계는 그런 차별적 위계질서 속에서 끝없이 빼앗기고 힘없이 먹혀버리는 마지막 유정의 고통이 종식된 그런 세계이다. 허위의 차별성이 진실한 마음에 던져 주는 고통, 그 고통이 본래 하나인 모든 유정의 마음에 스며들어 자비를 낳기 때문이다. 그래서 우리가 지향하는 세계는 모든 생명, 모든 유정의 마음의 평등성이 실현되어 허망한 현상적 차별성이 사라지는 평등의 세계, 자비의 세계이다.

평등은 평화와 환희를 주지만 차이는 긴장과 고통을 낳는다. 물론 차이가 긴장을 극대화시켜서 극대화된 쾌락을 낳을 수도 있지만, 차이를 통해 얻게 되는 쾌락은 반드시 누군가의 고통을 대가로 한다. 현상세계는 상호관계로 이루어져 있기 때문이다. 부자의 향락이 늘어날수록 빈자의 고통은 커져 가고, 강대국의 자부심이 커질수록 약소국의 빈곤은 증대하며, 인간의 환호가 커질수록 동물의 비참함은 증폭된다. 이런 관계를 평등한 관계로 바꿀 수 있는 것은 모든 생명체가 본질적으로 평등하며 본래 하나

실재계와 관계하는 것, 영원히 충족될 수 없는 근원적 결핍으로 설명하기도 하고, 헤겔을 따라 욕망의 본질을 "인정받고자 하는 욕망"으로 규정하기도 한다.

라캉		불교	
상상계·상징계	욕구: 쾌락	현상세계=가	욕망: 쾌락
실재계	욕망: 향락	진여=진	자비(욕망의 핵심): 환희

라는 동체대비의 의식, 자비의 마음이다. 그 자비와 평등의 마음에 따라 차이를 감소시키는 방향으로, 욕망의 끝을 깨닫게 하는 방향으로 나아갈 때 현상세계 속에서 평등한 관계가 실현될 수 있을 것이다.

5. 불교 생명관의 생태학적 함의

불교생태학을 확립하자면 우선 불교에서는 생명이 어떤 의미로 이해되고 있는가를 분명히 해야 할 것이다. 이를 밝히기 위해 본문에서는 불교의 생명관이 현대과학의 생명관 그리고 그에 기반한 우리의 상식적 생명관과 근본적으로 다르다는 것을 살펴보았다. 현대과학이나 우리의 상식이 물질을 존재의 근원으로 간주하는 유물론이라면, 불교는 생명, 마음을 존재의 근원으로 간주하는 유심론이다. 불교생태학이 지향해야 할 이 측면을 간과한 채 단순히 불교의 연기와 무아를 현대과학의 유물론적 틀에 따라 재해석하려 해서는 안 될 것이다.

현대의 유물론적 자연관, 진화론적 생명관 속에서 진정한 생태학적 단서를 찾아낸다는 것은 불가능하다. 생명을 물질로부터 진화된 것으로 보는 한, 생명을 물질로 환원시키는 살생은 문제될 것이 없다. 물질의 부정으로 생명이 탄생하고 생명의 부정으로 인간 정신이 발현하였다면, 인간 정신조차도 그 다음 진화단계인 새로운 종의 탄생을 위해 부정될 수 있는 것이다. 현대과학의 정수라고 할 수 있는 생명과학이나 우주과학 등, 실제로 인간의 정신은 끊임없이 자기 스스로를 넘어서기 위해 노력하고 있다. 인간 정신을 포함한 모든 생명을 진화를 위해 희생 가능한 것으로 간주하는 이상은 과학기술과 산업개발은 끊임없이 계속될 것이며,

그러는 한 생태학적 위기는 해소될 전망이 없다.

불교생태학의 특징은 생명을 그 자체의 가치로 보게 한다는 데 있다. 불교는 생명을 무정의 물질로 보지 않고 고통을 느끼는 유정의 마음으로 보게 하며, 그러한 시선은 다른 생명체에 대한 자비의 마음을 불러일으킨다. 불교가 말해 주는 것은 생명은 물질의 진화 단계에서 비로소 생겨난 것이 아니며 그 다음 단계의 진화를 위해 부정될 수 있는 그런 것도 아니라는 점이다. 생명은 존재의 근원이며, 그러한 생명에 있어서는 만물이 모두 평등하다는 것이다. 그 생명이 동물의 모습으로 드러나는가 인간의 모습으로 드러나는가, 인간 중에서도 권력을 지닌 강자로 태어나는가 힘없는 약자로 태어나는가는 전체적인 상호의존적 연관관계 안에서 임시적으로 형성되는 가상일 뿐이지, 그것이 생명 자체의 참모습은 아닌 것이다. 생명은 본래 평등한 하나이다. 모든 생명은 고통을 느끼며, 그 점에서 정이 있는 마음, 유정有情의 마음이다. 그 유정의 고통에 동참하는 자비의 마음이 바로 불교생태학의 핵심이며 깊이인 것이다.

이 글은 불교생태학의 핵심 개념이 상호의존성으로서의 연기나 개체창출론의 무아보다도 더 깊은 차원에서 찾아져야 한다는 것을 말하고자 하였다. 상호의존관계에 들어설 각 생명체가 본래 평등한 생명이고 하나의 마음이라는 것이 전제되지 않는 한, 만물의 상호의존성만으로는 생태의 문제가 해결되지 않는다고 보기 때문이다. 만물의 상호의존성 자체는 확산되고 심화되고 있는 생태의 위기를 서술하고 기술하는 현상보고일 뿐이며, 개별 생명체를 그런 의존관계의 산물로 간주하는 것은 오히려 위기를 조장하고 정당화하는 비생태적 발상이다.

우리는 자연생태적 측면에서뿐만 아니라 정치경제의 사회적 측면에 있어서도 전 세계가 상호의존관계를 갖는 하나의 체계로 들어서고 있음을 본다. 세계화, 지구화가 그것이다. 이곳 어디에 평등이 설 자리가 있는가? 상호의존관계에 들어선다는 것은 엄밀히 말해 일체를 우열과 주종의 관계로 서열화시킨다는 뜻이기도 하다. 상호관계 속의 그 어떤 것도 평등한 것으로 남아 있을 수 없다. 동일하지 않음, 그 차이를 통해 상호관계가 성립하기 때문이다. 그러므로 상호관계성만으로 존재를 이해하는 것은 각각의 본질적 평등성을 배제시키고 현상적인 차이성만으로 그 존재를 규정하려는 시도인 것이다.[16]

불교가 연기로써 만물의 상호의존성을 논하는 것은 그러한 현상적 차별상에 입각한 상호의존관계의 모든 것이 허망분별이고 가상이며 거짓이라는 것을 주장하기 위해서이다. 연기의 산물인 현상세계를 허망분별의 가假로 규정하면서, 그보다 더 심층의 진실, 본래 평등한 생명, 불생불멸의 진여심, 유정의 마음을 강조하기 위해서이다. 따라서 불교 연기의 핵심은 상호의존관계를 따라 윤회하는 유전문에 있는 것이 아니라, 그 상호의존관계를 벗어나 심층의 핵심에 도달하는 환멸문에 있다. 불교의 연기는

---

[16] 생태학에서 논의되는 체계이론의 상호의존성은 양자역학에서 논의되는 보어의 상보성원리와 일견 유사해 보이기도 하지만 결정적인 차이가 있다. 전자의 상호의존성은 ① 물리적 에너지나 물질이 구체적으로 이동해 가는 현상을 경험적으로 추적할 수 있으며 ② 그 인과관계가 전체로 연결되어 '자체촉매순환'(autocatalytic cycle)을 이루면서 새로운 개체가 창출된다고 논한다. 이에 반해, 후자의 상보성은 현상적으로 분리된 두 개체(−½e의 입자와 +½e의 입자)의 비분리적 동일성의 관계를 뜻하는 것이어서 ① 둘 사이에는 경험적으로 추적가능한 작용체의 이동이 존재하지 않으며, ② 둘 간의 관계가 비분리적 동일성이란 점에서 오히려 비인과적 관계로 규정된다. 만일 여기에도 작용체가 있다고 주장한다면 그것은 빛보다 빠른 속도로 전파되는 정보(영적 감응)일지도 모른다. 이렇게 보면 에너지나 물질의 순환과정에 기반한 생태학적 체계이론에서의 상호의존성은 현상적으로 서로 다른 두 개체 간의 상호의존성을 뜻하는 데 반해, 동일 정보의 공유에 기반한 상보성원리에서의 상보성은 두 개체 간의 현상적 차이(수적 또는 류적 차이)와 무관하게 그 심층에서 성립하는 비분리적 동일성을 뜻한다고 볼 수 있다. 이 두 차원을 불교와 비교해 보자면 전자를 연기의 상호의존성과, 후자를 진여의 평등성과 연결지을 수 있을 것 같다.

만물의 현상적 상相의 차이에도 불구하고 그 안에 내재되어 있는 평등한 본성, 불성을 강조하는 것이다.

이처럼 생명의 본질을 평등한 진여성으로 확인하는 것은 현상세계의 상호의존적 관계를 가능한 한 평등과 자비의 이념에 따라 가꾸어 나가기 위함이다. 강자와 약자, 부자와 빈자, 인간과 동물의 차이를 극대화하는 방향이 아니라 역으로 그 차이를 줄이는 방향으로 나아가는 것이다. 이것은 끊임없는 비교와 경쟁, 차별화와 서열화로 상호연관관계를 맺어 나가는 것이 아니라, 그러한 불평등한 상호관계성의 실상을 폭로하고 비판함으로써 그런 관계 자체를 해체해 간다. 우리의 전 지구는 이미 자연, 경제, 문화 등의 모든 면에서 우두머리 강자의 무한한 쾌락에 봉사하기 위해 하나도 빠짐없이 차별화와 서열화의 상호연관관계로 들어서고 있지 않은가? 세계화와 개방화, 열린 시스템이라는 구호가 하나의 권력이 되어 전체 문화와 전체 자연을 더 이상 풀어 낼 수 없는 강력한 상호의존관계로 얽어매고 있지 않은가? 그 욕탐欲貪의 매임과 계박을 끌러 보고 싶다……
그 계박이 풀린 자리가 열반이 아니겠는가?

임홍빈 교수의 논평에 대한 답변

본고에서 전개한 불교적 관점의 논의를 보완하기 위해 기독교 생태신학적 관점을 불교와 비교해 가며 부가 설명해 준 것에 대해 감사한다. 그런 비교를 통해 각 사상의 특징이 보다 더 선명해질 수 있으며, 결국 각자 하고자 하는 말이 무엇인지도 더 분명해지리라고 본다. 임교수의 논평에 따르면 나는 불교적 관점에 서서 "자연과학적 방법을 배격"하고 일체의 "상호의존성에 대해 부정적으로 평가"하고 있다. 그래서 사유의 개방성과 대화, "조화와 상호보완", 공존이 모색되는 오늘날, 어리석게도 그 시대정신을 비껴가고 있는 사람처럼 비쳐짐에 내심 마음이 무겁다. 이하에서 임교수의 논평문을 읽고 떠오른 나의 생각을 정리해 본다.

1) 과학과 종교의 차원은 구분되어야 한다

임교수는 기독교는 (내가 말한 불교처럼 그렇게 배타적이지 않고) "전일적인 자연과학적 생명 이해에 대해 긍정적으로 이해하고 수용"한다고 하면서, 현대 자연과학도 '하나님의 영'으로 해석할 만한 '자연의 영성'을 인정하고 있다고 말한다. 그런데 나는 정말 궁금하다. 단지 카프라의 책 속이 아니라면, 물리, 화학법칙, 그 어디에서 '자연의 영성', '하나님의 영'을 만날 수 있는가? 전기장, 자기장, 중력장, 그 어디에 하나님의 영이 있는가? 무기물로부터 우연히 유기물이 만들어지고, 원시 박테리아로부터 수십 수백 억 년에 걸쳐서 원숭이의 유전자 돌연변이(실수)에 의해 인간이 탄생했다는 진화론적 과정, 그 어느 단계에 하나님의 영이 들어설 여지가 있는가? 과학이 남겨 놓은 '우연'과 '실수'를 '하나님의 뜻'으로 대체하는 것이 과학과 신학의 대화인가? 영혼이 병든 정신질환을 약물투여나 신경절단수술로 해결하는 현대의학의 물리주의 안에도 하나님의 뜻이 살아 있는가?

나는 자연과학적 방법을 배격하려거나 그 효용성과 가치를 무시하려는 것이 아니다. 내가 강조하고 싶은 것은 자연과학은 자연현상(相)을 설명하는 논리일 뿐이며 종교는 그 영역을 넘어선 것(性)에 대한 논리가 아니겠냐는 것이다. 아무리 '성상불리性相不離'라고 해도, 성을 붙잡고 상을 포용해야지 상만 붙잡고 성을 버려서야 되겠는가? 예전 서양 중세에는 '철학이 종교의 시녀'였다고 한다. 나는 요즘 동서를 막론하고 철학뿐 아니라 종교까지도 과학의 시녀이고, 과학은 결국 자본의 시녀 노릇을 하는 것이 아닌가 묻게 된다. 살아남기 위해, 대중성을 얻기 위해, 종교가 너무나 쉽게 세속의 논리와 타협하는 것이 아닌가 하는 것이다. 임교수는 그것을 세속에서 영성을 발견하기 때문인 것처럼 말하지만, 나는 오히려 현대사회와 종교가 진정한 영성을 잃어버렸기 때문이 아닐까 생각한다. 임교수는 기독교가 자연과학과 손잡은 것을 자랑스럽게 말하지만, 나는 종교가 그런 식으로 현실의 논리, 과학의 논리, 자본의 논리에 동화된다면 진정한 종교성이 상실되지 않겠는가 염려하는 편이다.

2) 기독교(유일신론)와 과학사상(유물론)은 서로 상통하는 점이 많다

나는 본고에서 불교의 생명관을 '자연의 창발성'을 주장하는 체계이론의 생명관과 구분하고자 하였다. 불교의 연기를 자연과학의 진화론이나 창발설의 논리로 해석하면서 '불교의 과학성!'을 내세운다는 것은 (불교 진리성의 기준을 과학으로 삼겠다는) 주객전도로 보이기 때문이다.

기독교는 '태초의 창조'와 '계속적 창조', '초월적 신'(성부)과 '내재적 성령'을 서로 구분하면서, 전자 아닌 후자에 대해서는 과학에 손을 들어 주었다. 물질 즉 물리화학적 요소들의 기계적·유기적 배합으로부터 생명과 의식과 정신이 진화하였다는 자연과학적 설명에다 "자연생명 안에…… 내재한 성령의 활동…… 창발성을 실현하는 계속적 창조"라는 구절을 덧붙이고 있지만, 그것은 불필요한 덧붙임일 뿐이다. 이렇듯 모든 진리 주장을 오로지 과학만이 한다는 것이 과연 정당한가?

임교수가 말하는 기독교가 수용한 자연의 창발성은 바로 내가 비판하고자 한 진화론적 창발설이다. 생태신학자 몰트만이 논하는 디오니시우스의 존재 4단계 즉 무기물-식물-동물-인간, 그리고 그 최상층의 신이라는 이런 계층적 위계질서가 그렇고, 자연의 진화과정을 가장 아래 단계의 것(물질)으로부터 "끊임없이 질적으로 발전하는 과정", "더 높은 단계에 있는 존재의 도움을 받아…… 바로 위 단계로 넘어가는" 그런 과정으로 간주하는 것도 그렇다. 내 생각에 본래 기독교는 이런 창발성 내지 진화론과 잘 어울리는 측면이 있다. "하나님의 것은 하나님에게로, 가이사의 것은 가이사에게로"라는 식으로 탈세속과 세속을 이원적으로 구분하고 있기 때문이다.

3) 동양적 '일즉다'의 초월사상을 상호관계성사상으로 평면화시키지 말자

임교수는 내가 생명의 상호의존성을 '대립과 투쟁'이라고 부정적으로만 평가하는 데 반해 기독교는 상호의존성을 '생명들이 상호보완하며 공존해 가는 긍정적 관계'로 본다고 말한다. 이 말을 들으면 사람들은 '아니 왜 동서가 바뀌었지? 한자경은 불교를 왜 저렇게 오독하지?'라고 비난할 것 같다.

여기서도 나는 상相과 성性의 차원을 구분함으로써, 차별적인 상의 차원에서 성립되는 상호의존관계를 성의 평등성을 무시한 채 미화하지 말자고 말하고 싶었을 뿐이다. 불교나 유교 등 동양사상에 있어서의 만물의 평등과 조화 사상을 상호의존성의 관계로 평면화시키는 것을 경계한 것이다. 동양사상이 만물일체나 일체평등을 말할 수 있었던 것은 자연이나 인간을 보여진 상 너머의 성으로 간주했기 때문이다. 개체적 형상을 이루는 기氣의 차별성에도 불구하고 그 만물 안에 하나의 태극太極이 내재해 있다고 보고, 종種적 또는 개체적 업의 차별성에도 불구하고 모든 유정 안에 평등한 불성이 내재해 있다고 보는 데서, 즉 '일즉일체一卽一切'의 사상에 입각해서 동양사상은 만물의 평등과 화합을 말할 수 있었던 것이다. 이는 각 개체가 그 자체(一)로서 전체全體라는 말이지, 각 개체가 서로 연결되어 하나의 전체를 이룬다는 의미에서, 즉 유기체적 전체의 일부분으로서 전체와 연관된다는 뜻이 아니다. 만물은 그 각각이 신神이라는 점에서, 절대絶對라는 점에서 평등한 것이다. "그게 바로 너이니라", "중생이 곧 부처", "내 마음이 곧 네 마음", 이런 의미에서의 평등성이다. 이것은 동양사상이 기독교와 달리 신을 내적 초월로 보기 때문에 가능하다.

반면 임교수가 말하는 상호의존성은 "각각은 상이한 특성을 가지고 전체의 구조 속에서 상이한 역할을 한다.…… 그들은 상호보완하며 조화로운 하나(一體)를 형성한다"는 것이다. 나는 이런 식의 상호의존성은 불교가 말하는 성性의 평등성과 완전히 다른 것임을 말하고 싶었다. 서양은 신비주의자가 아니라면 '일즉일체'를 논하지 않는다. 일체일 수 있는 일一은 곧 신神이고, 개체는 결코 신일 수 없기 때문이다. 그러므로 개체는 오직 전체의 일부분일 뿐이다. 이 점은 기계론이나 유기체론이나 마찬가지이다. 기계론이 개체를 전체 우주의 기계적 일부분으로 보았다면, 요즘의 체계이론이나 장이론은 ―비록 부분들의 상호 보완과 협력을 강조하고 있지만― 개체를 유기체적 전체 우주의 유기체적 일부분으로 간주한다.

그런데 나는 묻고 싶다. 각자가 전체의 일부분으로서 각각의 특성과 상이한 역할에 따라 상호 보완하며 조화로운 하나(일체)를 이룰 때, 정말 그 부분들이 모두 평등한 위치에 있다고 생각하는가? '지배'가 아닌 '사귐'에 의해 상호관계가 성립한다고 해서 그 관계가 정말 평등하리라고 보는가? 그렇게 이루어진 하나가 정녕 누구를 위한 하나이고 누구의 희생 위에 세워진 하나인지를 묻지 않을 수 없다. 만일 이 물음이 없다면 그것은 기만일 뿐이다. 우리는 흔히 '다 같은 형제자매요, 다 같은 한국인이요, 다 같은 인간이요, 다 같은 생명체'라고 하면서 서로 협력하고 보완하여 조화를 이루자고 말하지만, 그 관계에서 상이한 특성과 역할이 강조되면 결국은 '그래도 나는 아들이고 너는 딸이니까', '나는 교수고 너는 시간강사니까', '나는 사장이고 너는 직원이니까', '나는 신부고 너는 수녀니까', '나는 한국인이고 너는 외국인이니까', '나는 백인이고 너는 흑인이니까', '나는 인간이고 너는 동물이니까' 등등의 온갖 차별이 뒤따르게 된다. 누구를 위한 조화이고 공존이란 말인가?

그렇다고 일체의 관계를 타파해 버리자는 말은 아니다. 더욱더 대립과 투쟁으로 나아가자거나, 혁명으로 관계를 뒤집자는 것도 아니다. 차별적 위치와 차별적 역할에 기반한 모든 관계에는 이미 권력과 불평등이 스며들어 있으므로, 그 관계 속에서 내가 얻는 기쁨만큼 반드시 누군가가 고통 받고 있다는 사실을 인정하자는 것이다. 불교는 이 점을 분명히 통찰하고 있다. 그래서 연기로 발생하는 이 세상 인연의 얽힘을 고통이라고 본 것이다. 생명을 유지하며 살아간다는 것 자체가 이미 누군가의 고통을 먹고 사는 것인지도 모른다. 그래서 나는 불교의 연기설을 단순한 조화와 상생의 논리로 평면화하는 것을 안타까워한다.

4) 종교의 지나친 세속화·과학화는 문제가 있다

논평에의 답을 통해 내 생각을 좀더 분명하게 정리할 수 있었음에 감사한다.

그 외에 또 하나 감사할 일이 있다. 사실 내 논문은 불교를 체계이론에 따라 해석하는 것을 비판하면서 불교가 어떤 점에서 그것과 구분되는가를 논한 것이다. 그런데 논평을 읽으면서 나는, 불교를 체계이론에 따라 해석하는 것은 결국 기독교가 현대과학의 논리에 따라 자기단장하는 세속화의 논리와 하나도 다를 바가 없다는 것을 느꼈다. 논평에서 누구나 그것을 확인할 수 있었을 것이다. 나는 기독교적 문화권의 서구 불교학자들이 기독교의 세속화와 마찬가지 방식으로 불교를 읽어내는 것, 그리고 우리까지도 그 틀에 따라 불교를 해석하는 것이 불만스러웠을 뿐이다. 결국 종교가 과학을 따라간다면 기독교든 불교든 똑같은 얘기밖에 할 말이 없을 것이다. 종교가 서로 대화하는 것 같지만, 실은 진리의 기준과 심판권을 이미 과학에 맡긴 채 그 앞에서 누가 더 과학적으로 치장했는가만 내기하는 것이 되지 않겠는가?

3. 불교의 윤리관 — 불교의 불음계와 현대의 성윤리

1. 간음, 왜 안 되는가

'간음하지 말라!' 이것은 불교 계율 중의 하나일 뿐 아니라 기독교 십계명 중의 하나이기도 하다. 나아가 이것은 특정 종교를 넘어 일반인들이 지켜야 할 도덕적 항목 중의 하나로 여겨지기도 하고, 심지어 국가적 차원에서 규제하는 법적인 조항이 되기도 한다. 도덕이나 법에서 규제하는 것은 결혼제도를 통해 정당화되지 못한 성이다. 이를 사음邪淫이라 한다면, 사회적으로 허용된 정당한 성은 도리에 맞는 음 즉 정음正淫이라고 할 수 있을 것이다. 그런데 도덕이나 법에서 규제하는 것은 사음이었지만 부파불교의 비구계가 금했던 음은 일체의 음이었으며, 대승보살계에 이르러서는 재가보살의 경우 정음을 허용하지만 출가승에 대해서는 역시 일체의 음을 금하고 있다.

성이란 무엇인가? 그것이 본질적으로 어떤 것이기에 해탈을 위해 부정되어야 하는가? 물론 인간의 욕망은 그것이 어떤 것이든지 간에 무제한적으로 허용될 수는 없다. 식욕과 수면욕, 명예욕과 권력욕 등에는 적절한 한계가 그어져야만 한다. 그리고 그러한 한계 긋기는 인간존재 자체의 유한성 때문에 불가피한 것이다. 무제한적으로 먹거나 자거나 무제한적으로 명예와 권력을 추구하다 보면 내적으로도 자기 자신의 한계로 인해 자멸할 수밖에 없으며, 외적으로도 타인과의 마찰과 대립으로 인해 멸망할 수밖에 없을 것이다. 그런데 비구계에서의 불음계는 성을 적절히 제한하라는 것이 아니라 아예 전적으로 부정하라는 것이다. 그렇다면 왜 유독 성은 이렇게 철저히 부정되는 것인가? 왜 유독 성을 이끄는 애욕愛欲만은 단호히 부정되어야 하는가?

군이 불교의 12지연기를 들먹이지 않더라도 우리의 생은 분명 애에서 비롯된다. 다른 모든 생명체와 마찬가지로 인간의 탄생 자체가 부모의 성을 통해 비로소 가능하기 때문이다.[1] 그러므로 성 자체를 부정한다는 것은 다른 한편으로는 생 자체의 부정을 함축하고 있다. 따라서 생사의 윤회를 벗는 것을 목표로 삼는 비구는 당연히 성을 부정할 수밖에 없다. 그러나 자유가 자유의 제한인 속박과 더불어서만 가능하고 기쁨이 기쁨의 반대인 고통과 더불어서만 가능한 것이라면, 해탈과 열반은 생사의 속박과 생사의 고통 안에서만 가능한 것이 아니겠는가? 그렇다면 우리가 부정해야 하는 것은 태어나서부터 죽기까지의 잘못된 삶이지 생사 자체일 수는 없다. 그러므로 생을 낳는 성 내지 애욕 자체를 부정해서는 안 되는 것이 아닐까?

또한 왜 반드시 결혼이라는 제도 내에서만 성이 허용되어야 하는가? 우리는 사랑과 성과 결혼을 구분해 볼 수 있다. 심리적으로 갖게 되는 '애욕'과 신체적으로 이루어지는 '성행위'와 사회제도적인 '결혼'은 서로 별개의 것이 될 수 있기 때문이다. 물론 세 가지가 하나로 일치되면 본인 스스로도 고뇌할 필요가 없고 도덕적으로 비난받을 일도, 법적으로 처벌

---

[1] 물론 불교적 관점에서 보면 생을 이끄는 성욕은 근본적으로 부모의 성욕이 아니라 오히려 새로 태어날 자 그 자신의 성욕이다.

받을 일도 없으므로 가장 행복한 경우일 것이다. 문제는 그 셋의 대상이 일치하지 않는 경우가 있을 수 있다는 점이다. 사랑과 성과 결혼의 대상이 모두 다 다른 경우, 사랑하여 성은 이루었지만 결혼은 할 수 없는 경우, 성은 결혼 상대와만 가지지만 사랑은 다른 사람에게로 향한 경우, 사랑하여 결혼은 했지만 성은 다른 사람과 가지는 경우 등, 실제로 이러한 경우들은 수없이 많다. 사랑 없이 결혼한 성이 결혼 없이 사랑하는 성보다 더 윤리적인가? 결혼하지 않았기에 성을 행하지는 않지만 그럼에도 사랑하고 있다면 그 마음속의 애욕은 비윤리적인 것인가?

성에 있어서의 정상과 비정상의 구분에 대한 회의도 있을 수 있다. 애욕이나 성이 단순한 자식생산의 수단이 아니라 인간간의 친밀한 관계 형성이라는 의미를 지닐 수 있는 것이라면, 성이 반드시 생식 가능한 시기와 생식 가능한 방식으로 행해져야 한다는 주장은 부당한 것이 된다. 성에 있어 시기와 장소와 양을 규정한다는 것이 과연 무슨 의미가 있겠는가? 또 이성이 아닌 동성간의 애욕과 성을 비윤리적이라고 판단할 근거는 과연 무엇인가?

계율 내지 계명을 윤리적 차원에서 고찰한다는 것은, 그것이 석가의 가르침 내지는 신의 명령이니 무조건 따라야 한다고 주장하는 것이 아니라, 그러한 계의 본질과 핵심을 밝히고 그 계의 정신이 현대사회의 윤리적 문제들에 대해 무엇을 말해 줄 수 있는가를 해명하는 작업이다. 이하에서는 먼저 불교에서 계가 의미하는 바가 무엇인지를 논하고, 이어서 소승비구계와 대승보살계 각각의 불음계의 의미와 핵심사상에 대해 살펴보겠다. 그러한 고찰을 통해 불교의 불음계가 현대의 성윤리에 과연 어떤 의미를 지닐 수 있는지가 밝혀지게 될 것이다.

2. 불교의 '계'란 무엇인가

불교는 인간이 닦아야 할 세 가지 학으로 계戒·정定·혜慧의 삼학三學을 내세운다. 혜는 무명으로부터의 벗어남, 존재의 진리에 대한 인식 내지 지혜를 뜻하며, 정은 그 지혜에 이르기 위한 내적인 수련과정을 의미한다. 따라서 정과 혜는 각각 산란한 마음을 정지시켜 마음을 본래의 고요한 상태로 정지시키는 '지止'와, 그렇게 정리된 마음으로 존재의 실상을 파악하는 '관觀'에 해당한다고 볼 수 있다. 그렇다면 계는 무엇을 의미하는가? '계'란 정과 혜가 일어날 수 있게끔 마음자리를 깨끗이 하여 청정을 유지하는 것을 뜻한다. 이른바 "심지법문心地法門"2)이다. 그러므로 계를 이룸으로써 정에 이르고, 정을 이룸으로서 혜에 이른다고 말할 수 있다. 그렇다면 계는 어떤 의미에서 일심을 청정하게 하는가?

인간의 마음은 말이나 신체적 행동을 떠나 따로 존재하는 것이 아니다. 마음의 움직임이 의업意業이 되어 구업口業과 신업身業을 결정하기도 하고, 반대로 자신의 구업과 신업에 속박되어 마음이 산란하고 불편해지기도 한다. 마음과 말과 행동은 서로 불가분의 연관관계를 가지는 것이다.

> 불심佛心을 성취하는 것이 선禪이고, 불어佛語를 깨치는 것이 교敎이며, 불행佛行을 닦는 것이 율律(戒)이다.3)

심心과 어語와 행行은 각각 의意와 구口와 신身을 의미한다. 이들은 또 선과 교와 계로 연결되며, 이는 곧 정과 혜와 계의 관계이기도 하다.

---

2) 고려대장경에 수록된 『梵網經』의 보다 자세한 경명인 『梵網經盧舍那佛說菩薩心地法門品』 중의 '심지법문'이란 말이 곧 계의 의미를 나타내고 있다. 아래의 주 5) 참조.
3) 『禪家龜鑑』, "禪是佛心, 敎是佛語, 律是佛行."

의업	구업	신업
심心	어語	행行
선禪	교敎	계戒
정定	혜慧	계戒

그렇다면 이와 같은 신·구·의의 상호연관관계에 있어 계가 갖는 의미는 무엇인가? 의업이 내적 작용으로만 그치는 데 반해 구업과 신업은 그 행위의 작용을 받는 다른 인간과의 관계 안에서 행해지는 것이다. 인간은 태어나면서부터 죽는 순간까지 남과 더불어 살아가게 되므로, 인간으로서의 바른 삶 안에는 다른 사람과의 바른 관계인 윤리가 포함될 수밖에 없다. 계는 바로 불교가 생각하는 바른 삶의 원리, 즉 불교적 윤리이다. 따라서 계는 그냥 청정한 일심을 가지는 것으로 그치는 것이 아니라, 그 일심이 다른 사람과의 관계에서 구체적으로 어떤 방식으로 표현되어야 하는지를 규정하는 행동규칙으로 나타난다. 즉 계戒(sila)는 구체적 규칙조항인 율律(vinaya)로 표현되는 것이다.

전통적으로 소승의 윤리규정을 사분율四分律, 오분율五分律 등 율이라고 칭하고 대승의 윤리규정을 보살계, 범망계 등 계라고 칭해 온 것은, 소승의 그것이 외적인 인간 행위의 측면에 치중한 데 반해 대승의 그것은 그런 행위를 낳는 인간 정신의 측면을 강조한다는 차이를 대변해 준다. 이런 의미에서 소승윤리는 신업과 구업을 위주로 하는 형식적 조문주의條文主義로, 대승윤리는 의업을 위주로 하는 정신주의로 규정되기도 하는데, 이러한 구분은 외면과 내면, 형식과 내용이 서로 분리될 수 있는 성질의 것이 아니라는 점에서 그렇게 많은 것을 말해 주는 구분이 아니다. 실제로 보살계의 각 항목의 풀이나 결죄決罪 등을 보면 비구계의 그것과 별반 다를 바 없음을 발견할 수 있다.

비구계와 보살계의 가장 큰 차이는 계명 자체를 통해 드러난다. 즉 하나는 비구의 계이고 다른 하나는 보살의 계라는 것이다. 비구는 소승의 이상으로서 자신의 탐욕을 끊어 열반에 들기 위해 노력하는 자를 말하고, 보살은 대승의 이상으로서 자신의 탐욕을 다 끊어 열반에 들 수 있다 하더라도 생사의 고통 속에 있는 중생이 하나라도 있으면 그를 구제하기까지 생사를 같이하기로 마음먹은 자를 의미한다. 따라서 비구계의 정신이 자기구제라는 자리自利로 향해 있다면, 보살계의 정신은 중생구제라는 이타利他로 향해 있다. 『보살영락본업경』에 나오는 삼취정계三聚淨戒에 따라 말하자면, 소승계의 중심이 번뇌를 끊는 섭율의계攝律義戒와 법문을 익혀 불도를 이루는 섭정법계攝正法戒라면 대승계에서는 이 둘에다 다시 이타의 정신으로 자비를 실현하는 섭중생계攝衆生戒가 더해진다.4) 율의와 정법을 통해 욕탐과 무명의 이장二障을 제거하는 것이 자리적 자기구제를 뜻한다면, 중생구제는 그러한 이장의 제거 위에 다시 이타적 자비의 실현이라는 적극적 의미가 들어 있는 것이다.

소승비구계	대승보살계
열반증득(자리)	열반증득(자리) + 중생구제(이타)
섭율의계 + 섭정법계 (욕탐극복) (무명극복)	섭율의계 + 섭정법계 + 섭중생계 (욕탐극복) (무명극복) (자비실현)

이제 불음계를 중심으로 하여 『사분율』의 비구계와 『범망경』의 보살계에 대해 살펴보기로 한다.5)

---

4) 삼취정계에 대해서는 義寂, 『菩薩戒本疏』 상권; 목정배 역, 『범망경술기 외』(동국역경원, 1994), 224쪽 이하 참조.

3. 소승비구계에서의 불음계의 의미

1) 애욕의 부정

『사분율』에 나타난 소승계의 제정 과정을 보면, 계를 먼저 조목별로 설정하고 나서 그것을 구체적 상황에 적용시키는 것이 아니라, 유루법을 범하는 경우가 발생하게 되면 그 상황에 맞추어 계를 제정하는 방식으로 진행됨을 알 수 있다. 사리불이 여래에게 비구들의 계율을 제정해 달라고 요청하자 여래는 다음과 같이 말한다.

제정해야 될 때는 여래가 안다. 여래는 아직 제 비구를 위한 계를 제정하지 않는다. 왜냐하면 비구 중에 아직 유위법을 범한 자가 없기 때문이다. 만일 유위법을 범한 자가 있게 되면 그 후에 여래는 제 비구를 위해 계를 제정할 것이다.[6]

범하는 자가 생기면 비로소 계를 정하리라는 것은 계의 기능을 '선의 실행'이라는 적극적 의미보다는 '악행의 막음'이라는 소극적 의미로 이해

---

5) 소승 윤리체계는 『四分律』을 통해 잘 알 수 있다. 부파 法藏部의 계율인 『사분율』은 佛陀耶舍가 後秦 弘始 10년(408년)에 범본을 갖고 장안으로 와서 번역한 것으로, 당나라 도안율사가 계율종을 개창할 때 근본 소의율전으로 삼았다. 중국과 한국 및 일본에서 가장 널리 유통되고 연구되었으며, 비구 250계와 비구니 348계의 具足戒의 바라제목차의 해설을 담고 있다. 『신수대장경』 권22, 567上~1014中에 실려 있다. 목정배, 『계율론』(불지사, 1998), 18쪽 이하 참조.
대승 윤리체계를 보여 주는 대표적 경전은 『범망경』이다. 經本에 따라 여러 異名이 있는데, 고려대장경에는 『梵網經盧舍那佛說菩薩心地法門品第十』으로 되어 있고 신수대장경에는 『梵網經盧舍那佛說菩薩心地戒品第十』으로 되어 있다. 구마라집의 번역본으로서 상하 2권으로 되어 있는데, 상권은 보살수행에서의 심지법문으로서 十發趣, 十長養, 十金剛, 十地, 四十心의 戒位를 밝히고 있고, 하권은 구체적으로 수지해야 할 十重戒와 四十八輕戒를 설명하고 있다. 여기서는 『신수대장경』 권24, 997~1010을 따라 인용한다. 목정배 역, 『범망경술기 외』, 해제, 13쪽 참조.
6) 『四分律』; 대정장 22, 569下.

함을 보여 준다. 중선봉행衆善奉行보다는 제악막작諸惡莫作의 의미가 더 큰 것이다. 물론 이 둘이 서로 분리되어 있는 것은 아니다.7) 비구계에서도 역시 불음不淫을 곧 청정淸淨의 실행으로, 불살不殺을 곧 자비의 실행으로, 부도不盜를 곧 복덕福德의 실행으로 이해함을 볼 수 있다.

제악막작	중선봉행
불음	청정실행
불살	자비실행
부도	복덕실행

소승비구의 수행 목적 자체가 "애욕을 다하여 열반에 이르는 것"8)이므로 비구계의 제일 항목은 바로 불음계이다. 이는 자비를 강조하는 대승에서 불살계가 제1계가 되고 불음계는 제3계로 밀려난 것과 대조를 보인다. 타인을 향한 자비나 복덕의 실행에 앞서 비구에게 우선적으로 갖추어져야 하는 것은 바로 그 자신의 애욕의 끊음인 것이다.

그러나 애욕은 왜 그렇게 철저하게 부정되어야 하는 것인가? 애욕은 어떤 의미에서 열반을 가로막는 것인가? 계율체계인 『사분율』에서는 이 점을 열반의 조건으로 전제할 뿐이지 그 근거를 제시하고 있는 것은 아니다. 단지 『사분율』에서는 석가가 불음계를 제정하게 된 발단으로 비구 수다니가 옛 처와 음행하고 나서의 상황을 적으면서 "부정을 행하고 난

---

7) 계가 제악막작과 중선봉행의 두 측면을 다 지님을 보여 주는 것이 바로 여래가 계의 제정 의의를 밝히는 부분에 해당하는 '結戒十句義'이다. 여기에서 계를 제정하는 목적은 "승가를 거두고 승가를 기쁘게 하고 승가를 안락하게 하고 믿음이 없는 자를 믿게 하고 믿음이 있는 자의 믿음을 증장시키고 제어하기 어려운 자를 제어하게 하고 현재의 유루를 끊고 미래의 유루를 끊고 정법이 영구히 머무르게 하기 위한 것이다"라고 언급된다. 『四分律』; 대정장 22, 570下.
8) 석가가 설한 청정법의 핵심을 '愛盡涅槃'이라 한다. 『四分律』; 대정장 22, 570中.

후 항상 근심하며 수심과 우울에 빠져 있었다"⁾라고 서술하고 있다. 이는 곧 음행 내지 음행을 이끄는 애욕이 사람의 마음에 근심과 수심을 가져다 줌을 말해 준다. 애욕이 마음을 근심과 수심으로 가득 채운다면 결국 그 마음은 해탈한 마음일 수가 없다. 그러나 왜 애욕은 마음을 근심과 수심으로 채워 해탈을 방해하는 것인가?

우리는 애욕이 우리의 마음에 대상에 대한 강한 집착을 일으키고 그 집착이 찰나생멸하는 무상한 존재에 대해 항상되고 고정된 존재라는 환상을 야기함으로써 우리로 하여금 현실의 삶에서 고통 받게 한다는 것을 알고 있다. 애욕에서 비롯되는 집착, 나와 나의 것이라는 집착이 고통을 낳는 것이다. 애욕에 가려 일체가 무상이고 무아이며 공空임을 보지 못해서 항상된 나의 것, 나의 사람이라는 집착을 가지게 됨으로써 기다림과 초조함, 번뇌와 좌절 등 온갖 마음의 고통을 겪게 되는 것이다. 결국 애욕을 끊는 것은 곧 집착을 끊는 것이며, 이는 곧 무상과 무아를 깨닫는다는 것을 의미한다. 또한 역으로 무상과 무아를 깨닫는다는 것은 곧 집착을 낳는 애욕을 벗어난다는 것을 의미한다. 이것이 바로 초기경전인 『잡아함경』의 첫 구절이 뜻하는 바이다.

> 색이 무상함을 관觀하라. 그렇게 관하는 것이 정관正觀이다. 정관을 이루면 염리심厭離心이 생기고, 염리심이 생기면 희탐심憘貪心이 멸하니, 희탐심이 멸하는 것을 심해탈心解脫이라고 한다.10)

색色·수受·상想·행行·식識으로 된 일체 존재의 무상과 무아와 공을

---

9) 『四分律』; 대정장 22, 570中.
10) 『雜阿含經』 제1권(대정장 2, 1上), "當觀色無常. 如是觀者, 則爲正貫. 正觀者, 則生厭離. 厭離者, 憘貪盡. 憘貪盡者, 說心解脫."

관하여 그것을 싫어하고 떠나고자 하는 마음을 일으켜서 애착의 마음을 끊는 것이 바로 열반에 이르는 심해탈의 길이다. '마음의 해탈'에 이르기 위해 그 해탈을 방해하는 번뇌인 애욕을 끊어야 하는 것이다. 그러므로 비구계의 불음계가 의미하는 바는, 번뇌와 수심을 떠나 마음의 해탈을 얻고자 하는 비구는 집착과 고통을 낳고 또 그 집착의 업력에 따라 생사윤회를 반복하게 하는 원인인 애욕을 끊어야 한다는 것이다. 이렇게 애욕을 끊는 것이 바로 고苦의 멸에 이르는 도제道諦이며(고를 쌓아가는 集諦를 대신한다), 무명을 없애고 애욕을 끊어 생사를 넘어서는 연기의 환멸문이다(무명에서 애욕을 거쳐 생사에 이르는 연기의 유전문을 대신한다).

2) 무상관과 부정관의 수행

보살계와 마찬가지로 비구계에서도 음은 음인淫因과 음연淫緣, 음법淫法과 음업淫業으로 구분된다. 음인은 음을 일으키는 직접적 원인으로서 심리적 애욕을 뜻하며, 음연은 그런 음인이 작동되고 표현되게 하는 간접적 원인인 연으로서 애욕의 대상인 애인이다. 음법은 음업을 이루기까지의 과정으로서 애인과의 애정고백, 접촉, 마찰 등을 뜻하고, 음업은 이근二根 즉 남녀의 두 성기가 결합하는 성행위를 의미한다. 비구계의 결죄에서 바라이죄波羅夷罪[11]로 판정 내려지는 것은 오직 음업이 성립될 경우뿐이

---

[11] 바라이죄는 斷頭라고 번역되는 가장 무거운 중죄로서 그것을 범한 자는 승단에서부터 아예 추출되어 버린다. 그 다음의 중죄가 僧殘이며, 이어 투란차(障道), 바일제(墮), 바라제제사니(참회를 요하는 실수의 죄), 돌길라(惡作과 惡語 등의 죄) 등으로 구분되는데, 그 각각의 죄를 사하는 방식도 다 다르다.(동국역경원, 『사분율』, 해제, 6쪽 이하 참조) 『사분율』의 제1단원인 바라제목차에서는 비구와 비구니계의 각 계목이 설명되면서 그것이 각각 어느 죄에 해당하는지를 밝히고 있다. 『사분율』을 보면 바라이죄는 비구 250 조목 중 4가지이고 비구니 348 조목 중 8가지인데, 바라제목차는 이 바라이죄의 설명에서부터 시작한다. 『범망경』 역시 중죄인 바라이죄의 설명에서부터 시작하여 경죄의 설명으로 나아가는데, 『사분율』에 비해 항목이 많이 줄어서

다. 음인과 음연과 음법이 다 갖추어져도 결정적으로 음업이 빠지면 소위 미수죄에 해당하는 투란차偸蘭遮가 되고,[12] 남으로 하여금 음업을 짓도록 이끌어서 그 사람이 음업을 행하게 되었다 하더라도 본인 스스로 음업을 행한 것은 아니므로 소위 유도죄로서의 투란차로 판정된다.[13] 결국 비구계에 있어 바라이죄가 성립하는 결정적 요인은 음의 의업이나 구업이 아니라 그 자신의 신업인 것이다.

그렇지만 '애진열반愛盡涅槃'을 목적으로 하는 비구계에서 근본적으로 극복되어야 하는 것은 애욕의 결과인 음행 자체라기보다는 오히려 그런 음행을 낳게 한, 아직 끊이지 않고 남아 있는 애욕이다. 생사윤회에 이끌리게 하는 집착의 근본적 원인이 바로 애욕이기 때문이다. 따라서 바라이죄를 피하기 위해, 즉 계를 지키기 위해 비구가 해야 하는 것은 단지 음업이라는 신업을 피하는 것만이 아니라, 그런 음업을 야기하는 근본적 원인인 음인 즉 애욕을 끊는 것이다.

그렇다면 애욕은 어떻게 끊을 수 있는가? 애욕의 대상이 무상하고 부정함을 관함으로써 애욕을 끊는다는 '무상관無常觀'과 '부정관不淨觀'이 바로 애욕에 대처하는 길로 제시된다. 이는 음연에 이끌리지 않음으로써 음인이 작용하지 못하도록 하는 것을 의미한다. 상대의 아름다운 외양에 연하여 애욕이 일어날 경우 그 외양이 얼마나 덧없이 사라질 것인지, 그 순간의 아름다움이 얼마나 허구적인 것인지를 관해야 한다는 것이다. 아름다운 얼굴 너머로 이삼십 년 뒤의 주름진 추한 얼굴모습을 직관하는 것이

모두 10중죄와 48경죄를 설정하고 있다.
12) 만일 비구가 방편을 구해 부정행을 행하고자 하여 그것을 완성하면 바라이죄이고, 완성하지 못하면 투란차이다. 『四分律』; 대정장 22, 572상.
13) 만일 비구가 다른 비구에게 부정행을 행하게 가르쳐서 그가 부정을 행하면 그것을 가르친 자는 투란차이고 하지 않으면 돌길라이다. 『四分律』; 대정장 22, 572上.

미의 무상성을 관하는 것이고, 아름다운 신체 이면의 피와 살과 뼈와 똥오줌을 직관하는 것이 신체의 부정성을 관하는 것이다. 그 무상함과 부정함을 직관하고 나면 그에 대한 애욕이나 탐냄이나 집착이 다 사라지게 되고, 그렇게 애탐의 집착이 사라지고 나면 그 마음은 애욕으로부터 오는 고통을 벗고 자유롭게 해탈할 것이다.

그러나 이 얼마나 비상식적인 궤변이고 타인에 대한 무자비함의 표현인가? 무상하기에 그만큼 더 아름다운 그 순간이 의미 있고, 부정한 물질 덩어리의 신체로 된 서글픈 인간이기에 그만큼 더 서로를 아낄 수 있는 것이 아닌가? 이처럼 무상함과 부정함을 직관한다고 해도 상대에 대한 배려와 애절함은 그대로 남아 있을 수 있다. 무상성과 부정성을 자각한 뒤에도 남아 있는 관심과 애정, 아니 오히려 그런 뒤에 더욱더 강화되는 관심과 애정은 사랑하되 집착하지 않음으로써 분노하거나 좌절하지 않는 그런 사랑일 것이다. 이것이 바로 대승이 강조하는 자비이다.

4. 대승보살계에서의 불음계의 의미

1) 자비의 완성

소승비구계에서 그렇게도 단호히 애욕을 금하는 것은 비구의 이상 자체가 애욕으로 인한 고통의 생사윤회로부터의 벗어남이기 때문이다. 인간 본연의 여래심을 닦아 아라한의 해탈을 성취하기 위해서는 육도윤회의 길을 헤매게 만드는 이 애욕의 생멸심을 끊어야만 하는 것이다. 그러나 대승보살의 이상은 더 이상 홀로 생사윤회를 벗어나 해탈을 이루는 것이 아니다. 고통 받는 중생을 외면한 채 홀로 고상하게 머물다가 부처가 된다 한들 그게 무슨 의미가 있겠는가?

그런데 보살이 자리自利가 아닌 이타利他를 강조하게 된 것은 자리를 포기하고 이타를 행하겠다는 것이 아니라, 이타를 배제한 자리란 있을 수 없으며 이타를 행하는 것 자체가 바로 자리라는 것을 자각했기 때문이다. 이는 생멸심이 곧 여래심이고 중생이 곧 부처라는 대승정신의 또 다른 표현이다. 우리는 생멸적 현상을 통해서만 생멸 너머의 여래의 의미를 이해할 수 있고, 생사의 고통을 통해서만 고통 너머의 열반의 희열의 의미를 이해할 수 있다. 생사와 열반, 생멸심과 여래심, 중생과 부처, 땅과 하늘 사이의 절대적 대립이란 있을 수 없다. 열반은 생사를 통해서, 여래심은 생멸심을 통해서, 부처는 중생을 통해서 자신을 성취하고 완성시킨다. 따라서 이제 보살은 중생의 생멸심 안에서 여래심을 발견하고 무상한 것 안에서 항상된 것을, 부정한 것 안에서 청정한 것을 발견해야 하며, 그것을 아끼고 사랑해야 하는 것이다. 이것이 바로 보살이 중생에 대해 갖게 되는 자비의 마음이다.

그러므로 보살계의 기본정신은 애욕의 끊음이라는 소극적 방식이 아니라 자비의 실현이라는 적극적 방식을 통해 표출된다. 애욕의 끊음이 생사의 극복, 즉 생의 부정성의 정신을 함축하고 있다면, 자비의 실현은 오히려 생의 인정, 생명의 보호 내지 방생사상을 함축하고 있다. 비구계의 제1계가 애진열반의 불음계인 데 반해 보살계의 제1계는 자비실현의 불살계라는 것이 바로 이 차이를 대변해 주고 있다. 『범망경』의 보살계에서는 불음계가 불살, 부도 다음의 제3계로 등장한다.

나아가 보살계가 음행을 바라이죄로 규정짓는 까닭은, 그 음행 자체가 육도윤회를 자초하는 부정한 신업이기 때문이 아니라 그런 음행을 낳는 마음 안에는 자비심이 없기 때문이다.

보살이 마땅히 효순심을 일으켜서 일체 중생을 구제하고 청정법을 베풀어야 하거늘, 오히려 모든 사람에게 음심을 일으켜서 축생, 모녀, 자매, 육친을 가림 없이 음란을 행하여 자비심이 없다면, 이것은 보살의 바라이죄이다.14)

음행이 문제가 되는 것은 애욕을 끊지 못했기 때문이 아니라 자비심을 일으키지 못했기 때문이다. 그러므로 보살계에서는 남으로 하여금 음행을 저지르게 했다면 그 스스로 한 것과 마찬가지로 바라이죄가 된다. 스스로 행했든 남으로 하여금 하게 했든 그 마음 안에 효순심과 자비심이 결여된 것은 마찬가지이기 때문이다.15) 이것은 자음自婬이 아닌 교인음敎人婬일 경우 투란차로 규정하는 비구계와 대조된다. 음행 자체를 절대적으로 금하는 비구계와 달리 보살계는 그것이 자비심을 결한 것이라는 판단 때문에 금하는 것이다.

이 때문에 보살계는 순수한 자비심에서 나온 음행을 허용하는 개차開遮를 보이기도 한다. 『범망경』의 주석서에 흔히 등장하는 『유가론』의 인용이 그 대표적인 예이다. 이것은 미혼의 여인이 재가보살에게 목숨을 내걸고 음행을 요구하자 그 보살이 자비심을 일으켜서 자재방편으로 음행을 지음으로써 여인의 생명을 구했다는 일화인데, 이 경우의 음행은 음심에서 비롯된 것이 아니라 자비심에서 나온 것이기에 바라이죄에 들지 않는다는 것이다.16) 이와 같은 『범망경』 불음계의 개차는 대승보살계의 목적

---

14) 『梵網經』; 대정장 24, 1004中下.
15) 이것은 음행뿐만 아니라 살생이나 도둑질에 있어서도 마찬가지이다. 즉 '自婬·敎人婬'이 모두 바라이죄로 규정되듯이 '自殺·敎人殺'이나 '自盜·敎人盜'도 모두 바라이죄로 정죄되고 있는 것이다.(『梵網經』; 대정장 24, 1004中)
16) 이원정 편, 『범망경보살계본』, 彙解上篇, 40쪽; 승장, 『범망경술기』 상(『범망경술기 외』, 91쪽 이하); 의적, 『보살계본소』 상(『범망경술기 외』, 248쪽 이하); 대현, 『범망경고적기』 권3(『범망경술기 외』, 452쪽). 모두 다 『유가사지론』을 인용하여 자비정신을 강조하고 있다.

이 인간 행위의 규제에 있는 것이 아니라 인간 안의 청정한 심지를 발견하여 가꾸어 가게 하려는 데 있음을 말해 준다.

2) 청정심의 자유자재

『범망경』의 '범망'은 무엇을 의미하는가? 범망이란 곧 '한량없는 그물코들로 엮어진 하나의 그물'을 뜻한다.

석가가 말하였다. "한량없는 세계가 저 그물코와 같이 낱낱의 세계가 각기 같지 않아 서로 다르기 한량없나니, 부처의 교문도 이와 같다. 내가…… 이 가운데 일체 대중을 위한 심지법문을 간략하게 열어 보이겠다."[17]

---

17) 『梵網經』, 권10; 대정장 24, 1003下. 원효는 그의 『범망경보살계본사기』 상권에서 『범망경』의 제목의 의미를 상세히 해명하고 있다. 그에 따르면 이 경의 바른 이름은 『범망경보살심지품』이다. 그 중 '범망경'은 비유에 의한 것으로, 그 안에 설해지는 내용이 다음과 같은 세 가지 의미라는 뜻에서 범망(한량없는 코로 엮어진 하나의 그물)에 비유된 것이다. ① 여래가 설하신 법문의 연화장세계(무한한 우주, 즉 평등충륜에서 승장풍륜에 이르기까지의 하나의 세계)가 각각 서로 차별적인 각자로서 한량없이 존재하는 것이 마치 그물코가 각각으로 존재하는 것과 같고, 다시 그 법문들이 하나의 법성인 정토의 원리로 포섭되는 것이 마치 각각의 그물코가 하나의 그물로 통일되는 것과 같다. ② 현상의 차별적인 세속법이 서로 차별을 이루지만 진공의 이치인 진제에 따라 일여가 아님이 없음이 마치 낱낱의 그물코가 하나의 그물 아래 포섭되지 않음이 없는 것과 같다. ③ 여래의 법문은 그 문이 많아도 止와 觀의 두 문으로 요약되는데, 모든 법을 융섭하는 일여의 법계에 바탕하므로 止라 하고 그 법이 현상계의 제법을 능히 비추어 내므로 觀이라 한다. 그 외에 설한 많은 차별문은 결국 하나의 진리에 이르는 다양한 방편에 지나지 않는 것으로, 모두가 지관의 通門 아래 포섭된다. 마치 어느 그물코이든 하나의 그물로 통하는 것과 같다. 『보살십지품』의 '보살'은 보리살타마하살타(bodhisattvamahasattva)를 가리킨다. 보리는 도심을 의미하고 살타는 중생을 의미하며, 마하살타는 대도심을 가진 중생을 뜻한다. 보리살타는 자리행의 중생을 가리키고 마하살타는 이타행의 중생을 가리키는 것이다. '심지'란 能生의 땅을 의미하는데, 여기서 地는 세 가지 의미로 해석될 수 있다. ① 心地 이전의 四十心과 十地 이상의 十心을 합한 五十心으로, 보살이 수행하여 머무는 마음의 땅, ② 三聚戒가 머무르는 땅, ③ 법계가 머무르는 땅의 셋이 그것이다.

이렇게 보면 한량없이 차별적인 낱낱의 그물코를 하나의 그물로 엮어내는 그물 중심이 곧 『범망경』의 핵심이 된다. 『범망경』은 이를 일체 중생 안의 본원자성청정심本原自性淸淨心으로 밝히고 있다. 자비와 효순의 마음은 곧 불성종자佛性種子이므로, 보살계는 그것을 지키고 실현시켜 나가는 것을 지향할 뿐이다.

이는 곧 일체 불의 본원이자 일체 보살의 본원인 불성종자佛性種子이다. 일체 중생이 다 불성이 있으니, 일체의 의식과 색심과 정과 심이 모두 불성계 중에 들어간다. 마땅히 인이 있으므로 마땅히 상주법신이 있는 것이다. 이와 같이 하여 바라제목차를 세계에 내놓으니, 이 법계를 삼세의 일체 중생은 머리에 이고 지켜야 한다. 이제 내가 그 대중을 위하여 십무진장계품十無盡藏戒品을 말하니, 이것이 곧 일체 중생의 계이며 본원자성청정이다.[18]

그러므로 보살계에 있어 중요한 것은 자비심으로 자신 안의 본원자성청정심을 실현시켜 나가는 계체의 확립이지, 구체적 행동 양식을 절대화하는 것이 아니다. 즉 계상戒相을 절대화하거나 계상에 얽매여서는 안 된다는 것이 보살계의 근본정신이다. 원효는 이 점을 강조하여 그의 『보살계본지범요기菩薩戒本持犯要記』에서 다음과 같이 말한다.

계상戒相을 여실하게 이해하지 못하고 유와 무에 집착한다면 그것은 청정한 계바라밀戒波羅蜜을 성취한 것이라고 할 수 없다. 왜냐하면 계는 그 자체적으로 생겨나는 것이 아니라 반드시 여러 연에 의하여 생겨나는 것이므로 그 자상自相을 가지지 않기 때문이다.…… 그 계를 성립시켜 주던 연을 떠나면 그 계는 무의미한 것이 되고 만다.[19]

---

18) 『梵網經』; 대정장 24, 1003下.
19) 元曉, 『菩薩戒本持犯要記』(한불전 1, 585上); 목정배, 「원효의 윤리사상」, 『원효의 사상

그러므로 어떤 사람이 계를 지키느냐 아니냐 하는 것은 그의 행위가 외적으로 계율에 들어맞느냐 아니냐에 의해 결정되는 것이 아니다. 행위 방식이 계율 조항에 그르침이 없다고 할지라도 그 마음 안에 계상에 대한 절대적 집착이 있다면 실계失戒한 것과 다를 바 없다는 것이 원효의 주장이다. 참다운 보살은 절대적 계상이 있다고 생각하지 않으므로 유에 집착하지 않고, 그러면서도 연에 의해 형성된 현상적 계상을 부정하지 않으므로 무에 집착하지도 않는다. 계상을 절대화함이 없이 계의 본질인 자비심을 실현시켜 나가는 무애자재함이 바로 보살행의 이상인 것이다.

5. 보살 불음계의 현대적 의미

1) 계상의 상대성의 인식

심지법문으로 일컬어지는 보살계의 핵심은 바로 윤리에 있어 중요한 것은 행위자의 마음, 즉 타인에 대한 자비심이 제대로 발현된 것인가 하는 데 있지, 그 행위방식 자체에 있지 않다. 마음 자체는 행동을 통해다 판정될 수 없으며 행동에 따라 정죄될 수도 없다. 확실한 것은 오직 자비라는 계의 정신일 뿐이지 인간이 특정한 상황 안에서 설정하게 되는 구체적 계목은 아닌 것이다.

우리는 역사적으로나 사회적으로나 각기 상이한 문화에서는 동일한 사태에 대해서도 그 윤리적 가치평가가 다르다는 것을 이미 알고 있다. 석가 당시의 성에 대한 관념이 원시시대의 성에 대한 관념과 다를 수밖에 없으며, 또 오늘날의 성에 대한 관념이 석가 당시의 성에 대한 관념과

과 그 현대적 의의』(한국정신문화연구원, 1994), 258쪽에서 재인용.

다를 수밖에 없다. 비구 수다니는 옛 처와 음행을 한 뒤 우울과 수심에 빠지게 되었지만, 혼전관계뿐 아니라 동거까지도 전혀 남부끄러운 일이 아닌 서구에서는 애욕이나 음행 자체가 고통의 근거라고 간주되지는 않을 것이다. 일부일처제의 문화에서 가지는 사랑에 대한 느낌과 성에 대한 부담감은 일부다처제 또는 다부다처제의 문화에서 가지는 느낌 및 부담감과 분명 다를 것이다. 법적으로 간통죄가 규정되어 있는 나라, 미혼모나 이혼모가 견뎌 내기 힘든 문화의 사람들이 가지는 애욕과 성과 결혼의 관계에 대한 이해는, 처녀가 애를 낳아도 떳떳하게 기를 수 있고 일곱 번씩 결혼을 하더라도 행복해할 수 있는 문화권 사람들의 애욕과 성과 결혼의 관계에 대한 이해와는 분명 다를 것이다. 동성애 집단이 하나의 문화를 형성함으로써 정상적 사랑과 비정상적 사랑의 구별을 부정하게 된 오늘날의 성의식에서는 분명 비구계나 보살계의 비지非支, 비처非處, 비량非量, 비리非理[20])와 같은 규정들을 부당하고 부자연스러운 것으로 받아들일 것이다.

　애욕과 성에 관한 이런 다양한 이해들은 시대와 문화에 따라 계상이 변화한다는 것을 여실히 말해 준다. 결국 보살계는 시대에 따라 변화하는 계상과 계의 본질적 정신을 제대로 구분해 냈다는 점에서 현대적 의의를 가진다고 하겠다. 실제로 불음계에서도 중요한 것은 구체적인 행동방식이 아니라, 그런 행동을 낳는 그 마음이 어떠한가에 있는 것이다. 그 마음 안에 상대에 대한 자비심이 있는가 없는가, 말이나 행동이 과연 그 자비심의 표현인가 아닌가 하는 점이 중요한 것이다.

---

20) 非支는 성기 이외에 항문이나 입으로 하는 관계, 非時는 산전이나 산후, 월경 시 등에 하는 관계, 非處는 영묘나 사당이나 대중 앞에서 하는 관계, 非量은 과도하게 하는 관계, 非理는 세간의 일반적 예를 벗어난 관계를 뜻한다. 이를 총괄해서 非道라고 말하기도 한다.

2) 자비의 정신

보살 불음계가 말하려는 것이 결국 자비의 실현에 있으며 그 이외의 어떤 계상에도 얽매여서는 안 된다는 것이라면, 그렇다면 자비만 있으면 어떻게 행동해도 괜찮다는 것인가? 이런 주장은 마치 보살 불살계不殺戒의 핵심은 자비이지 구체적 계상이 아니라는 것을 듣고는 "그렇다면 자비심만 있으면 생명을 죽여도 된다는 말인가?" 하고 반문하는 것과 마찬가지로 모순적인 주장이다.[21] 나 자신의 한순간의 쾌락만을 좇아 행동하기 전에 타인의 마음을 먼저 헤아려 그 고통을 덜어주고자 하는 마음이 바로 자비심이기 때문이다.

불음계가 자비심만을 강조하고 계상에의 집착을 부정한다는 것은 무엇을 말해 주는가? 왜 인간은 욕망과 성에 있어 서로 조심해야 하는가? 왜 아무하고나 악수를 나누고 말을 하듯이, 한순간 맘에 드는 아무하고나 사랑을 표현하고 포옹을 해서는 안 되는 것인가? 성의 욕구나 행위 자체가 더러운 신체의 산물이라서 수치스럽고 죄악적이기 때문인가? 그것 자체가 부정행이고 악행이기 때문인가?

우리가 성을 조심해야 하는 것은 그것이 더러운 신체에 속한 일이기 때문이 아니라, 오히려 그것이 너무나도 정신적인 것이기 때문이다. 성은 서로에 대해 더 많은 애정을 갈구하게 하여 더 많은 애착과 미련과 집착을 남겨 준다. 때문에 그 관계가 지속될 수 없을 경우에는 말할 수 없는 고통을 일으키게 되고, 둘 사이의 성이 제삼자에게는 죽고 싶을 정도의 절망까지도 가져다줄 수 있다. 결국 우리가 성에다 그렇게 많은 제한을 두게 되는 것은 서로의 마음에 상처를 남기고 고통을 주어서는 안 된다는

---

[21] 물론 엄격히 말해 그런 주장이 아주 불가능한 것은 아니기 때문에 안락사의 문제에 대한 심각한 윤리적 논쟁도 일어날 수 있는 것이다.

자비심 때문이다. 그러므로 평생을 손잡고 있을 수 없는 사람이라면 아예 손잡지 말고, 평생을 하나로 지낼 수 없는 사람이라면 아예 가까이 다가서지 말라고 하는 행동방식이 나오게 된 것이다. 한마디로 말해 타인에 대한 자비심으로부터 행동에 있어서의 자기제한 내지 자기절제의 요구가 귀결되는 것이다.

그러므로 특정한 계상에 얽매이지 말라는 불음계의 가르침이 곧 거침없는 성의 자유를 말하는 것은 아니다. 계상보다 앞서는 근본정신으로서의 자비심 자체가 방종과 무질서를 허용하지 않기 때문이다. 간음하지 말아야 하는 것은 그 행위 자체가 부정하기 때문이 아니라 그 행위가 야기하는 고통이 너무 크기 때문이다. 그런 고통을 막으려는 자비심으로부터 성에 있어 우리의 몸짓에 제한이 요구되는 것이며, 그런 제한을 실행하지 못한 자, 간음한 자는 자비심이 없는 자로서 정죄받게 되는 것이다. 이와 같이 불음계의 핵심을 자비로 밝히는 것이 바로 대승보살계의 정신이며, 이는 오늘날까지도 타당한 정신이라고 본다.

그런데 지금까지의 논의만으로는 해결되지 못한 문제, 그리고 현대의 성윤리에 있어 심각하게 제기되는 문제는 다음과 같은 문제일 것이다. 불음의 핵심이 자비, 즉 타인에게 고통을 야기하지 않는 것이라면, 따라서 성이 고통을 낳는 한 피해야 할 것이라면, 그럼 서로가 별다른 미련이나 집착 없이 행하고, 그렇기에 그 잠시의 쾌락 뒤에는 아무런 고통도 남겨지지 않을 그런 성은 부정될 이유가 없지 않은가?

그러나 이런 성이 과연 있을 수 있을까? 성은 혼자 하는 것이 아니라 남과 함께 하는 것이다. 미련이나 집착, 고통을 남기지 않는 성이라는 것은 진정한 애정이나 관심이 없이 이루어진 성, 잠시의 육체적 쾌락만을 좇아 이루어진 성이라는 것을 말해 준다. 그러나 인간은 누구나 육체

이상의 영혼을 가지고 있으며, 다른 영혼과 가까워지고 싶은 바람, 이해하고 이해받고 싶은 바람, 영혼의 하나됨에 대한 동경을 가지고 있다. 성으로까지 이어지는 육체적 가까움 안에서 영혼의 가까움을 느끼지 못한다면 그 인격에 문제가 있는 것이며, 정상의 인격이라면 마음 안에 동요가 일어날 것이다. 결국 나 또는 타인에게 언제 그런 동요가 발생하여 고통받게 될지 알 수 없는 일이다.[22)]

우리 청정심 속의 자비의 정신은 우리의 욕망에 넘지 말아야 할 선을 그어 준다. 그것은 그 이상의 말이나 행동이 부정하기 때문이 아니며 그 욕망 자체가 비윤리적이거나 아름답지 못한 것이기 때문도 아니다. 그것은 단지 넘지 말아야 할 선 너머의 행동이 자제된 행동보다 타인에게 더 많은 고통을 가져다주기 때문이다. 표현되지 않은 욕망을 가지고 사는 자는 표현을 하며 사는 자보다 어쩌면 스스로 더 많은 고통 속에 사는 자일지도 모른다. 그러나 타인에게 고통을 일으키지 않기 위해 자신의 고통을 감내하겠다는 마음, 고통스런 갈애渴愛를 따뜻한 관심으로 받아들이겠다는 마음이 바로 자비의 마음이 아니겠는가?

---

22) 최근에 나온 영화 ≪두 번째 사랑≫이 바로 이 점을 잘 보여 주고 있다.

부록 무아론 논쟁

1. 무아와 해탈의 문제 :
정승석의 『윤회의 자아와 무아』에 대한 서평

1. 무아설과 윤회설의 양립은 가능한가

우리의 삶은 끊임없는 행위인 업業의 연속이다. 신체적 행위인 신업身業과 언어행위인 구업口業, 마음의 행위인 의업意業이 그것이다. 그 행위에 대해 우리는 일상적으로 행위하는 주체를 상정하게 되는데, 신업이나 구업도 결국은 의업에 근거한 것이기에 궁극적 행위주체를 흔히 몸이나 말이 아닌 마음으로 간주하면서 이를 영혼 또는 자아라고 칭한다.

이 영혼의 실체성을 믿었던 인도의 사상가들은 불교 이전부터 이미 우리의 행위인 업은 그 결과인 보報를 갖기 마련이라고 생각하였다. 선업은 낙과樂果를 가져오고 악업은 고과苦果를 가져온다고 본 것이다. 그것은 어딘가에 전지전능의 절대자가 따로 있어서 우리의 행위를 상벌로써 심판하기 때문이 아니라, 업 자체가 지닌 힘인 업력業力에 의해 저절로 그렇게 되는 것이다. 업과 보의 연관성은 필연적이기에, 죽어서 영혼이 신체를 벗어난다 해도 그 영혼에 업력이 남아 있다면 업력에 이끌려서 영혼은

---

* 정승석 교수의 『윤회의 자아와 무아』는 1999년 장경각에서 출판되었으며, 이에 대한 본 서평은 『철학연구』 제46집(철학연구회 편, 1999년 가을)에 실려 있다. 본문 괄호 속의 쪽수는 정교수 책의 쪽수이다.

다시 이 땅에 태어나 보를 받을 수밖에 없다. 이것이 윤회이다. 만일 선업이든 악업이든 업이 다했다면 영혼은 업력으로부터 자유로운 본래의 순수 상태로 되돌아가서 다시 윤회할 필요가 없게 된다. 이것이 해탈이다. 고통스런 윤회의 수레바퀴를 벗어난 순수 영혼, 해탈한 영혼은 범梵과 하나가 되는 범아일여梵我一如의 희열에 머무르게 된다.

이와 같이 업과 윤회와 해탈은 인도 정통사상에 있어서는 업의 주체, 윤회의 주체, 해탈의 주체가 자기동일적 자아로 전제되어 있기에 가능한 사상이었다. 그런데 여기에서 자기동일적 자아, 아트만의 존재를 부정한다면 어떻게 되겠는가? 그때그때의 행위들은 있겠지만 업에서 보로 이어지는 자기동일적 행위주체는 존재하지 않으며, 윤회 또는 해탈할 자아도 없을 것이다. 당사자에게 있어 죽음은 모든 업의 소멸, 그 개체에 속하던 모든 것의 끝을 뜻할 것이며, 그 끝 너머에는 고통의 윤회도 희열의 해탈도 없을 것이다.

이렇게 보면 업과 윤회와 해탈을 말하기 위해서는 자기동일적 자아가 인정되어야만 하고, 그러한 자아의 존재를 인정하지 않는다면 업과 윤회와 해탈 역시 부정되어야만 하는 것처럼 보인다. 그런데 불교는 업과 윤회와 해탈을 주장하면서도 그와 동시에 자아는 존재하지 않는다는 무아無我를 설한다. 그러므로 불교를 접하는 사람, 석가의 교설을 진지하게 받아들이려는 사람은 누구나 이 곤혹스러운 문제로 고민하지 않을 수 없다. 윤회설이 어떻게 무아설과 양립할 수 있단 말인가?

물론 이 문제를 비교적 간단하게 해결할 수 있는 길이 없는 것은 아니다. 둘 중 어느 하나만을 취하고 나머지 하나를 방편교설로 읽어 내는 방식이다. 하나의 길은 무아를 취하고 윤회나 해탈을 사후의 문제가 아닌 현생에서의 삶의 두 양태로 해석하는 길이다. 즉 윤회를 집착에 따른 고통의 연속이라는 의미로, 해탈을 집착과 그로 인한 고통으로부터의 해방이라는 의미로 읽어 내는 것이다. 또 다른 하나의 길은 윤회를 취하고 무아설을 범부의 잘못된 자아관과 그 아집을 벗기기 위해 설해진 것으로 보아 해탈로 이어질 진정한 자아의 존재를 부정하는 것은 아니라고 해석하는 길이다. 그러나 전자의 관점에 대해서는 불교가 가지고 있는 형이상학적 요소나 종교성을 배제하고 불교를 단지 현생적 삶의 태도에 관한 윤리 교설로 읽어내는 것이 과연 정당한가 라는 의문을 갖게 되고, 후자의 관점에 대해서는 그렇다면 불교가 아트만을 인정하던 인도의 정통베단타 사상과 무엇이 다른가 라는 의문을 갖게 된다.

이 두 길 다 우리가 취할 수 있는 길이 아니라면, 그럼 우리는 불교를 과연 어떻게 이해해야 하는가? 불교의 주장대로 "유업보무작자有業報無作者"라면, 행위주체 없는 행위를 우리는 어떻게 이해해야 하는가? 행위주체로서의 자기동일적 자아가 존재하지 않는데 업과 보의 이어짐, 윤리적 책임이 어떻게 성립할 수 있는가? 윤회의 주체가 없는 윤회, 자아가 없는 윤회가 어떻게 가능한가? 해탈의 주체가 없는 해탈, 자아가 없는 해탈이 어떻게 가능한가?

2. 『윤회의 자아와 무아』가 한국 불교학계에서 갖는 의미

정승석 교수의 『윤회의 자아와 무아』는 바로 위와 같은 "윤회설과 무아설의 양립"(4쪽) 문제를 본격적으로 진지하게 논의한 연구서로서, 불교에서의 자아 또는 무아, 윤회 또는 해탈의 문제에 관심이 있는 사람은 필히 읽어볼 만한 책이다. 이 책이 가지는 의미는 무엇인가?

우선 불교 분야에 있어 우리가 흔히 접할 수 있는 책들은 저서뿐 아니라 역서에 있어서조차 불교 전반에 관한 일반 개설서이거나 불교 중의 한 학파, 예를 들어 아비달마철학이나 유식 또는 화엄철학에 관한 설명서인 경우가 대부분이다. 하나의 주제를 놓고 그 근본의미를 해명해 가면서 그와 관련된 여러 문제들을 함께 검토하는 책은 그리 흔하지 않다. 이런 상황에서 무아와 윤회라는 불교의 가장 핵심적인 주제를 놓고 그 자신의 관점에서 해결점을 찾아 나가는 정교수의 책은 그 시도부터가 참신하다. 나아가 이 책은 세부 문제를 다룰 때는 필요에 따라 현재까지의 국내 및 일본이나 서구에서의 연구 성과도 자세히 전달해 주고 있어 그 주제로 고민하는 사람들의 사유에 많은 도움을 줄 수 있을 것이라고 생각된다. 또한 대부분의 불교 서적이 불교의 전문용어를 철학적 또는 일상적 의미로 해석하지 않고 그대로 사용하고 있어 오늘날의 독자들이 불교에 대해 그 궁극적 의미를 깨닫지 못한 채 문자적으로만 이해하는 데 그치도록 하고 있는 데 반해, 이 책은 개념을 상세히 풀이하고 명료한 언어와 정확한 논리를 사용하고 있어 저자가 무엇을 말하고자 하는지가 선명하게 드러나고 있다.

그러나 이상의 의미는 사실 형식적이고 부수적일 뿐이다. 보다 진정한 의미는 이 책이 앞으로 우리 학계에서 할 수 있는 역할에서 찾아질 수 있을 것이다. 즉 이 한 권의 책이 '무아와 윤회'라는 불교의 핵심 문제에 관하여 저자 나름대로 하나의 분명한 관점을 제시하고 있기에, 이를 발단으로 해서 우리 불교학계는 이 주제와 관련된 좀더 본격적인 토론과 논쟁을 벌일 수 있게 될 것이라고 생각된다. 그리하여 불교 무아론의 궁극적 의미가 무엇인지, 나아가 불교의 가르침을 설한 석가와 그 가르침을 믿는 불자, 이들 인간이 과연 어떤 존재인지에 대해 열띤 토론의 장이 마련된다면 그보다 더 중요하고 의미 있는 일이 어디에 있겠는가?

이 책이 그런 대화와 토론의 장의 초석이 될 수 있으리라고 보는 것은 이 책의 저자가 단순히 불교를 소개하는 것이 아니라 자신의 관점에서 무아와 윤회를 논의하고 있기 때문이며, 나아가 그렇게 함으로써 결국은 불교 전반에 관한 저자 자신의 이해의 시각을 퍽 선명하게 드러내고 있기 때문이다. 보다 깊이 있는 논의가 전개될 수 있기를 기대하면서 각 장에 나타나는 저자의 관점을 평자 나름대로 정리해 본 후, 그에 관한 몇 가지 의문점을 제시해 보고자 한다.

3. 『윤회의 자아와 무아』의 논지 정리

제1장 '비아와 무아'와 제2장 '비아의 의미'에서는 현재 논란 중에 있는 '무아-비아논쟁'을 검토하면서, 정교수 자신의 관점에서 비아적 표현을 무아론의 범주 아래 포섭시키는 방식으로 비아와 무아를 회통하고 있다. 무아-비아논쟁이란 『아함경』이나 팔리어 『무아상경』에서 무아설이 "색은 아가 아니다"라는 식으로 비아로써 표현되어 있는 것에 근거하여, 본래 석가의 교설은 범부의 잘못된 아집을 깨고 참된 자아를 찾게 하기 위한 비아설이지 그런 참된 자아의 존재조차 부정하는 무아설은 아니라는 주장으로부터 야기된 논쟁이다. 그러한 참된 자아의 인정이 결국에는 여래장이나 불성의 사상으로 이어진다는 것이다.

그러나 정교수는 그와 같은 비아론적 관점을 바르마(Varma)에 따라 "초기불교의 베단타화"(46쪽)라고 비판하면서, 불교는 "객체적·실체적 아트만"(30쪽), "형이상학적 실체"(33쪽)로서의 자아, "진실한 실체"(40쪽), "상주하는 초월적 자아로서의 아트만"(45쪽) 등을 부정하는 철저한 무아론으로 이해해야 한다고 강조한다. 그는 비아적 표현 안에 상정되고 있는 자아란 "무명을 인으로 하여 성립해 있는 연기생의 세계······ 범부의 세계"(37쪽) 속의 "가짜로 구상되어 있는 윤회적 생존"(38쪽)으로서의 자아일 뿐이라고 본다. 그리하여 "범부가 보는 현상세계의 해명에 초점을 둘 때는 (비아로서의) 아의 존재가 상정되고 있지만, 그런 세계의 극복에 초점을 둘 때는 아를 부정하는 무아를 설한다"(38쪽)는 방식으로 비아와 무아를 회통한다.

제3장 '무아와 윤회의 양립'에서는 앞의 두 장에서 확립된 무아의 관점에서 윤회를 설명하는데, 여기서는 "윤회하는 것은 오온일 뿐"(93쪽)이라는 불교의 관점이 다시 한 번 확인된다. 불교는 상주불변의 아트만을 부정하고는 있지만 우리의 일상적 자아, 행위주체로서의 자아의 존재까지 부정하는 것은 아니며, 그 일상적이고 현상적인 자아는 "상주불변하는 본질적 자기로서의 자아"(93쪽)가 아니라 무상한 색수상행식 오온의 화합물일 뿐이라는 것을 강조한다. 그러므로 '상주불변의 자아란 존재하지 않는다'는 무아설과 '그런 상주불변의 자아가 아니라 오온이 상속한다'는 윤회설은 별 어려움 없이 양립될 수 있다는 것이다.

문제는 그런 무상한 오온이 어떻게 윤회하게 되고 또 어떻게 하면 윤회를 벗어 해탈하게 되는가 하는 점인데, 이에 대해 정교수는 "윤회와 해탈의 갈림길에서 관건이 되는 것은 자아의 존재 여부가 아니라 자아의 실상에 대한 인식이다"(94쪽)라고 말한다. "이 오온을 상주불변하는 본질적 자기로서의 자아라고 집착하는 '나'는 당연히 오온에 따라 윤회한다"(93쪽), "범부는 끊임없이 변화하는 무상한 오온을 자아로 생각하면서 이(자아의식)로 인해 윤회한다"(94쪽)는 것이다. 반면 "각자覺者로서의 자아의식

(은)…… 범부가 집착하는 가아가 가아임을 파악한 각성의 상태"(94쪽)이며 "이 각성의 상태에서는 윤회하는 일이 없다. 윤회를 이끄는 범부의 자아의식이 없기 때문이다"(94쪽)라고 한다. 결국 무명에 근거하여 오온을 자아로 간주하는 범부의 잘못된 자아의식이 오온 윤회의 근거가 되는데, 집착된 자아가 가아임을 아는 각자에게는 그런 범부적 자아의식이 없어 "윤회할 근거"(95쪽)가 없기에 윤회하지 않는다는 것이다. 해탈이란 바로 "범부가 집착하는 자아 관념을 극복한 무아체득의 경지"(103쪽), "깨달음(자각)의 경지"(100쪽)이다.

제4장 '유아윤회와 무아윤회의 상통'과 제5장 '윤회의 주체 개념'에서 정교수는 불교뿐 아니라 인도 정통철학에도 해박한 전문가답게 상키야철학에서의 윤회 문제를 검토함으로써 불교적 무아윤회가 불교외적 관점에서도 수긍되고 있음을 논하고 있다. 요점은 상키야철학에서의 궁극적 윤회주체는 순수정신으로서의 아트만 즉 푸루샤이기보다는(127쪽) "지각 또는 감각기관을 포함하는 물질적 원리들의 집합을 지칭"(134쪽)하는 '미세신'인데, 이 미세신은 불교의 오온과 비교될 만하며(136쪽), 또 미세신을 윤회케 하는 동인으로서의 '정태情態'는 불교의 업과 비교될 만하다는 것이다(141쪽). 나아가 불교의 중유中有를 힌두신화 속의 간다르바와 비교 분석한 후, 결국 무아와 윤회가 서로 상충하지 않음을, 다시 말해 "아트만(아)의 존재 또는 인정 여부가 윤회설의 성립 여부를 판가름하는 결정적인 기준이 되지 않는다"(179쪽)는 것을 다시 한 번 강조한다.

제6장 '알라야식과 무아'에서는 유식설에서 "윤회의 주체"(184쪽)로서 설정되는 알라야식이 불교 근본사상인 무아설과 상충하는 것이 아님을 논하고 있다. 알라야식은 종자와 불일불이의 것인데, 종자란 경험에 의해 훈습된 후 다시 현행하기까지 상속·전변·차별하는 "잠재인상으로서의

업력"(203쪽)으로서 찰나생멸하는 무상한 것이므로, 그런 일체종자식으로서의 알라야식은 "영혼 또는 아트만과 같은 실체적 원리"(195쪽)가 아니기 때문이라는 것이다. 즉 "알라야식은 찰나적으로 상속하는 습기일 뿐이므로 불변하거나 불멸하는 본체가 아니며"(213쪽), 알라야식이나 유식이라는 관념도 "진실을 드러내기 위한 언어적 구상"(214쪽) 혹은 "무아의 진실에 접근하는 방편적 구상"(215쪽)일 뿐이라는 것이다.

제7장 '업설의 양면성과 의의'에서는 우선 불교 업설의 근본의도가 "업을 지배하는…… 뭔가 숙명적이고 초월적인 힘"(235쪽)에 대한 부정과 "업을 지배하는 주체는 인간 자신일 뿐이라는 인식"(236쪽)에서 찾아볼 수 있음을 강조한다. 정교수는 불교 업설이 가지는 양면성을 "개인의 궁극적 자유인 해탈을 지향하는 철학적 성향과 선행善行으로써 현세나 내세에서의 행복을 지향하는 윤리적 성향"(238쪽)의 둘로 설명한 후, 그 양면을 업설의 수동성과 능동성으로 풀이한다. 그는 "철학성(출세간적)은 수동성과 연관되고, 윤리성(세간적)은 능동성과 연결"(248쪽)된다고 볼 뿐 아니라, 그 업설이 일상의 삶에 적용될 경우 "전자는 개인적·이기적·보수적 태도를 유발할 가능성을 함축하고, 후자는 사회적·이타적·진보적 태도를 유발할 가능성을 함축한다"(249쪽)고 주장한다. 그런데 불교는 처음부터 무아론의 관점에 있기 때문에 "개인주의적·이기주의적 성향"(254쪽)보다는 "업의 사회성…… 행위의 적극성, 이타성"(262쪽) 등을 함축하는 "공업共業"(262쪽)이 중시됨을 강조한다.

마지막 제8장 '윤회설의 재조명'에서는 업의 주체(作者)인 자아에 근거하여 윤회를 설하는 인도의 유아윤회와 그러한 자아존재를 부정하면서 업보만으로써 윤회를 설하는 불교의 무아윤회를 각각 "생명의 본체에 의한 유전"과 "생명의 정보에 의한 윤회"(288쪽)에 대응시킨 후, 오늘날의 인간복제는 결국 불교적 무아윤회설의 타당성을 증명하는 하나의 예가 된다고 주장한다. "아트만이라는 생식세계에 의해서만 윤회라는 복제가 가능하다는 고정관념을 깨뜨리고 업이라는 체세포 DNA에 의해 윤회라는 복제가 가능하다고 주장하는 것이 무아윤회"(290쪽)라는 것이다. 다만 자연인에게는 "윤회가 극복되어야 할 세계일 뿐 결코 추구의 대상이 아닌"(292쪽) 데 반해, 복제인간은 "자신의 업이 성숙하기 전에 다시 복제되기를 반복하면서 결코 윤회의 세계로부터 벗어나지 않으려"(292쪽) 하기에 "불교의 시각에서 볼 때 생명의 복제는 벗어나야 할 윤회의 양산"(297쪽)이라는 점에서 바람직하지 못하다고 결론짓는다.

4. 몇 가지 문제제기

이상과 같은 정리가 저자의 핵심 논점 및 의도를 제대로 파악한 것이기를 바라면서, 이하에서는 몇 가지 의문점을 제기하면서 또 다른 기회에 이에 대한 저자의 대답을 들을 수 있기를 희망해 본다.

1) 업의 상속이 뜻하는 바는 무엇인가? 그것은 심의 상속과 어떻게 다른가?

무아와 윤회의 양립 문제는 현생에서 내생으로 이어질 자아가 없는데 어떻게 현생에서 내생으로 윤회가 성립하는가의 문제이다. 이 문제는 현생적 삶에서의 집착과 고통의 연속이라는 측면만이 아니라 말 그대로 죽음 이후 내생으로의 이어짐의 문제로까지 연결되어야지만 비로소 제기될 수 있는 문제이다. 이에 대해 정교수는 무아이면서도 윤회가 성립할 수 있는 근거, 즉 윤회의 주체 없이도 윤회가 가능한 근거를 불교에서 윤회란 자기동일적 실체(자아)의 연속이 아니라 단지 "업의 상속"일 뿐이라는 데서 찾는다. 자기동일적 자아가 없어도 오온이 남긴 업력이 다시 또 새로운 오온을 형성하는 방식으로 이어지기에 업이 상속되는데, 그것이 곧 윤회라는 것이다. "잠세력(업력)은 오온이 파괴되더라도 끊이지 않고 이어지면서 연기적인 계기에 의해 가아인 오온으로 다시 형성된다. 이 끊임없는 연결을 상속이라고 칭하므로, 불교에서의 윤회는 '업의 상속'에 의해 이루어진다고 말할 수 있다."(117쪽) 이와 같이 자아가 없이 성립하는 윤회를 정교수는 '무아윤회'라고 말한다.

여기서 업의 상속은 정확히 무엇을 의미하는가? 나를 형성하는 오온의 행위(업)가 내게 어떤 흔적을 남기고 그 흔적이 세력(업력)으로 이어지다가 어느 때인가 나의 행위에 영향을 미친다는 것은 이해할 만하다. 죽기 전까지는 나의 오온이 연기적 인과 계열로 이어지고 있기에, 오온이 지은 업력이 그 안에 보존되고 그 보존된 업력이 또 다음의 오온을 형성하면서 업의 상속과 그에 근거한 오온의 상속이 동일성이 아닌 연속성으로 확보될 수 있기 때문이다. 이런 의미에서 정교수는 "오온의 상속 이론이나 심의 상속 이론도 오온이나 심 자체가 상속한다는 의미가 아니라 오온이나 심이 남기는 업력이 상속한다는 의미로 이해해야 할 것이다"(117쪽)라고 강조한다. 문제는 내가 죽어 나의 오온이 흩어져 버릴 경우, 그 오온이 남긴 업력은 과연 어디에 존속하는가 하는 점이다. 죽은 뒤에도 오온이 다 흩어지지 않고 업력이 담긴 부분은 중유中有로 남아 있다가 그 다음 생의 오온으로 이어지는가? 그렇다면 그것은 오온 자체가 상속한다는 말과 다른 것인가? 혹은 오온은 멸하고 그 오온이 남긴 업 자체만이 그 자체의 힘으로 떠돌다가 또 다른 오온을 형성하는가?

유식에서는 남겨진 그 업력(종자)의 총체를 일체종자식 또는 아뢰야식

(심)이라고 부른다. 그러므로 유식에 있어 윤회란 곧 아뢰야식의 윤회, 심의 상속이 된다. 그런데 정교수가 주장하고자 하는 '업의 상속'이 '오온 상속'이나 '심의 상속'과 구분되는 것이라면, 그것은 정확히 무엇을 의미하는 것인가? 그리고 어떻게 한 개체의 죽음을 통과하면서까지 그런 상속이 발생할 수 있는 것인가?

2) 업이 다한 해탈을 단순한 지멸로 간주할 수 있을까?

어떤 방식으로든 업이 상속한다고 보고 그 업의 상속을 일단 윤회라고 받아들인다면 업을 짓는 자(자아)가 따로 없어도 업이 업으로 이어질 수 있으므로 업의 상속으로서의 윤회 즉 무아윤회가 가능하다. 그렇다면 이와 마찬가지로 해탈도 자아 없는 해탈, 무아해탈이 가능하겠는가? 해탈이란 무아와 윤회의 실상을 자각함으로써 아상이 없어져 업이 소멸되고 오온의 상속이 끝나는 것을 의미한다. 윤회를 벗고 해탈하는 주체가 따로 있는 것이 아니라면, 깨달은 자의 오온이 다하는 순간, 즉 죽음의 순간에 그에 속하던 모든 것은 그냥 그것으로 끝이 아닌가? 업과 오온이 다하여 윤회를 벗는 순간 열반에 든다는 것이 그냥 그렇게 무화된다는 것을 의미할 뿐이라면, 그것을 어떻게 해탈이라고 할 수 있겠는가? 그러므로 '무아와 윤회의 양립'보다 더 의미 있는 물음은 사실 '무아와 해탈의 양립'일 것이다.

진아설眞我說의 '자성청정심'도 비아설의 '진실한 자기'의 다른 표현일 뿐(36쪽)이라고 비판하는 정교수는 그처럼 철저한 무아론자이기에 이 문제를 피해간 것이 아닌가 싶다. 그는 해탈을 삶에서뿐만 아니라 죽음에 있어서도 윤회의 고리를 벗고 자유를 경험하게 되는 (현재의 우리는 알 수 없는) 어떤 절대의 경지가 아니라, 단지 이 현세의 삶에서 무아를 깨달음으로써 아집을 버리고 고통으로부터 자유로워지는 그런 달관의 경지로 해석하고 있다. 즉 해탈을 죽음 이후의 일로 보는 것이 아니라 현생에서의 자기변신, 자기개조, 삶의 태도의 질적인 변화로 이해하는 것이다. 이 경우 윤회할 자기의식조차 없기에 죽음이란 그대로 무화될 수밖에 없는 그냥 모든 것의 끝일 뿐이다.

그러나 이처럼 윤회를 사후의 문제까지 포괄하는 것으로 보면서도 해탈에 대해서는 단지 현생적 삶의 태도의 문제로만 간주할 경우 이상한 문제가 발생하게 된다. 말하자면 이 경우는, 만일 오온으로 존재하면서 그 안에 상일주재의 자아가 존재한다고 믿고 살면 그 자아의식의 힘에 의해 업이 윤회함으로써 내생에 다시 태어나게 되고, 반대로 만일 그런 믿음 또는 그런 자아의식을 갖지 않으면 내생에 어딘가에 다시 태어남도 없고 그렇다고 태어나지 않고 열반에 이르는 것(소위 윤회를 벗어나는 해탈) 도 없이 그저 그렇게 끝일 뿐인 것이 된다(3장). 그런데 정말 그런 것이라면, 자아의식이라는 것이 그렇게 죽음과 더불어 사멸할 것들을 죽지 않고 재생하게 하며 상속하게 하는 그런 마력적인 힘, 신적인 힘을 가진 것이란 말인가? 정말 그런 것이라면 인간의 위대함은 바로 그 자아의식에 놓여 있는 것이 되지 않을까? 그것은 허구와 가상을 실재하는 것으로 창출해 내는 힘, 그리하여 우리를 끝없이 살아 숨쉬게 하는 힘이 될 것이기 때문이다. 정말 그런 것이라면, 왜 우리는 우리를 무로부터 구원해 줄 우리의 자아의식을 버려야 한단 말인가?

3) 불교의 윤회 및 해탈론이 단지 심리적 교설일 뿐인가?

윤회와 해탈을 비대칭적으로 이해할 경우 제기될 수 있는 이러한 문제에 대해 정교수는 아마도 다음과 같이 대답할 것이다. 사실은 해탈뿐만 아니라 윤회 역시도 사후의 문제가 아니라 우리의 현세적 삶의 태도에 관한 문제일 뿐이라고……. 책 곳곳에서 정교수는 자신의 기본 관점을 그와 같이 밝히고 있다. "불교 본래의 입장에서는 사후 존재의 유무가 일차적인 관심사가 아니다. 이와 연관되는 모든 문제는 현존하는 인간이 세속적 욕구를 극복함으로써 저절로 해소되기 때문이다"(277쪽), "윤회는 사후세계의 문제가 아니다. 그것은 현세에서 살고 있는 인간의 자기개조 또는 변신의 문제이다."(278쪽)

그러나 이처럼 불교의 윤회와 해탈이 단지 우리의 현세적 삶에만 관계된 것이라면, 따라서 우리의 현세적 삶의 경계 너머에 있는 전생과 내생에 관한 어떠한 형이상학적·종교적 통찰도 포함하고 있지 못하다면, 불교는 처음부터 종교가 아니라 단지 집착제거의 윤리설 또는 고통극복의 심리설에 지나지 않았을 것이다. 나아가 불교가 그와 같이 현세적 인간의 자기개조 또는 자기변신의 가르침에 그칠 뿐 사후문제를 논하는 것이 아니라면, 애당초 정교수가 문제 삼고자 한 무아와 윤회의 양립 문제도 문제로서 성립하지 못했을 것이다.

더구나 사후의 문제가 어떻게 현존하는 인간의 욕구가 극복되면 저절로 해소될 수 있겠는가? 종교성과 윤리성은 분명히 서로 다른 차원의 것인데 말이다. 불교에 따르면 아집이든 법집이든, 집착의 궁극 근원은 바로 무명이다. 우리로 하여금 끊임없이 무엇인가에 집착하게 하여 삶을 고통스럽게 만드는 무명, 그 근본무명이란 바로 우리 자신의 삶의 시작과 끝의 경계 너머에 대한 우리의 무지를 말하는 것이 아니겠는가? 무명을 벗는 해탈이란 바로 그와 같은 경계 너머에 대한 지혜를 말할 것이다. 우리가 어디에서 와서 어디로 가는지, 신이나 알 수 있을 것 같은 그 지혜를 석가가 증득했다고 하기에, 고통 속에서 그 지혜를 갈구하는 많은 사람들이 불교에 매료되는 것이 아니겠는가?

4) 불교가 깨닫고자 하는 실상이 과연 무엇인가?

그럼에도 불구하고 불교를 현세적 삶에 관한 윤리적 차원의 논의로 국한시키려 하는 것은 정교수 자신이 현대의 상식적 인간관 또는 생사관을 은연중에 전제하고 있기 때문이 아닌가 싶다. 인간은 인간이지 신이 아니지 않은가? 인간은 흙에서 나서 흙으로 돌아가니 그로써 끝이 아닌가? 이것이 오늘날 우리가 흔히 듣는 말이다.

그러나 이처럼 인간이 철저하게 유한한 존재라면, 우리가 어떻게 그러한 삶의 고통을 벗어날 수가 있겠는가? 그런데도 정교수는 "소아는 초월적 존재를 상정하며 살아가는 범부의 심정이고, 대아는 범부 세계의 객관적 실태 즉 존재의 객관성을 파악하여 그 세계로부터 벗어난 자각의 경지이다. 이 경지는 형이상학적 실체로서가 아니라(더 이상 윤회는 없기 때문에) 고苦로부터 벗어나기 위한 실천과 수행의 이상과 목표로서 전제되고 인정된다"(57쪽)라고 말한다.

존재의 객관적 실태를 파악하면 그 세계로부터 벗어날 수 있다는 것은 과연 무엇을 의미하는가? 말기암 환자가 자신의 신체 상태의 실상을 정확히 파악했다고 해서 무엇이 달라지겠는가? 더 살고자 하는 희망이 부질없으며 곧 죽으리라는 것을 알게 되겠지만, 그렇게 상태를 정확히 안다고 해서 살고자 하는 집착이 사라지는 것도 아니고 죽음 앞에서의 절망과 고통이 삭감되는 것도 아니다. 그 상태로부터 벗어날 수 있는 것은 더더욱 아닐 것이다. 우리의 삶이 무상하여 죽으면 그로써 끝이라는 것을 바로 깨달아 알면, 그로써 정말 끝이고 더 이상 고통스럽게 윤회하지 않는다는 말인가? 윤회하지 않고 정말 죽게 되므로 고통의 삶으로부터 해방된다는 말인가? 그러나 이런 역설이 또 어디 있겠는가? 우리에게 진정 고통인 것은 삶이 아니고 오히려 죽음인 것을……

5) 불교의 종교성을 윤리나 과학으로 해석하는 것이 과연 타당한가?

결국 문제는 우리가 불교 자체를 또는 불교를 논하는 우리 인간 자체를 어떻게 이해할 것인가로 귀결된다고 본다. 불교는 일체 존재가 인연화합의 생이라는 연기와 그 연기로 인한 윤회를 말하지만, 불교가 궁극적으로 지향하는 바는 연기의 이치를 깨달아 윤회의 고리로부터 벗어나는 자유와 해탈이다. 그런데 정교수는 전자를 "선행으로써 행복을 지향하는 윤리적 성향"으로, 후자를 "해탈을 지향하는 철학적 성향"으로 규정한 후, 놀랍게도 전자를 적극적이고 이타적인 삶의 태도로 평가하고 후자를 소극적이고 이기적인 삶의 태도로 폄하한다(7장). 선업이든 악업이든 계속적 업을 쌓아 육도를 윤회하는 것이 범부의 삶이라면, 석가는 지혜와 선정으로 업의 윤회를 벗고 해탈에 이를 것을 권고하였다. 이런 불교의 지혜와 해탈의 추구를 정교수와 같은 식으로 읽어내는 것이 과연 정당하다고 할 수 있을까?

정교수는 생명의 본체로서의 생식세포가 아닌 체세포의 유전자를 통해서도 생명복제가 발생할 수 있다는 현대과학의 발견이 결국 불교의 무아윤회를 지지하는 것이라고 말한다(8장). 그러나 불교의 윤회를 그런 식으로 생식세포든 체세포든 신체적 유전자를 통한 대물림과 동일시해도 되는가? 석가가 무아론을 설할 때는 오온 어디에도 나라고 할 만한 것, 단단한 핵이 없다고 강조하였는데, 유전공학에서는 나라고 할 만한 것은 결국 유전자라고 말하지 않겠는가?

우리는 정교수의 책 많은 곳에서 불교적 무아와 윤회의 문제를 현대적 관점에서 새롭게 재해석하고 의미 부여하려는 시도를 발견하게 된다. 불교가 옛날 사람들의 사유 흔적에 그치는 것이 아니라 오히려 그 안에 현대적 통찰과 현대적 진리가 내포되어 있다는 것을 밝힘으로써 불교의 의미를 되살리려 하는 시도일 것이다. 소위 불교의 현대화 또는 대중화의 시도라고나 할까? 그와 같은 의도 아래 불교를 현대적 상식과 윤리관에 적합하도록, 또는 현대의 과학정신에 부합할 수 있도록 재해석하려는 노력일 것이다. 물론 평자도 그런 노력이 필요하고 또 의미 있다는 것을 부정하는 것은 아니지만, 그럼에도 불구하고 보다 많은 신중함이 있어야 한다고 생각한다.

   종교를 몽매한 정신이 아닌 깨어 있는 정신으로 이해하고 받아들이는 자라면 대개 현대적 상식과 윤리 그리고 현대적 과학정신에 대해 회의적이다. 그 안에서는 인간 삶의 의미가 다 해명되지 않는다는 바로 그 한계 의식 때문일 것이다. 그런 한계로 인해 종교적 가르침에 귀를 기울이는데, 그 종교가 다시 상식과 윤리와 과학의 옷을 입으려 한다면 우리의 영혼은 어디에서 자기 모습을 확인할 수 있겠는가? 우리에게는 우리 스스로가 만들고 우리 스스로가 얽매이는 그런 상식과 윤리와 과학의 덫을 벗어나서 진정 자기 자신이 누구인가를 알고 싶어하는 그런 진리에의 사랑이 있지 않은가?

2. 무아와 윤회의 문제 : 김진의 『칸트와 불교』에 대한 서평

1. 『칸트와 불교』의 의도

비교철학적 저서가 그다지 많지 않은 한국 철학계에 등장한 『칸트와 불교』라는 제목의 책은 무척 반가운 것이었다. 서로 직접적 영향을 주고 받은 적이 없는 두 철학을 일이천 년의 시기적 간격과 동서라는 공간적·문화적 간격을 넘어 비교한다는 것은 그리 간단한 일이 아닐 것이다. 그럼에도 불구하고 칸트뿐 아니라 블로흐, 아펠, 마르크스 등에 대해서도 이미 연구서를 낸 적이 있는 김진 교수가 이번에는 서양의 철학자 칸트의 사상과 동양의 성인 석가의 사상을 비교한 책을 내놓은 것이다.

김교수에 따르면 본서는 "불교적 세계관에서 필연적으로 제기되는 아포리아를 극복하기 위한 가능성 조건이 무엇인가를 칸트적인 요청적 사유방법론을 통해 탐색하려는 노력"(4쪽)의 산물이다. 아포리아란 사유가 더 이상 진행될 수 없게끔 된 막다른 한계상황을 뜻한다. 양립하기 힘든 두 항목 중 그렇다고 어느 것 하나를 버릴 수도 없는 그런 교설들이 불교

---

* 김진 교수의 『칸트와 불교』는 2000년에 철학과현실사에서 출판되었으며, 본 서평은 「불교의 자아관에 대한 기독교적 접근의 한계」라는 제목으로 『오늘의 동양사상』 제4호(예문동양사상연구원 편, 2001년 봄)에 실려 있다. 본문 괄호 속의 쪽수는 김진 교수 책의 쪽수이다.

내에서 동시적으로 설해지고 있다고 보면서, 김교수는 그것을 불교의 아포리아라고 규정한다. 무아설과 윤회설, 업과 자유, 열반과 행복, 이 세 경우가 그것이다(3~4쪽). 그런데 자유 역시 "참된 자유의 주체인 자아존재"(226쪽)의 문제로 귀결되고, 행복이 함께하는 "니르바나적 세계질서의 확장"(231쪽) 역시 해탈의 주체를 전제하므로, 본서에서 주된 논점으로 등장하는 것은 결국 첫 번째 문제 즉 "주체의 부정 : 무아설"(134쪽)과 "주체의 승인 : 윤회설"(139쪽) 간의 문제가 된다. 김교수에 따르면 불교는 이러한 아포리아를 제대로 설명하지도 해결하지도 못한 데 반해 칸트는 이와 유사한 아포리아를 요청적 사유방법론을 통해 해결하고 있으므로, 그러한 칸트의 요청적 사유를 통해 불교적 아포리아를 해결해 보겠다는 것이다.

불교 안에 인간구원의 참된 메시지가 담겨있다고 믿는 사람이라면, 또는 불교철학의 체계 안에 동양인 내지는 한국인의 진지한 구도자적 사유의 깊이가 담겨 있을 것이라고 생각하는 사람이라면 위와 같은 주장이 적잖이 실망스럽게 보일 것이다. 무아와 윤회의 문제는 불교의 핵심주제인데, 어떻게 불교에서 그 문제가 해결되지 않았다고 단정할 수 있단 말인가? 오히려 내가 아직 불교를 완전히 이해하지 못한 것이 아닌가, 내가 아직 석가가 도달한 지혜의 수준에 이르지 못한 것이 아닌가 라고 반문함이 옳지 않겠는가? 그러나 이런 태도 역시 지나친 자기비하 또는 '권위에의 오류'를 범하는 것일 수가 있다. 따라서 평자는 일단 김교수의 과감한 자기주장과 야망 찬 비교작업에 박수를 보내며 빈 마음으로 그의 논의를 좇아가고자 한다.

여기에서는 김교수가 불교적 아포리아를 어떤 방식으로 해석하고 또 그것을 어떻게 칸트식 요청적 사유방법론을 통해 해결하고 있는지를 우선 정리해 보기로 한다. 그런데 내가 보기에 이 책이 그에 대한 일관되고 정확한 논점을 제시하고 있는 것 같지는 않다. 이하 정리는 내가 서평을 위해 책 전반에 걸쳐서 흩어져 행해지고 있는 논점들을 정리해 본 것이다. 이어서 그 논점들을 바탕으로 하여 떠오르는 몇 가지 문제점들을 제기해 보고자 한다.

2. 『칸트와 불교』의 논지 정리

김교수에 따르면 불교가 주장하는 연기緣起는 현상세계에 대한 기술일 뿐이다. 연기에 따라 오온이 화합하게 되는데, 현상 차원에 존재하는 오온 화합물로서의 자아는 현상적 자아일 뿐이다. 그러나 현상존재들의 배후와 근거에 "어떤 초월적 계기가 존재하는지"(156쪽), 현상적 자아와 구분되는 참된 자아, 진아가 존재하는지 아닌지는 알 수가 없다. 그에 대한 석가의 교설은 불가지론적이라는 것이다. 이처럼 김교수는 체르바츠키와 무르티에 의거하여 석가의 무기無記를 불가지론적 관점에서 해석한다. 결국 현상적 차원을 넘어서서 실체적 차원에 자아가 존재하는가 아닌가에 대해서는 석가 또한 알 수 없었기 때문에 긍정도 부정도 하지 않았다는 것이다.

반면 무아설과 윤회설은 불가지론적 무기와는 모순되게 현상 너머의 참된 자아에 대해 단언하는 것인데, 그것도 서로 상반되는 방식으로 자기 모순적 주장을 한다는 것이다. 즉 무아설은 이론적 차원에서 자아란 인식 불가능하기에 존재하지 않는다는 무아를 주장하는 반면, 윤회설은 도덕 실천적 차원에서 윤회와 해탈을 설함으로써 어쩔 수 없이 행위주체를 상정하고 있다는 것이다. 이처럼 이론적 차원에서의 무아설에서 부정된 자아의 존재가 윤회나 해탈의 실천적 차원에서는 다시 긍정되고 있으므로, 무아설과 윤회설은 자기모순적이라는 것이다.

이 모순을 어떻게 해결할 것인가? 여기에 김교수가 칸트로부터 빌려온 요청적 사유방법론이 등장한다. 자아의 존재는 이론적 차원에서 부정되지만, 도덕실천적 차원에서 단지 요청되는 것으로 간주한다는 것이다. 즉 도덕적 실천, 윤회나 해탈이 가능하기 위한 조건으로 자아의 존재를 요청한다는 것이다. "다르마적인 측면에서 본 무아설(이론 차원의 무아설)과 카르마적인 측면에서 본 무아설(실천 차원의 윤회설)을 모순 없이 정당화하기 위해서는 자아의 통일성을 칸트적인 의미에서의 요청명제로서 요구하는 것이 필요하게 된다."(225쪽) 그러나 정작 요청이 무엇인가에 대한 설명은 그리 길지 않다. 앞 장에서 논한 칸트적 의미의 요청에 따라 짐작해야 할 뿐이다.

칸트적 의미의 요청이란 무엇인가? 칸트에 따르면 영혼의 불멸성이나 신의 존재에 대해서는 인간이 이론적으로 인식할 수 없다. 그러나 도덕실천 차원에서 인간의 도덕성은 덕과 복이 일치하는 최고선을 추구하는데, 그런 최고선이 실제로 실현되기 위해서는 인간 영혼이 불멸하고 신이 존재하지 않으면 안 된다. 즉 우리가 최고선을 지향하는 도덕적 행위를 행할 때, 우리는 이미 마치 우리 영혼이 불멸하고 신이 존재하는 듯이 믿으며 행한다는 것이다. 다시 말해 우리는 이론적으로 인식할 수 없는 어떤 것을 실천 차원에서 이미 전제하고 있다는 것이다. 이런 실천 차원에서의 전제를 요청이라고 한다.

김교수는 이와 같은 요청 개념을 통해 무아설과 윤회설 간의 아포리아가 해결된다고 주장한다. 즉 불교에서의 참된 자아란 이론적으로 인식될 수 없지만 실천적 차원에서 상정될 수밖에 없는 것인데, 이 실천 차원에서 상정되는 자아를 단지 요청으로서만 인정하게 된다면 요청이라는 것 자체가 이론적으로 인식되지 않는 실재를 실천적으로 상정하는 것이므로 문제가 해결된다는 것이다.

3. 몇 가지 문제제기

1) 무아-윤회가 정말 불교가 해결하지 못한 모순적 개념인가?

무아설은 자아존재를 부인하지만 윤회설이 성립하자면 윤회하는 자아가 긍정되어야 하므로 이 둘은 상호모순적이지 않은가? 이것은 불교에 입문하는 순간 누구나 던지게 되는 초보적 물음일 것이다. 초보자일수록 자아가 무엇인지 이미 알고 있다고 생각하여 그 자아가 과연 있는가 없는가에만 관심을 모을 것이다. 마치 '프랑스 왕은 대머리인가?'에 대해 긍정과 부정 중 어느 하나를 선택하려고 하듯이 말이다.

그러나 자아의 문제는 결코 '자아란 결국 있는 것인가, 없는 것인가?'라는 식으로 해결될 수 있는 것이 아니다. 자아의 그 자체의 정체가 해명되지 못한다면 있는가 없는가의 논의 자체가 무의미해지기 때문이다. 결국 문제는 일상적 행위주체자란 과연 어떤 존재인가, 자아의 자기정체성은 어디에서 찾을 수 있는가, 업보의 인과지배 하에 있는 행위의 주체 또는 윤회의 주체는 과연 누구이며 그러한 윤회의 고리를 벗어난 자유로운 해탈의 주체는 과연 무엇인가, 윤회주체와 해탈주체는 서로 어떤 관계에 있는가 등이 될 것이다. 우리는 이러한 문제들이 불교가 해결하지 못하고 남겨 놓은 문제가 아니라 오히려 불교가 진지하게 해명하고자 하는 핵심 문제들임을 알고 있다. 김교수가 설정하는 아포리아는 불교의 종착점에서 발생하는 문제가 아니라 오히려 출발점에서 제기되는 문제들로, 그 문제들과 더불어 불교적 사유가 시작되는 것이다.

물론 김교수 역시도 불교 내에서 무아설과 윤회설의 양립을 가능케 하는 세련된 이론들이 끊임없이 논의되어 왔음을 국내의 불교학자들의 연구를 통해 잘 알고 있다. 그가 소개하는 오온상속론, 업상속론, 가아(假我) 이론 등이 그것이다. 김교수도 언급하고 있듯이 국내 학자 윤호진 교수나 정승석 교수도 그들의 저서에서 자기동일적 자아를 상정함이 없이 무아적 관점에서 윤회가 가능하다는 불교의 '무아론적 윤회론'을 논의한 바 있다. 다만 김교수가 볼 때에는 그런 논의들이 모두 성공적이지 못했다는 것이다.

그러나 평자가 보기에 김교수의 비판은 무아론적 윤회론의 핵심을 비껴간 논의인 듯싶다. "석가가 자신의 전생에 대한 기억을 더듬어 낸 사실 속에서 우리는 무아설이 철저하게 부정되고 있음을 확인하게 된다"(146쪽)라는 주장에서 우리는 김교수가 윤회를 어떤 차원에서 반무아론적으로 이해하고 있는지를 보게 된다. 또한 "불교에서의 연기적 주체는 의식의 통일성을 전제하고 있으며 특정한 인격체의 행위사실에 대한 책임이 인과론적으로 규정되어 있다는 사실에서, 그것은 철저하게 무아설을 거부하고 있는 것이다"(146쪽)라는 주장 역시 김교수의 연기와 무아에 대한 이해 방식이 어떠한지를 보여 준다. 문제는 그것이 불교적 연기설의 바른 이해인가 하는 점이다. 석가는 오히려 연기설로써 무아설을 정당화하고 있다. 현상적 자아의 연속성과 행위의 책임성, 나아가 윤회주체의 연속성 조차도 실체적 자아의 자기동일성을 전제할 필요 없이(무아론) 연기적 인과연속성(연기론)만으로 성립될 수 있음을 논하는 것이 바로 불교의 무아론적 윤회론의 핵심인 것이다.

한 생에 있어서의 연속성이나 윤회에서의 연속성이 불변하는 자기동일적 실체로서의 자아를 전제함이 없이 연기적 인과연속성만에 의해서도 성립할 수 있다는 것, 이것은 단지 불교에서만의 통찰이 아니라 오늘날 자아정체성 논의에 있어서도 흔히 언급되는 통찰이다. 예를 들어 오늘의 내 몸이 어제의 내 몸과 인과관계로 연관되어 있고 그와 같은 인과관계의 연쇄고리를 따라서 40년 전의 내 몸 또한 연관되어 있다면, 비록 40년 전의 내 몸과 오늘의 내 몸 사이에 동일하게 남아 있는 것이 하나도 없다고 할지라도 40년 전의 내 몸과 오늘의 내 몸은 같은 몸으로 이어지고 있는 것이다. 즉 현상적 두 몸을 같은 몸이라고 말할 수 있기 위해서 반드시 그 현상 배후에 자기동일적 몸이 있어야 하는 것은 아닌 것이다. 마찬가지로 현상적 두 자아를 하나의 자아라고 말할 수 있기 위해서 반드시 자아동일적 실체가 있어야 하는 것은 아니다. 연기에 의한 인과연속성만 있으면 하나의 자아를 말할 수 있다는 것, 이것이 무아를 근거짓는 연기설의 핵심이다.

2) 김교수가 주장하는 요청적 자아는 과연 어떤 존재인가?

김교수가 생각하듯이 무아설과 윤회설이 정말 모순적이고, 그 아포리아가 요청적 사유에 의해 해결된다고 치자. 그렇다면 그렇게 요청된 참된 자아란 과연 어떤 존재인가? 김교수의 글에는 그 참된 자아에 대한 설명이 없다. 도덕적 결단이나 업, 윤회나 해탈 등 일체의 실천적 행위에 있어 요청되는 자아라고만 설명될 뿐이다. 그렇다면 업보에 따라 윤회하는 오온화합물로서의 현상적 자아와 그 안에 다시 요청되는 참된 자아는 어떻게 구분되며, 또 그 둘은 어떤 관계에 있단 말인가? 앞서도 언급했듯이, 문제는 자아가 있느냐 없느냐가 아니다. 우리의 일상적 행위의 주체로서의 자아가 과연 어떤 존재이며, 또 우리가 깨닫고 실현시켜야 할 불성 또는 진여가 과연 무엇을 의미하는지가 분명하지 않다면 자아가 있느냐 없느냐의 논의, 자아가 객관적 실재인가 실천적 요청일 뿐인가의 논의는 한낱 말장난에 지나지 않게 되기 때문이다.

김교수가 요청으로 간주해야 한다고 주장하는 그 참된 자아, 즉 진아, 불성, 여래란 과연 무엇인가? 석가는 업과 윤회를 말하고 해탈을 말하면서도 무아를 주장하였다. 아니 오히려 해탈 자체가 무아의 깨달음에서 비로소 시작된다고 보았다. 자아가 없다고 깨닫는 바로 그 순간에 부처, 각자覺者, 즉 진정한 자아가 되는 것이다. 그러나 불교는 그 깨달음의 주체를 자아라고 규정하지 않는다. 깨달음이 바로 자아가 없음을 깨닫는 것이기 때문이다. 그 깨달음이 무엇을 의미하는지, 그 깨달음의 주체를 왜 자아로 규정하지 않고 오히려 공空으로 규정하는지를 먼저 진지하게 생각해 보아야 한다.

3) 불교를 서구 기독교적 시각으로 읽은 것 아닌가?

결국 김교수가 오온화합인 현상적 자아의 배후에 있는 참된 자아를 요청 개념으로 설명한 것은 그가 참된 자아의 정체를 모르기 때문일 것이다. 칸트가 인간 영혼의 불멸 여부와 신의 존재 여부를 모르기에 그것들을 단지 요청으로 설명할 수밖에 없었듯이 말이다. 김교수는 칸트의 영혼불멸에다 불교의 윤회하는 주체를, 칸트의 신에다 불교의 니르바나를 대응시키면서 칸트에서 그랬듯이 불교에 있어서도 그것들은 요청으로 설명될 수밖에 없다고 주장한다.

그러나 그것은 기독교와 불교의 근본적 차이를 간과한 탓일 것이다.

기독교적 사유에 따르면 인간은 그 인식에 있어 유한하게 한계지어진 존재이며, 그 한계 바깥에 무한자 신이 있다. 그러나 불교에서 볼 때 인간의 인식, 적어도 석가나 완전히 깨달은 자의 인식은 무한하며, 그와 같은 무한한 지혜의 각자覺者를 너머 그와 구분되는 또 다른 존재인 신은 존재하지 않는다. 기독교에서의 인간과 신의 차이가 불교에서는 범부와 각자의 차이가 되는 것이다. 칸트의 요청은 유한한 인간이 그 한계 밖의 것을 모르기에 마치 존재하는 듯이 믿는다는 뜻이다. 그러나 불교에서 윤회나 니르바나는 그 실상을 모르는 범부에게는 요청일 수 있지만, 깨달은 자에게는 아니다. 전생의 자신을 보는 것은 요청이 아니라 현생적 한계를 넘어선 직관이며, 행복한 니르바나 즉 불국토 역시 요청해야 할 바의 것이 아니라 깨달은 중생들이 무아적 삶을 통해 실현하고 현실화해야 할 바의 것이다. 요청이란 스스로를 유한성으로만 이해하는 인간 또는 아직 깨달음이 없는 범부에게만 있을 수 있는 것이다.

석가의 주장을 요청으로 설명하려는 것은 석가를 범부의 수준으로 읽고 있음을 말해 주는 것이라고 생각된다. 이것은 김교수 스스로 인간을 철저한 유한성의 존재로만 이해함으로써 인간 지혜의 무한성을 요청하지는 않기 때문일 것이다. 결국 다 같은 범부라고 해도 무엇을 요청하는가에 따라 중요한 차이를 낳게 된다. 칸트에게서처럼 요청되는 것이 신이라면, 그 신은 인간 한계 밖의 것이기에 인간은 그 요청된 것에 대해 침묵할 수밖에 없을 것이다. 이와 같은 요청에서 인간이 할 수 있는 것은 다만 신앙이다. 이는 기독교에서는 유한한 인간과 무한한 신이 자와 타로서 분리되어 있기 때문이다. 그러나 불교는 그렇지 않다. 불교의 매력은 범부에게 요청되는 것이 더 이상 인간 한계 바깥의 타자가 아니라는 점이다. 그러므로 깨달은 자에게 그것은 더 이상 요청이 아니게 된다. 참된 자아 또는 불성은 객체적인 신앙의 대상이 아니라 주체적으로 각성되어야 할 것이며, 그러한 자기각성의 깨달음에 이르게 되면 범부와 부처는 더 이상 자와 타로 분리된 것이 아니다. 기독교적 철학자와 불교를 비교하는 작업에 있어서는 먼저 이와 같은 인간 이해에 있어서의 근본적인 차이에 대한 주목이 있어야 할 것이다.

3. 무아와 윤회 그리고 해탈 : 김진 교수의 반론에 대한 답변

1. 무아론에 관한 김진 교수와의 논쟁

　무아와 윤회 문제는 주로 일본에서 비아·무아논쟁으로 다루어진 후 국내에서도 적지 않게 논의되었는데, 대표적 연구서로는 윤호진 교수의 『무아·윤회 문제의 연구』(1992)와 정승석 교수의 『윤회의 자아와 무아』 (1999)가 있다. 김진 교수의 『칸트와 불교』(2000)는 그들 두 교수의 연구 성과를 정리하면서 그래도 해결되지 않는 문제를 칸트의 요청론을 통해 풀어보고자 한 작품이다. 이 김진 교수의 책에 대한 나의 서평에 김교수가 다시 반론을 제기했기에, 다시 내 생각을 정리하여 대화를 진전시켜 보고자 한다.
　김교수의 반론은 7항목으로 되어 있는데, 그것들은 불교 자체의 무아·윤회 문제에 관련한 것(2, 3, 4, 5항)과 불교에 대한 칸트주의적 해석에 관련한 것(1, 6, 7항)의 두 종류로 구분될 수 있을 것 같다. 각 항목에 대해 각기 따로 답하지 않는 것은 서로 연관되거나 중복되는 문제들이 제기되

---

　* 김진 교수는 『칸트와 불교』에 관한 나의 서평에 다시 「칸트주의적 불교해석의 의미지평」이라는 반론을 내어 『철학비평』 제6호(2001)에 실었는데, 본 글은 그 반론에 대한 나의 답변으로 『오늘의 동양사상』 제7호(2002년 가을)에 실려 있다. 본문의 괄호 속 쪽수 가운데 '책 쪽수'는 『칸트와 불교』의 쪽수이고 '반론 쪽수'는 「칸트주의적 불교해석의 의미지평」의 쪽수이다.

고 있기 때문이다. 2, 3, 4, 5항에서 김교수가 거듭 강조하는 것은, 무아설은 윤회설과 양립할 수 없다는 것(4항), 그러므로 무아론적 윤회설은 불가능하며(5항) 윤회가 가능하기 위해서는 자아의 통일성이 요청되어야 한다는 것이다(3항). 이러한 주장에는 김교수의 연기설과 무기에 대한 해석(2항)이 들어 있는데, 나는 김교수와 나 사이의 근본적 의견차이는 바로 이 연기와 무기에 대한 이해의 차이가 아닌가 생각한다.

이하에서는 우선 김교수와 대비하여 내가 이해하는 연기설 및 무기의 의미를 밝히고(2절), 그런 연기적 관점에서 보면 업의 상속으로서의 윤회가 성립할 수 있음을 정리해 보았다(3절). 이어서 무아론과 관련된 심각한 문제제기는 윤회의 문제보다는 오히려 해탈의 문제에서 비로소 제기된다는 것을 논하면서(좀더 구체적인 문제제기는 정승석 교수의 책에 대한 서평에서 이미 논한 바 있다) 내 나름대로 그 문제를 어떻게 해결할 것인가도 간단히 언급하였는데, 거기에서 불교 무아론이 어떤 점에서 기독교사상이나 브라만교의 아트만설과 구분되는지를 약술해 보았다(4절). 그 다음은 김교수의 반론 1, 6, 7항에 관련된 것으로 내가 왜 김교수의 칸트주의적 불교해석을 비판하는지에 대한 이유가 담겨 있다. 칸트의 요청론이 담고 있는 바 인간의 인식의 한계에 대한 자각은 기독교적이지 불교적이 아니라는 것이 그것이다(5절). 그리고 끝에는 사족이 붙어 있다(6절).

2. 연기론의 위상

무아와 윤회를 문제삼을 때, 대립적 개념쌍을 무엇으로 잡는가에 따라 전체 문제지평이 달라진다고 본다. 나는 무아와 윤회 문제에서 의미 있는 대립적 개념쌍은 윤호진 교수 및 정승석 교수와 마찬가지로 '무아윤회와 유아윤회'라고 생각한다. 이는 곧 '연기론적 사유와 실체론적 사유'의 대립에서 비롯되는 것으로 보인다. 인과나 업보 또는 윤회를 설명함에 있어 자기동일적 자아를 설정하면 실체론이고, 그런 자아를 설정하지 않으면 연기론이 되는 것이다. 반면 김교수의 글에서 발견되는 대립적 개념쌍은 '무아연기와 유아(윤회)연기'이다. 여기에서는 연기현상 배후의 자기동일적 자아를 인정하면 윤회론이 되고 부정하면 무아론이 됨으로써 무아론과 윤회론이 서로 상호모순적 개념이 된다.

일반적 개념쌍		김진 교수의 개념쌍	
무아윤회 ↔ 유아윤회		무아연기 ↔ 유아연기	
연기론	실체론	무아론	윤회론

윤호진 교수가 전통적 방식대로 연기론과 오온설을 통해 무아를 증명하려 하는 것에 대해 김교수는 연기설이나 오온설이 반드시 무아설만 지지하고 윤회설을 불가능하게 하는 것은 아니라고 말한다.

연기설은 무아적인 측면도 있지만 윤회설을 가능하게 하는 조건이기도 하다. 연기적으로 우리에게 드러난 세계현상은 형이상학적 실체를 인정할 수 없게 하는 것이 사실이지만, 동시에 우리는 그 배후와 근거에서 그러한 현상들을 법칙적으로 발생하게 하는 어떤 원초적 원리와 본질이 있는가에 대해서는 이론적으로 입증할 수도 없고 반증할 수도 없는 처지에 있다. 그러므로 연기법은 무아설의 한 측면을 설명하는 계기는 될 수 있을지라도 연기설 그 자체가 무아설을 확정하지는 못하는 것이다.(책 155쪽, 반론 259~60쪽)

오온 이론은 현상적 존재 분석에 충실한 이론이고, 따라서 그 현상존재들의 배후와 근거에 어떤 초월적 계기가 존재하는지에 대해서는 무기적인 태도를 취하고 있다. (책 156쪽, 반론 260쪽)

여기에서는 (현상적) 무아설(연기설의 무아적 측면)이나 오온설은 단순한 현상분석론일 뿐이며, 그 현상배후와 근거에 '어떤 원초적 원리와 본질'이 있는가 없는가, 다시 말해 윤회주체로서의 자아가 있는가 없는가의 문제는 "이론적으로 입증도 반증도 할 수 없는" 것이라고 간주된다. 김교수는 석가가 이 점을 간파하여 무기無記를 설하고서도 다시 "무기적 태도와 자체적으로 모순되는 명제들을 무비판적으로 사용하였는데"(반론 260쪽), 그런 자기모순적 주장이 바로 (절대적) 무아론과 윤회론이라는 것이다. 그는 "윤회적 세계관은 무아적 존재이해와 모순상충되는 것"(책 157쪽)이어서 "무아설을 절대적인 것으로 승인하면 할수록…… 불교의 또 하나의 진리 주장, 즉 윤회설과 모순되고 상충"(책 156쪽)된다고 말한다. 석가가 무기로 남겨놓은 현상 너머의 영역에 대해서는 칸트처럼 요청론적으로 접근해야 되는데, 석가는 그러한 "변증론을 기술하지 않고"(반론 261쪽) 있어 자기모순적 주장에 빠져든다는 것이다.

이러한 비판은 곧 김교수가 연기론을 '세계현상을 성립시키는 원리'로, 무아론과 윤회론을 '그러한 현상세계의 배후에 자기동일적인 실체적 자아가 있는지 없는지를 문제삼는 것'으로 보고 있음을 말해 주는 것이 아닌가? 연기론만으로는 무아인가 윤회인가가 결정될 수 없다는 점에서, 그 둘 다를 포괄한다고 주장한 것 아닌가? 서평에서도 이런 의미로 김교수의 논점을 정리했었는데, 이것을 "완전한 곡해"라고 하니 달리 어떻게 읽어야 할지 모르겠다.

내가 생각하기에 문제는 연기론의 이해에 있는 것 같다. 나는 불교의 연기론은 자아를 상정하는 실체론에 대한 비판이라고 보지만, 김교수는 연기론을 실체론의 대립으로 보지 않는다. 인과 과, 업과 보의 관계가 성립하기 위해서는 그런 관계의 근거에 자기동일적 실체, 실존의 원핵(반론 265쪽), 자아가 존재해야만 하는 것인가? 자기동일적 핵이 존재해야만 한다는 주장이 실체론이라면, 그런 실체 없이도, 아니 오히려 실체가 없어야만 그런 관계가 성립한다는 주장(공이어야만 연기가 성립한다는 주장), 우리가 근원적 실체라고 생각하는 것조차도 실은 그런 관계 안에서 성립된 것에 지나지 않는다는 주장(아도 공이고, 법도 공이라는 주장)이 바로 불교의 연기론이다. 이런 의미에서 나는 서평에서 "석가는 연기설로써 무아설을 정당화하고 있다"라고 말했던 것이다. 그런데 이것도 "독단인 동시에 희론이다"(반론 264쪽)라고 하니 난감하다.

인과 또는 업보관계에 대해 우리가 흔히 동일자아를 상정하게 되는 것은, 업을 짓는 자와 보를 받는 자가 동일인이어야지 그런 관계 자체가 가능하고 또 윤리적 책임 추궁도 가능하다고 생각하기 때문이다. 내가 수행하고 내가 깨닫자면 동일한 내가 있어야 하는 것 아닌가? 수행하는 자와 깨닫는 자가 다르다면 말이 안 되지 않는가? 이런 의미에서 "자작자각自作自覺인가, 타작타각他作他覺인가?"를 물으며, 이 물음에 대해 석가는 일단 무기를 보인다. 그런데 석가가 수행과 깨달음의 현상 너머에 실체적 자아가 있는지 없는지 이론적으로 증명할 수 없기에 침묵을 보인 것이겠는가? 결코 그렇지 않다. 묻는 자가 이미 실체적 자아의 존재를 전제하면서 그 자아가 같은가 다른가를 묻고 있기에 답하지 않은 것이다.

실체론적 사유에 따라 업보의 관계 배후에 동일자아를 전제하고 있는 물음에 대해 석가는 일단 침묵한다. 그리고 보다 현명한 제자가 그 침묵의 이유에 대해 캐물으면 언제나 일관되게 연기를 설하는 것이다.[1] 석가는 「제일의공경第一義空經」에서 더욱 분명하게 "업과 보는 있지만, 업을 짓는 작자는 존재하지 않는다"라고 말한다. 그러므로 업의 작자作者와 보의 수자受者가 같은가 다른가는 문제 자체가 잘못된 것이다. 불교의 연기론은 작자의 존재를 설정하지 않은 채 업과 보, 인과 과의 관계를 설명한다는 점에서 작자를 설정하는 실체론에 대한 비판이다.

3. 업의 상속

김교수는 정승석 교수가 제시하는 '무아·윤회양립설'의 핵심으로서의 '업의 상속'을 도대체 말이 되지 않는 것이라고 간주한다.

① 어떻게 찰나적인 것들이 그 이전의 찰나적인 것들로부터 업을 이을 수 있으며, 그 이후의 찰나적인 것들에게 다시 업을 넘겨줄 수 있는가? ② 그 이전의 것으로부터 받아서 그 이후의 것으로 넘길 수 있는 존재자의 찰나성이란 것은 존재할 수 없으며, 그것이 또한 존재할 수 있다 하더라도 그것은 더 이상 찰나적일 수 없을 것이다. ③ 그렇다면 찰나적인 것의 윤회란 원천적으로 불가능할 뿐만 아니라 무의미한 것이기도 하다. ④ 찰나라는 순간 속에서는 어떤 주체가 들어설 수도 없고 어떤 상속도 이루어질 수 없다. ⑤ 그것은 모든 세계로부터 와서 모든 세계로

---

[1] 이처럼 석가가 형이상학적 물음들에 대해 일단 '無記'를 보이며 답하지 않았던 것은 그 물음들의 답을 알지 못했기 때문이나 아는 답을 개념적으로 설명해 낼 수 없기 때문이 아니라, 그 물음들 자체가 잘못된 전제 위에 세워진 것들이었기 때문이다. 다시 말해 석가가 말한 '무기'는 실체를 전제하고 제기된 물음들에 대해 그 물음의 전제 자체가 잘못된 것임을 지적하기 위한 것, 즉 실체론적 관점에서의 상견과 단견 둘 다가 잘못된 것임을 지적하기 위한 것이었다. 그리고 침묵 이후 상견과 단견 둘 다를 거부하면서 중도를 설할 때, 그 중도는 언제나 연기설이었다. 이 점에서도 연기설이 실체론의 부정이라는 것, 즉 자기동일적 실체를 상정함이 없이 현상을 설명하려는 시도라는 것을 알 수 있다.

사라지는 것이기 때문에, 모든 것은 모든 것과 같은 것이라고 할 수 있을지는 모르지만, 어떤 것이 어떤 것을 상속받고 있다고 할 수는 없다.(책 166쪽)

김교수는 찰나적 존재를 어떤 방식으로 이해하였기에 찰나적 존재는 업보로 연결될 수 없고 윤회란 불가능하며 그 안에 주체가 있을 수 없어 상속도 있을 수 없다고 주장하는 것일까? 긴 설명을 생략하고 찰나적 존재를 다음과 같이 두 가지 방식으로 간략히 도표화해 보자.

<찰나적 존재: 유형 1>		
t₁	t₂	t₃
x₁의 생 x₁의 멸	x₂의 생 x₂의 멸	x₃의 생 x₃의 멸

<찰나적 존재: 유형 2>		
t₁	t₂	t₃
x₁의 생	x₁의 멸: 업 x₂의 생: 보	x₂의 멸: 업 x₃의 생: 보

앞의 인용문에 따라 볼 때 김교수는 찰나적 존재를 유형 1의 방식으로 이해하는 것 같다. 이전 것으로부터 무언가를 받아 이후 것으로 넘겨주기 위해서는 두 찰나가 지속되어야 하는데, 그러면 더 이상 찰나적일 수 없다고 말하기 때문이다(문장 ②). 그러나 불교가 말하는 찰나적 존재는 유형 2에 해당한다. 멸한다는 것은 곧 작용력(업력)을 발휘한다는 것으로서 자기의 과(보)를 생하는 것이다. 하나의 것이 멸하는 순간 그 힘에 의해 그 다음 것이 생하게 되므로, 찰나적 존재이면서 동시에 업보 또는 인과의 관계가 성립하는 것이다. 행위의 업보가 찰나적이면서도 이어질 수 있듯

이 윤회도 업과 보의 관계로 연속된다는 것이 불교적 이해이다.

이어 문장④에서 김교수는 찰나적인 것 안에는 주체가 들어설 수 없으므로 상속이 이루어질 수 없다고 말한다. 찰나적 생멸을 넘어서는 자기동일적 자아가 있어야만 업의 전수가 가능하다는 것이다. 이는 곧 업의 상속론을 아직도 실체론적 틀에 따라 읽고 있음을 보여 준다. 즉 업과 보 너머에 업을 짓는 주체와 보를 받는 주체를 설정하여 그 둘이 자기동일적 자아여야만 상속이 성립한다고 보는 것이다. 그러나 불교는 업보는 있되 작자는 있지 않다는 관점이다. 업보나 윤회에 있어 어떤 찰나적인 것이 따로 있어서 이전 찰나적인 것의 업을 이어받는 것이 아니라, 이전 찰나적인 것이 지은 업이 그 다음의 찰나적인 것을 보로서 생한다는 것이 불교의 이론이다. 전생의 오온이 지은 업의 힘(업력)이 현생의 오온을 형성한다는 것이다. 이와 같이 업의 상속을 논하는 데 있어 동일주체를 따로 설정함이 없는 것이 무아윤회이다.

4. 윤회 차원과 해탈 차원의 구분

나는 김교수가 무아와 윤회 문제를 놓고 행했던 고민의 깊이와 심각성을 간과하고 있지는 않다. 다만 나는 그런 심각한 문제제기가 윤회를 논하는 차원에서는 아직 발생하지 않으며, 해탈을 논할 때 비로소 발생한다고 보고 있다.

무아윤회는 가능하다. 하나의 가아(假我)가 남긴 업력이 다음 가아를 형성하는 데 있어 그 가아들 간의 연속성을 윤회라고 할 때, 가아는 오온으로 존재하는 것이기 때문이다. 이처럼 윤회는 가아인 오온과 업만으로도 충분히 설명될 수 있다. 무아윤회론은 바로 이 점을 밝히는 것이라고 본다.[2] 문제는 해탈이다. 무아가 유정 각자 안의 불성, 여래성, 일심까지도 부정하는 것이라고 한다면 해탈이라는 것이 너무도 공허한 것이 되어 버리기 때문이다. 김교수는 내가 정승석 교수의 『윤회의 자아와 무아』에 대한 서평에서와 다른 소리를 하고 있다고 보면서, 왜 그렇게 갑자기 변했는지 이해가 되지 않는다고 말한다(반론 268쪽). 그러나 내가 그 서평에서 문제삼은 것은 전적으로 해탈에 관한 것이었다. 그 서평에서 나는 다음과 같이 물었다.

업을 짓는 자(자아)가 따로 없어도 업이 업으로 이어질 수 있으므로 업의 상속으로서의 윤회, 즉 무아윤회가 가능하다. 그렇다면 이와 마찬가지로 해탈도 자아 없는 해탈, 무아해탈(불성까지도 부정되는)이 가능하겠는가? 해탈이란 무아와 윤회의 실상을 자각함으로써 아상이 없어져 업이 소멸되고 오온의 상속이 끝나는 것을 의미한다. 윤회를 벗고 해탈하는 주체가 따로 있는 것이 아니라면, 깨달은 자의 오온이 다하는 순간, 즉 죽음의 순간에 그에 속하던 모든 것은 그냥 그것으로 끝이 아닌가? 업과 오온이 다하여 윤회를 벗는 순간 열반에 든다는 것이 그냥 그렇게 무화된다는 것을 의미할 뿐이라면, 그것을 어떻게 해탈이라고 할 수 있겠는가?[3]

그 서평에서도 말했듯이 나는 정승석 교수가 해탈을 —어떤 점에서는

---

[2] 나는 김교수가 이 두 차원을 구분하지 않고 하나로 묶어 생각한 것이 문제라고 본다. 그 때문에 윤회 차원에서 "현상적 자아의 연속성, 행위의 책임성, 윤회주체의 연속성" 등을 언급하는 것 자체가 벌써 "무아설을 파기하고 윤회설을 지지하는 것"(반론 265쪽)이라는 너무 성급한 결론을 내리게 된 것이 아닌가 생각한다.
[3] 정승석 교수의 책에 대한 나의 서평은 본 부록의 첫 번째 글 '1. 무아와 해탈의 문제' 참조. 나는 이 글의 문제제기 1)에서 윤회에 관하여 '업의 상속'이 어떤 의미에서 유식에서 말하는 '식(심)의 상속'과 구분되는 것인가를 물었다. 그러나 이것은 무아윤회를 인정하면서 제기한 물음이지, 무아윤회 자체를 반박하기 위해 제기한 물음이 아니다.

윤회까지도— "현생에서의 자기변신, 자기개조, 삶의 태도의 질적인 변화" 등으로 해석한 것은 무아론을 자성청정심이나 일심까지도 부정해야 하는 것으로 보았기 때문이 아닐까 생각한다. 그러나 정승석 교수와 같은 무아론적 관점에서 해탈을 실존적 자기변혁으로 해석할 경우 석가의 깨달음, 불교적 깨달음의 깊이가 다 드러날 수는 없을 것이다. 나는 무아론이 불성론이나 일심사상과 모순적이지 않다고 본다.

불성이나 자성청정심 또는 일심을 인정한다고 해서 그것이 곧 무아론의 부정으로 이어지는 것은 아니다. 왜냐하면 불교에 따르면 자성청정심이나 일심의 깨달음은 공의 깨달음이며, 이는 곧 무아의 깨달음이기 때문이다. 그러므로 불성사상과 무아론의 양립이 가능함을 보이기 위해서는 불성이나 일심이 왜 자아라고 불릴 수 없는 것인지, 불교 무아론에서의 일심이 브라만교의 아트만(자아)과 어떻게 다른 것인지 등이 밝혀져야 할 것이다.

김교수는 무아가 절대적으로 주장될 경우의 문제의 심각성을 다음과 같이 표현한다.

무아설을 절대적으로 해석할 경우에 '업의 상속'이나 '업력의 상속'이라는 말 자체가 무의미하게 된다. 동일한 자아는 존재하지 않는다는 관점에서 세계존재를 관찰하게 되면 죽음에 의한 현상적 자기존재의 해체 이전에도 동일한 자아란 존재하지 않기 때문에 죽음을 통하여 전적으로 해체된 사태들의 상속 여부를 논하는 것은 아무런 의미도 없게 된다. 무아윤회설은 서구의 범신론이나 일원론적 회통사상과 다를 것이 없다. 단 하나의 실제적인 존재만이 있다. 그것은 언제나 드러난 현상으로서 존재하며, 그 변화가능성은 예단할 수 없으나 언제나 상호적으로 의존하고 있는 단 하나의 존재사실에 불과하다. 이 경우에 차용되는 윤회라는 개념 역시 전통적인 언어 사용에서의 의미와는 전적으로 다른 내용을 가질 수밖에 없다.

그것은 엄밀한 의미에서 인격주체의 환생을 뜻하는 것이 아니라, 모든 것 속에 모든 것이 뒤섞이는 상태를 의미할 뿐이다. 모든 것이 모든 것에 의존하여 있고 모든 것으로 될 수 있는 것이라면 무엇 때문에 업과 윤회, 그리고 해탈이라는 말마디에 집착할 필요가 있는가? 따라서 무아윤회설은 아무런 의미도 갖지 못한다. 무아설을 절대적으로 승인하게 되면 업, 윤회, 해탈, 열반 등의 개념 속에 담긴 전통적인 의미함축은 사라지게 되기 때문이다.(책 172쪽)

나는 불교 무아설이 함축하고 있는 내용이 김교수가 여기서 그럴 리 없다고 생각하면서 그리는 바로 위와 같은 상황을 말하는 것이 아닌가 싶다. 물론 '상속'이라는 말이 무의미해지지는 않는다. 실체론적으로가 아니라 연기론적으로 상속, 업, 윤회 등이 설명되므로 전통적(실체론적) 의미함축이 사라지는 것은 당연하다. 김교수가 말하는 서구의 범신론이나 일원론적 회통사상이 정확히 무엇인지는 잘 모르겠지만, 불교의 무아론에 따르면 업력에 의해 형성되는 오온의 현상세계는 모두 가假일 뿐이며 가 너머에는 실아實我인 자아도 실법實法인 세계도 없기에 아공법공일 뿐이다. 그러므로 "일체를 포괄하는 단 하나의 존재사실"은 불교의 공空에 해당할 것이다. 그 안에서 모든 것들은 다른 모든 것들과 서로 의존해 있되 그 모든 가의 현상세계가 연기법칙에 따라 의존해 있는 것이므로 업보가 있고 윤회가 있는 것이다.

그런데 중요한 것은 일체를 포괄하는 불교의 '공'은 단순한 빈 허공, 무無의 빈 공간이 아니라 바로 유정의 마음이라는 점이다. 일체를 포괄하는 단 하나의 존재사실로서의 공은, 성자신해性自神解를 가지고 허령불매虛靈不昧하기에 심心이라고 하며, 단 하나의 것이기에 일一이라고 한다. 각각의 유정이 모두 같은 하나의 마음 즉 일심一心으로 되어 있는 것이다. 아와 법이 연기에 의해 성립하는 가假임을 아는 것이 곧 공의 깨달음이요 일심의 자각이며, 이것이 바로 스스로 일심이 되는 해탈을 의미한다.

이런 점에서 무아의 깨달음, 공의 자각은, 서양 기독교식으로 말하자면 자아를 지워 나가 영혼을 비울 때 그 빈자리가 신에 의해 채워지는 것과 마찬가지의 체험이다. 만일 공의 허령자각을 신이라 칭하고 지워야 할 것을 인간의 자아라 칭한다면, 신과 인간(자아)은 본질적으로 다른 두 존재처럼 간주될 것이다. 그래서 불교는 그 절대적 무한을 인간과 구분되는 '신'으로 부르지 않고 '일심'이라 함으로써 무한과 유한, 신과 인간(자아)의 절대적 분리, 이원론적 경계지움을 부정하는 것이다.

이렇게 본다면 불교사상은 브라만(梵)과 아트만(我)이 하나임을 강조하는 우파니샤드의 범아일여(梵我一如)사상과 더 가깝게 여겨질 수도 있다. 그러나 범아일여란 우주의 창조자인 브라만에 개체적 자아인 아트만이 다가가서 그 둘이 하나가 되는 것으로, 이 역시 그 자체로 존재하는 브라만과 그리로 나아가야 하는 아트만이 구분되어 이원론적이다. 브라만에 나아가 그것과 일치해야 할 아트만이 인간의 핵, 자아로 존재하는 것이 되기 때문이다.

불교의 무아無我는 (기독교처럼) 부정될 자아도 (브라만교처럼) 인정될 자아도 처음부터 아예 존재하지 않는다고 말한다. 인간의 핵으로서 부정되거나 긍정되어야 할 자아라는 것은 없다. 있는 것은 오직 신이고 일심일 뿐이다.[4] 인간 그 자체가 바로 일심인 것이다. 어느 누구나 일심으로 존재하기에, 모두가 동일한 하나이면서 또 동시에 각각의 다多라는 것이 일심의 신비이고 생명의 신비이다.

윤회하는 것은 일심 안에서 업에 따라 형성되는 가아(오온)일 뿐이다. 일심의 자각은 가아(윤회하는 자아)를 통해서가 아니라 가아를 부정함으로

---

4) 이 점에서라면 김교수가 말하는 대로 서구의 범신론과 통할는지도 모른다.

써, 즉 그것이 공이고 무아임을 깨달음으로써 비로소 가능한 것이다. 이렇게 보면 업력에 따르는 윤회주체와 업력을 벗는 해탈주체의 관계는 마치 '꿈속의 나'와 '깨어난 나'의 관계와도 같다. 그 둘이 같다고 말할 수 있는 것은 꿈속의 나가 실재가 아니기 때문에, 꿈속의 나는 없기 때문에, 무아이기 때문에 가능한 것이다. 그 무아를 모르고 꿈속의 나가 나로서 실재한다고 집착하면 그 집착을 따라 우리의 꿈은 계속된다. 꿈속의 나가 내가 아니라는 사실, 내가 없다는 사실, 나와 너와 세계가 모두 꿈(假)이라는 사실을 자각할 때 우리는 꿈에서 깨어나게 된다.

꿈에서 깨어나면, 깨어난 내가 있다고 해서 무아가 아니라고 말할 것인가? 그러나 그렇게 생각하는 것은 여전히 깨어남(해탈)을 꿈꾸는 방식으로 떠올리고 있기 때문이다. 너와 구분되는 개체적 존재로서의 나는 꿈속에 나 있는 것이다. 깨어난 내가 깨어난 너와 다른 개체로서 존재한다면 우리의 꿈은 모두 각각의 꿈이 되고, 꿈속에서의 연기적 상호연관성은 불가능할 것이다. 꿈속에서 우리가 서로 연기로 맺어져 있는 것, 윤회세계가 우리의 공업共業으로 인한 하나의 세계가 될 수 있는 것은 꿈꾸다가 깨어날 나와 네가 결국은 하나의 마음이기 때문이다. 그러므로 궁극적 주체는 일심일 뿐 자아라고 말하지 않는 것이다.

이처럼 일심은 각각의 유정의 마음이면서도 또한 개별 유정의 개체성을 초월한 보편적 마음이다. 동일한 하나이기에 그것은 자와 타의 구분 속에서 의미를 획득하게 되는 '자아'라는 개념이 적합하지 않고, 한계지어진 업력에 따라 규정받는 윤회주체로서의 가아와도 구분된다. 그 일심의 자각 자체는 '한계지어진 아我는 공이며 가'라는 무아의 깨달음을 통해서만 얻어질 수 있는 것이기에, 불교에서는 일심에 이르기 위해 무아를 강조하는 것이다.

5. 불교적 무아설과 기독교적 요청설의 구분

꿈과 깨어남의 비유로 계속 말해 보자면, 꿈은 업력에 따라 윤회하는 우리의 현실을 뜻하고, 깨어남은 업력이 멸해 윤회를 벗는 깨달음, 해탈을 뜻한다. 꿈속에서 나를 찾고 집착하면 계속 꿈을 꾸게 되고, 꿈속에서 내가 없다는 사실을 자각하면 전체 꿈이 모순으로 자각되면서(있는 내가 없다니?) 그 당황 속에서 꿈을 깨는 것이다. 깨어난 나(일심)는 꿈속의 나(자아)와 다르다. 꿈에서 벗어나야, 무아가 되어야 일심이 될 수 있다. 내가 생각하기에 불교의 무아설은 꿈에서 깨어난 석가가 깨달음의 관점에서 설한 것이고, 칸트의 요청설은 꿈을 꾸는 칸트가 신앙의 관점에서 설한 것이다.

석가가 도달한 경지는 무명을 벗고 업이 소멸한 해탈의 경지이다. 유정의 생이 무명으로 인한 업으로부터 와서 노사의 과정을 겪고 생이 다하는데, 이 생이 다할 때 남은 업력이 있으면 내생으로 이어지고 업력이 다했으면 해탈하여 열반에 드는 것이 바로 연기의 법이다. 이 연기법을 깨닫는다는 것은 곧 인생의 근원이 무엇이고 그 도달점이 무엇인지를 밝게 아는 것이다. 이는 기독교의 관점에서 보면 인간의 헤아림으로는 도저히 접근할 수 없는 신의 지혜에 속한다. 유한한 인간으로서는 도저히 풀 수 없는 인생의 수수께끼이다. 그런데 불교는 그런 궁극적 지혜를 인간이 가질 수 있다고 말한다. 무명을 벗은 명明, 일체지가 가능하다는 것이다. 깨달은 자는 인생의 시작과 끝을 아는, 신의 경지에 이른 자이다.

반면 칸트의 요청론이 함축하는 바는 인간으로서는 결국 알 수 없다는 말이다. 인간은 영혼불멸이나 신의 존재를 바랄 수는 있지만 알 수는 없다. 영혼의 불멸에 대해서도 알 수가 없고, 설혹 영혼이 불멸하여 도덕적 덕을 완성할 수 있다 할지라도 그에 상응하는 복을 보장해 줄 신이 존재하는지 아닌지를 알 수 없다. 비록 최고선을 지향하면서 신의 존재를 전제하기도 하지만, 즉 도덕의 완성을 위해 신을 요청하기는 하지만, 인간으로서는 그 궁극을 알 수 없는 것이다. 결국 영혼불멸과 신의 존재는 인간 이성의 요청일 뿐이다. 왜? 인간은 신이 아니기 때문이다.

유한한 인간이 무한한 신, 전지전능한 신의 지혜를 탐내는 것은 기독교에 따르면 분명 축복이 아니라 원죄이다. 그 죄지음의 결과로 인간은 사망한다. 죽음은 인간의 한계이고 도저히 넘어설 수 없는 운명인 것이다. 그런데 불교에서는 그 한계가 부정되고 인간의 운명이 극복되는 경지를 설한다. 유한한 존재자들이 업을 따라 유전하는 이 세상살이를 가(假)로 보면서, 그 꿈에서 깨어날 것을 설한다. 생사의 한계 속에 있는 무명의 삶을 넘어 밝음으로 나아갈 수 있다는 것, 깨어날 수 있다는 것을 설하는 것이다. 무명을 벗고 명에 이르는 것, 인간의 한계를 넘어 신적 지혜에 이르는 것, 이것이야말로 불교에 따르면 인간이 도달할 수 있는 최고의 환희이며 축복이다.

이것이 불교와 기독교의 근본적인 차이가 아닐까? 서평에서도 이런 의미로 불교와 기독교의 차이를 들면서 불교의 깨달음과 칸트의 요청론이 서로 다르다는 것을 말하였는데, 김교수는 "한교수의 설명은 지나치게 개설적이며 오늘날에는 더 이상 두 종교의 차이로 받아들여지지 않는 지적들이다"(반론 271쪽)라고 한다. 그러나 그가 반론으로 제기하는 아미타신앙이나 미륵신앙에서의 타력적 구원은 설법 듣는 자의 근기를 감안한 방편교설이며, 서양에서 인간이 신적 지혜에 이를 수 있다고 생각했던 신비주의는 바로 그 이유 때문에 정통 기독교에 의해 이단으로 배척된 것이다(반론 271쪽).

나는 불교의 깨달음과 칸트의 요청론의 근본적 차이는 바로 이상과 같은 불교와 기독교에서의 인간 이해의 차이에서 비롯된 것이라고 본다. 그렇기 때문에 불교를 칸트주의적으로 해석하려는 김진 교수의 시도에 대해 그러한 "기독교적 접근은 한계가 있다"고 말했던 것이다.

6. 사족

불교 서적에 관한 서평을 쓰기는 김교수의 『칸트와 불교』에 대한 서평이 두 번째였다. 첫 번째는 정승석 교수의 『윤회의 자아와 무아』에 관한 서평이었는데 그때도 나는 그 책을 열심히 읽고 나름대로는 책을 이해했다고 생각하며, 그래도 내게 남는 문제들을 진지하게 물어 보았었다. 단지 논쟁을 하기 위해서가 아니라, 한편으로는 불교의 메시지가 과연 무엇인지, 석가의 깨달음 내지 해탈의 의미가 과연 무엇인지 바르게 이해하고 싶었고 다른 한편으로는 남들은 그 문제를 어떻게 생각하고 불교에서 궁극적으로 구하려는 것이 무엇인지를 알고 싶었기 때문이다. 그런데 몇 년이 지나도 대답도 없고 서평을 쓴 것과 안 쓴 것이 아무 차이도 만들지 못함을 보면서 조금은 섭섭했다. 혹시 김교수의 책에 대한 서평에서 내 문투가 어딘지 논쟁적이고 도발적인 것이 있었다면, 그것은 어쩌면 그런 몇 년 전의 경험을 통해 독백 아닌 대화를 원한다면 싸움을 걸 수밖에 없다는 결론을 무의식적으로 내린 탓인지도 모르겠다. 어쨌든 우리가 이런 식으로 서로 말을 나누게 된 것, 김교수가 나의 서평을 그냥 무시해 버리지 않은 것에 대해 고맙게 생각한다.

김교수와는 개인적으로 잘 아는 사이이다. 늘 열심히 연구하고 값진

연구 성과들을 내놓음으로써 우리 철학계를 지키는 사람 중의 하나라고 생각하며 존경해 왔다. 우리 두 사람의 말투가 논쟁적인 것은 각자의 관점이 좀 다르기 때문으로 생각된다. 그래도 서로가 같은 분야에 관심을 갖고 있다는 것은 충분한 대화가 가능하다는 말일 것이다. 김교수의 반박을 읽으면서 문득 야스퍼스의 'liebender Kampf'라는 단어가 떠올랐다. 의견 차이로 인해 서로의 표현이 좀 거슬리게 들린다고 할지라도 그건 그다지 중요한 문제가 아닐 것이다. 우리가 이 한국 땅에서 같이 철학을 공부하고 칸트와 불교에 관심을 갖게 된 것, 그러다가 이렇게 철학적 주제로 서로 토론하게 된 것, 그 인연이 더 소중하기 때문이다. 서로 반박하면서 그 안에서 직간접적으로 서로 배우는 것이 있을 것이라고 생각한다.

김진 교수의 재반론에 대한 답변[5]

자기동일적 자아존재를 부정하는 불교의 무아설을 접하게 되면 우리는 대개 "그럼 업보나 윤회는 어떻게 성립하는 것일까"라고 묻게 된다. 업을 짓는 자와

---

[5] 나의 답변「무아와 윤회 그리고 해탈」에 대해 김교수는 다시「한자경 교수 '무아=윤회=연기'는 희론」이라는 글을『법보신문』제678호(2002. 10. 30)에 실었다. 이하 글은 그의 재반론에 대한 나의 답변으로,『법보신문』681호(2002. 11. 20)에 '무아윤회희론은 자아관 차이에서 비롯'이라는 제목으로 실려 있다. 그 후 예문동양사상연구원에서 이와 연관하여 불교 무아론에 관한 논쟁의 자리를 만들었는데, 이덕진 교수가 그간의 논쟁을 정리하고, 이어 최인숙, 김종욱, 조성택 교수가 각각 불교 무아론에 관한 자신의 생각을 밝히고 있다. 네 명의 글은『오늘의 동양사상』제8호(2003년 봄·여름호)에 실려 있다. 그 후 김교수는 다시『철학』83집(2005년 여름)에「한국불교의 무아윤회논쟁」이란 글을 실어 이들 각자에 대한 비판과 더불어 자신의 입장을 개진하였으며, 나는 불교 무아론에 관한 생각들을 정리하여『불교의 무아론』(이화여대 출판부, 2006)이라는 책을 내었다.

보를 받을 자 간의 자기동일성이 확보되지 않은 상태에서 어떻게 업보관계를 논할 수 있고 윤리적 책임을 물을 수 있단 말인가? 자기동일적 자아의 상정 없이 어떻게 전생과 현생을 잇는 윤회를 말할 수 있단 말인가?

그러나 이는 업의 행위와 별도로 업을 짓는 자가 따로 있고, 보의 발생과 별도로 보를 받는 자가 따로 존재한다고 상정해 놓고 묻는 물음이다. 각 주체는 따로 존재하며 업과 보는 마치 그 중의 하나가 공을 던지고 다른 하나가 그 공을 받는 것처럼 간주되는 것이다. 따라서 그것이 정당한 업보가 되려면 공을 던진 자와 공을 받는 자가 동일인이어야 한다고, 그렇게 자아는 자기동일적인 것으로 존재해야 한다고 생각하는 것이다. 이처럼 자기동일적 자아에 근거하여 성립하는 윤회를 '유아윤회'라고 한다. 만일 이 경우 업과 보가 소속될 행위주체의 자기동일성 즉 자아의 존재가 부정된다면, 업과 보는 서로 무관한 별개의 것이 되어 업보도 윤회도 성립하지 않는다고 간주하게 될 것이다.

그런데 문제는 과연 업이나 보와 분리되어 업을 짓는 자, 보를 받는 자가 따로 존재하는가 하는 것이다. 불교는 분명히 "업은 있지만 업을 짓는 자는 있지 않다"라고 말한다. 이것이 불교의 '무아'의 의미이다. 현생의 나는 전생의 업 내지 업을 짓는 전생의 오온과 별도로 존재하면서 전생으로부터 굴러오는 공을 받듯이 그렇게 보를 받는 것이 아니다. 오온으로서의 나 자신이 전생의 업을 떠나 따로 존재하는 것이 아니라, 바로 전생의 업의 결과로서 그 업을 인연으로 하여 생성된 연기의 산물인 것이다. 즉 공 받는 자가 따로 없이 전생으로부터 굴러오는 공(업)들의 인연화합의 결과로 비로소 현생의 내가 만들어진다는 말이다. 그러므로 무아이면서 동시에 전생의 오온과 현생의 오온 간에 업과 보의 관계가 성립함으로써 업보의 연속성으로서의 윤회가 가능한 것이다. 이처럼 자기동일적 자아 없이 성립하는 오온 간의 윤회가 곧 '연기'에 입각한 '무아윤회'이다.

무아윤회가 희론처럼 보이는 것은 일상적인 자아관에 따라 불교의 업보 내지 윤회를 이해하려 하기 때문이다. 우리는 자아가 있어서 업을 짓고 보를 받는다고 생각하지만, 불교는 자아가 업으로 인해 비로소 형성되는 것이라고 말한다. 이 무아를 보다 철저히 이해하려면 인무아人無我뿐 아니라 법무아法無我까지도 생각해야 한다. 불교는 우리가 자아라고 간주하는 오온뿐 아니라 우리가 객관실재라고 간주하는 세간까지도 유정의 업의 결과로 설명한다. 인간이나 물고기, 천사나 아귀가 보는 물이 서로 다르다는 것, 인간은 색의 세계를 가지고 박쥐는 소리의 세계를 가지며 지렁이는 촉감의 세계를 가진다는 것 등은 유정의 세계가 유정의 업력을 떠난 객관실재가 아님을 말해 준다. 즉 유정의 업력에 따라 그 정보正報로서의 근根에 상응하는 기세간이 의보依報로서 형성되는 것이다. 그러므로 각 세간은 그 안에 사는 유정을 떠나 그 자체로 존재하는 것이 아니다. 세간은 그 안의 유정의 관점에서 보면 있는 것이지만 밖에서 보면 객관실재가 아니며, 이 점에서 마치 홀로그램과 같다. 업의 산물에 지나지 않는 자아도 세계도 모두 홀로그램처럼 허공중에 떠 있는 가상, 공이다. 따라서 불교는 일체를 환화幻化 즉 환상에 비유하면서 제법무아와 일체개공을 강조하는 것이다.

이처럼 불교에서의 윤회는 무아에 근거하여 업과 연기를 따라 설명된다. 지난 오온의 업력에 의해 다음 오온의 형성되고(인무아) 그 오온이 깃들 기세간이 형성되면서(법무아) 오온과 오온이, 현생과 내생이 업과 보의 관계로 이어진다. 그것이 바로 무아윤회이다.

문제는 오온을 형성하고 기세간을 형성할 업이 다하는 순간, 해탈을 어떻게 이해할 것인가이다. 업을 다한 유정이 되돌아갈 공, 전체 세간을 홀로그램처럼 그 안에 품고 있는 공, 그 공은 과연 무엇인가? 그것은 단순한 허虛나 무無가 아니라 바로 여래의 법신이며, 공적空寂으로서의 우리 중생의 마음이다. 나와 너, 나와 세간의 모든 분별을 떠났기에 '자아'라 하지 않고 그냥 공空 또는 일一이라고 부르는, 그렇지만 스스로 불매하여 자신을 아는 성자신해性自神解 또는 공적영지空寂靈知를 지녔기에 심心이라고 부르는, 바로 우리들의 일심一心이다.

찾아보기

가假 70, 72, 78, 126, 153~154, 192, 201, 207~208, 212~214, 218, 285, 289
견분見分 41, 52~53, 56~57, 78, 80, 87, 110, 147~148, 152~153
견성見性 77~78, 84, 91, 95~100, 107, 109
계戒 228~231, 235, 241~242
고성제苦聖諦(苦諦) 24
공空 16, 22, 24~34, 36, 43~44, 48~50, 60, 62, 70~72, 80~81, 112~115, 126, 153, 155~157, 170, 174~178, 181, 183, 187~188, 233, 272, 279, 284~287, 293
공성空性 44~45, 56, 72, 114~115, 155, 172, 175~178, 181
공업共業 40~41, 134, 136, 167~168, 171, 174, 180~181, 203~204, 210, 256, 287
공적영지空寂靈知 32, 46, 49, 62, 77, 82~84, 88~89, 93, 95, 99~103, 107, 112, 114, 293
구업口業 228~229, 235, 249
근본식根本識 147~148, 155
기독교 27, 34, 109, 111, 116~118, 126~127, 131~132, 136, 219~225, 272~276, 286~290
기세간器世間 41~43, 46, 52, 60, 66, 70, 95~96, 167~168, 171~172, 174, 180, 186, 201, 203~205, 210, 213, 293

김진 265~268, 270~273, 275~285, 289~291

노사老死 59, 170, 172, 205~206
능변식能變識 158
능훈식能熏識 152
니르바나(nirvāṇa) 266, 272~273
니체(Nietzsche, Friedrich Wilhelm) 117

데카르트(Descartes, Rene) 63, 89
도성제道聖諦(道諦) 24, 234
독일관념론 76~78, 88~92, 96, 98, 107~109, 111~112, 115
동체의식同體意識 182~184, 189
디오니시우스(Dionysius) 221

마르크스(Marx, Karl) 117~120, 122, 124~129, 131, 265
말나식末那識 38~39, 57, 60, 139, 146, 148~154, 156
망식妄識 154, 156
멸성제滅聖諦(滅諦) 24

찾아보기 295

명색名色　58, 170, 172, 187, 189, 204
몰트만(J. Moltmann)　221
무기無記　267, 276, 278~279
무르티(Murti)　267
무명無明　24, 46, 48~49, 53, 58~59, 78, 95~96, 109, 134, 164~165, 170, 172~173, 179, 187~189, 206~209, 212, 228, 230, 234, 254~255, 261, 288~289
무상관無常觀　235
무아無我　15~16, 24, 60, 62, 70, 112, 170, 187, 189, 192~193, 199, 216~217, 233, 250~255, 257, 259, 261, 263, 266~267, 270~277, 282~284, 286~288, 292~293
무아론無我論(무아설)　192, 250~256, 263, 266~271, 276~279, 284~285, 288, 291
무아윤회無我輪廻　255~259, 263, 277, 282~283, 292~293
무자성無自性　72, 112~113, 187, 207~208, 212
미륵삼부경彌勒三部經　129
미륵신앙　130~131, 289
민중의 아편　124

바라이죄波羅夷罪　234~235, 237~238
바르마(Varma)　253
박경준　132~134
범망梵網　239
범아일여梵我一如　250, 286
법경法境　149
법공法空　58, 60, 173~175, 285
법집法執　42, 52~53, 58, 60, 78, 170, 172, 175, 209, 261
보살菩薩　61~62, 180~182, 184~185, 189~190, 215, 230, 236~237, 241, 243

보살계菩薩戒　225, 227, 229~230, 234, 237~238, 240~242, 244
본각本覺　49, 54, 77, 88~89, 93, 95
본래무일물本來無一物　48, 114
본식本識　151, 153
부정관不淨觀　235
부처　16, 31~34, 54, 62, 83, 88, 111, 129~132, 164~165, 180, 186, 190, 222, 236~237, 239, 272, 274
불공업不共業　40~41, 134, 169, 171, 174, 204, 210
불교생태학　194, 216~217
불살계不殺戒　232, 237, 243
불생불멸심不生不滅心　45
불성佛性　33, 88, 99, 112, 129, 132~135, 219, 222, 253, 272~274, 283~284
불성종자佛性種子　240
불음계不淫戒　226~227, 230, 232, 234, 237~238, 242~244
불이법문不二法門　180~181, 186
브라만(Brahman)　286
브렌타노(Franz Brentano)　141
블로흐(Ernst Bloch)　265
비구계比丘戒　225~227, 229~230, 232, 234~238, 242
비량非量　242
비리非理　242
비바사나毘鉢舍那 수행법　176
비실유非實有　70, 72, 207~208, 212~213, 259
비아非我　86~87, 95~98, 107~109, 115, 253~254
비아·무아논쟁　275
비지非支　242
비처非處　242

사념처관四念處觀 105, 176~177, 180
사무색정四無色定 105
사선四禪 105
사성제四聖諦(四諦) 24
사인여천事人如天 190
사행事行 77, 86~88, 91, 93, 107, 111~112, 115
삼세양중인과설三世兩重因果說 169
삼취정계三聚淨戒 230
삼학三學 228
상구보리上求菩提 136, 185
상대相對 70~72, 83, 94~95, 116~117, 125~126, 179
상분相分 41, 52~53, 78~80, 87, 110, 147~148, 152~153
상속相續 254~260, 276, 280~282, 285
색즉시공色卽是空 22~23, 36
생生 59, 170, 205
생멸심生滅心 44~45, 236~237
생명 111, 135, 163~167, 169, 171, 180~187, 194~195, 197~198, 201~202, 204, 207, 209~210, 213, 215~223, 237, 256, 263, 286
생활세계 139, 143~146, 158
석가釋迦 34, 48, 109, 227, 232, 239, 241, 250, 252~253, 261, 263, 265~267, 270, 272~273, 278~280, 284, 288, 290
선정禪定 100, 263
섭율의계攝律儀戒 230
섭정법계攝正法戒 230
섭중생계攝衆生戒 230
성자신해性自神解 32, 81, 114, 285, 293
성주괴공成住壞空 167, 179
셸링(F. W. J. Schelling) 98
소외 118~125, 128~129, 132
수受(느낌) 59, 170, 187, 204, 206

수다니 232, 242
시각始覺 49, 53, 77, 88~89, 95
식識 37~45, 52~53, 55, 58, 66~67, 70, 101, 104~105, 147~153, 155, 157, 159, 169~174, 182, 186, 189, 204~205, 207~209, 213
식무변처識無邊處 182
식소변識所變 42, 55, 57, 60, 147, 153, 158
신神 27, 92, 109~111, 116~117, 123, 128, 183, 222, 227, 272, 286, 288
신업身業 228~229, 235, 237, 249
심지법문心地法門 228, 239, 241
심해탈心解脫 233~234
십이지연기十二支緣起 58~59, 169, 188, 226

아공我空 58, 60, 173~175, 285
아뢰야식阿賴耶識(알라야식) 38~46, 52~58, 70, 139~140, 146, 148, 151~159, 255~259
아비달마철학 252
아집我執 42, 46, 52~53, 58, 60, 78, 109, 170, 172, 175, 209, 251, 253, 260~261
아트만(Atman) 250~257, 276, 284, 286
아펠(Karl-Otto Apel) 265
아포리아 265~266, 268, 270~271
안옥선 186
애愛(사랑) 59, 170, 172~173, 181~183, 187~188, 205~206, 226
애진열반愛盡涅槃 235, 237
야스퍼스 291
업業 38~40, 43~46, 53, 58~61, 66, 95, 113, 134, 152~158, 164, 167~177, 181, 186~188, 194, 196, 203~210, 212~214, 222, 249~251, 255~260, 263, 266, 271~272, 276, 279~280, 282, 285~286, 288~289, 291~293

업력業力 38, 46, 58~60, 95, 113, 164, 166~
177, 179~182, 187~188, 201~202, 204~205,
213, 234, 249~250, 256, 258, 281~282, 285,
287~288, 293

업보業報 281~282, 291~292

업설業說 133~134, 256

여래如來 272, 283, 293

여래심如來心 236~237

여래장如來藏 112, 156, 253

연기緣起 19~24, 28, 40, 112~113, 169~173,
176, 179, 192~193, 196, 199, 200~201, 206~
210, 216~218, 221, 223, 234, 263, 267, 270~
271, 276~280, 285, 287~288, 292~293

염오식染汚識 150

예지豫持 145

오온五蘊 16, 18~20, 58~59, 62, 95, 171, 173,
175, 205, 254~255, 258~260, 263, 267, 270~
272, 277~278, 282, 285~286, 292~293

요청 265~269, 271~273, 275~278, 288~290

욕망 58, '163~165, 173~189, 191~192, 194~
195, 210~216, 225, 243, 245

우파니샤드(Upanishad) 34, 286

원효元曉 32, 81, 240~241

유근신有根身 41~42, 46, 52~53, 57, 60, 171~
172, 174, 186, 201, 204, 206, 210, 213

유물론唯物論 114, 169, 197, 201, 204, 216

유식唯識 36~37, 138~140, 146~147, 149~
151, 154~159, 252, 258~259

유식무경唯識無境 36, 38, 42, 147

유심론唯心論 114, 201, 216

유아윤회有我輪廻 255~256, 277

유업보무작자有業報無作者 251

유전문流轉門 23~24, 200, 206~207, 209~
210, 218, 234

유정有情 27, 32~34, 36, 40, 42~43, 51~52,
55, 58, 66~67, 70, 113, 166~172, 175, 179,
187, 201~215, 217~218, 222, 283, 285, 287~
288, 293

육근六根 187

육입처六入處 58, 170, 172, 188~189, 204

윤세원 110, 112, 114~115

윤호진 270, 275, 277

윤회輪廻 24, 32~33, 40, 44~48, 55~62, 66, 70,
95~96, 109, 114, 134, 156~157, 164, 170~
171, 173~175, 178~181, 185, 187~189, 205,
207, 209~214, 218, 226, 234~237, 250~263,
266~273, 275~278, 281~288, 291~293

음법淫法 234~235

음업淫業 234~235

음연淫緣 234~235

음인淫因 234~235

의근意根 149

의보依報 171~172

의식意識(제6식) 37~39, 60, 139, 146, 148~
151, 153~154, 156

의식의 지향성 101, 141, 159

의업意業 228~229, 235, 249

이타利他 230, 237

인내천人乃天 190

일미진중함시방一微塵中含十方 23

일수사견一水四見 65

일심一心 28, 30, 32~34, 36, 43~44, 49, 52, 55,
62, 81, 96, 112, 156, 174, 178, 183~184, 189,
228~229, 283~288, 293

일즉일체一卽一切 222

일체개공一切皆空 293

일체유심조一切唯心造 36, 38, 42

임홍빈 219~222

자리自利　230, 237
자비慈悲　134~136, 180~189, 195, 213~219, 230, 232, 236~238, 240~245
자성청정심自性淸淨心　240, 259, 284
자아自我　15~20, 38, 52~54, 58, 60, 62, 69~70, 77, 79, 84~92, 95~99, 106~109, 112, 115, 119, 138~140, 144~145, 148, 151, 153159, 172, 175~177, 181, 192, 209, 249~251, 253~260, 267~273, 276~279, 282~288, 291~293
자유　127, 133~134, 157~159, 163, 165, 226, 256, 259, 263, 266
자증분自證分　80, 100, 110
장자莊子　63
적성등지법寂惺等持法　101, 103, 105, 107
전변轉變　39, 41, 52, 55, 139, 146~148, 153~159
전식득지轉識得智　156~157
전오식前五識　37, 139, 146, 148~149
절대絶對　71~72, 76, 83~84, 94~96, 116~117, 124~129, 222
절대자아　87, 96~98, 108, 112
정관定觀　99~100
정보正報　171~172
정승석　251~263, 270, 275~277, 280, 283~284, 290
제법무아諸法無我　138, 293
조업造業　172, 177, 187
존재 4단계　221
종자種子　20, 38~44, 52, 58, 152~157, 255, 258
죽음의 본능　26
중유中有　169, 204, 255, 258
중음신中陰身　204, 212
증자증분證自證分　100
지관止觀　105
지눌知訥　32, 46~47, 55, 81, 83, 89

지적 직관　90~92, 98, 101
지혜　111, 134~136, 156, 164~165, 180~181, 187, 214, 228, 261, 263, 266, 273, 288~289
진아眞我　156, 259, 267, 272
진여眞如　33, 46~48, 55, 58, 60~62, 72, 96, 114, 129, 212~213, 219, 272
진여심眞如心　44~45, 112, 210, 218
진화　197~199, 201, 216~217
진화론　27, 197~199, 216, 220~221
집성제集聖諦(集諦)　24

창발론(창발설)　192, 221
체계이론　192, 194~196, 199~201, 208, 221, 223~224
체르바츠키(Stcherbatsky)　267
초월적 자아　84~85, 88, 145, 158, 254
촉觸(부딪침)　58, 170, 187, 204, 206
최인숙　110~112
최제우崔濟愚　35
취取(집착)　59, 170, 173, 187~188, 205~206

칸트(Immanuel Kant)　84, 89, 91~92, 98, 110~111, 115, 265~266, 268, 272~273, 275~276, 278, 288~291

투란차偸蘭遮　235, 238

파지把持　144
포이에르바하(Ludwig Feuerbach)　119~120, 124~125, 128~129, 132

프로이트(Sigismund S. Freud)　25~26, 117
피히테(Johann Gottlieb Fichte)　85~86, 95~96, 98, 111, 115

하화중생下化衆生　136, 185
해탈解脫　24, 45~46, 55, 59~61, 72, 96, 114, 128, 134~136, 156~158, 163~165, 173~181, 185~186, 188, 206, 209~210, 213~214, 225~226, 233~234, 236, 250~251, 254~256, 259~261, 263, 266~269, 271~272, 276, 282~284, 286~288, 290, 293
행行　170, 172, 206
허망분별虛妄分別　60, 212~214, 218
헤겔(Georg Wilhelm Friedrich Hegel)　117, 120, 128
현상학　101, 138~140, 143~144, 146, 154~159
현행現行　39~41, 148, 152~153, 156, 255
화엄華嚴　36, 43, 252
환멸문還滅門　24, 187~188, 200, 206, 209, 218, 234
환상(幻化)　64~66, 69~72, 123, 127, 233, 293
후설(Edmund Husserl)　140~146, 154~155, 158~159

『유가론瑜伽論』　238
『윤회의 자아와 무아』　251, 275, 283, 290
『잡아함경雜阿含經』　233
『지식론』　86
『칸트와 불교』　265, 275, 290

「제일의공경第一義空經」(『잡아함경』)　280

『무아·윤회 문제의 연구』　275
『무아상경無我相經』　253
『범망경梵網經』　230, 237~240
『보살계본지범요기菩薩戒本持犯要記』　240
『보살영락본업경菩薩瓔珞本業經』　230
『사분율四分律』　230~232
『아함경阿含經』　253

지은이 · 한자경韓慈卿

이화여자대학교 철학과와 동 대학교 대학원을 졸업하고 독일 프라이부르크 대학에서 박사 학위(칸트철학)를 받았으며, 동국대학교 대학원에서 석사 및 박사 학위(불교철학)를 받았다. 현재 이화여자대학교 철학과 교수로 재직 중이다. 저서로 『칸트와 초월철학』, 『자아의 탐색』, 『유식무경』, 『동서양의 인간이해』, 『일심의 철학』, 『불교철학의 전개』, 『칸트철학에의 초대』, 『불교의 무아론』, 『나를 찾아가는 21자의 여정』, 『명상의 철학적 기초』, 『한국철학의 맥』 등이 있다.

예문서원의 책들

원전총서

박세당의 노자 (新註道德經) 박세당 지음, 김학목 옮김, 312쪽, 13,000원
율곡 이이의 노자 (醇言) 이이 지음, 김학목 옮김, 152쪽, 8,000원
홍석주의 노자 (訂老) 홍석주 지음, 김학목 옮김, 320쪽, 14,000원
북계자의 (北溪字義) 陳淳 지음, 김충열 감수, 김영민 옮김, 295쪽, 12,000원
주자가례 (朱子家禮) 朱熹 지음, 임민혁 옮김, 496쪽, 20,000원
서경잡기 (西京雜記) 劉歆 지음, 葛洪 엮음, 김장환 옮김, 416쪽, 18,000원
고사전 (高士傳) 皇甫謐 지음, 김장환 옮김, 368쪽, 16,000원
열선전 (列仙傳) 劉向 지음, 김장환 옮김, 392쪽, 15,000원
열녀전 (列女傳) 劉向 지음, 이숙인 옮김, 447쪽, 16,000원
선가귀감 (禪家龜鑑) 청허휴정 지음, 박재양·배규범 옮김, 584쪽, 23,000원
공자성적도 (孔子聖蹟圖) 김기주·황지원·이기훈 역주, 254쪽, 10,000원
공자세가·중니제자열전 (孔子世家·仲尼弟子列傳) 司馬遷 지음, 김기주·황지원·이기훈 역주, 224쪽, 12,000원
천지서상지 (天地瑞祥志) 김용천·최현화 역주, 384쪽, 20,000원
도덕지귀 (道德指歸) 徐命膺 지음, 조민환·장원목·김경수 역주, 544쪽, 27,000원

성리총서

범주로 보는 주자학 (朱子の哲學) 오하마 아키라 지음, 이형성 옮김, 546쪽, 17,000원
송명성리학 (宋明理學) 陳來 지음, 안재호 옮김, 590쪽, 17,000원
주희의 철학 (朱熹哲學硏究) 陳來 지음, 이종란 외 옮김, 544쪽, 22,000원
양명 철학 (有無之境-王陽明哲學的精神) 陳來 지음, 전병욱 옮김, 752쪽, 30,000원
주자와 기 그리고 몸 (朱子と氣と身體) 미우라 구니오 지음, 이승연 옮김, 416쪽, 20,000원
정명도의 철학 (程明道思想硏究) 張德麟 지음, 박상리·이경남·정성희 옮김, 272쪽, 15,000원
주희의 자연철학 김영식 지음, 576쪽, 29,000원
송명유학사상사 (宋明時代儒學思想の硏究) 구스모토 마사쓰구 (楠本正繼) 지음, 김병화·이혜경 옮김, 602쪽, 30,000원
북송도학사 (道學の形成) 쓰치다 겐지로(土田健次郎) 지음, 성현창 옮김, 640쪽, 32,000원
성리학의 개념들 (理學範疇系統) 蒙培元 지음, 홍원식·황지원·이기훈·이상호 옮김, 880쪽, 45,000원

불교(카르마)총서

파란눈 스님의 한국 선 수행기 Robert E. Buswell·Jr. 지음, 김종명 옮김, 376쪽, 10,000원
학파로 보는 인도 사상 S. C. Chatterjee·D. M. Datta 지음, 김형준 옮김, 424쪽, 13,000원
불교와 유교 ─ 성리학, 유교의 옷을 입은 불교 아라키 겐고 지음, 심경호 옮김, 526쪽, 18,000원
유식무경, 유식 불교에서의 인식과 존재 한자경 지음, 208쪽, 7,000원
박성배 교수의 불교철학강의: 깨침과 깨달음 박성배 지음, 윤원철 옮김, 313쪽, 9,800원
불교 철학의 전개, 인도에서 한국까지 한자경 지음, 252쪽, 9,000원
인물로 보는 한국의 불교사상 한국불교원전연구회 지음, 388쪽, 20,000원
한국 비구니의 수행과 삶 전국비구니회 엮음, 400쪽, 18,000원
은정희 교수의 대승기신론 강의 은정희 지음, 184쪽, 10,000원
비구니와 한국 문학 이향순 지음, 320쪽, 16,000원

노장총서

도가를 찾아가는 과학자들 ─ 현대신도가의 사상과 세계 (當代新道家) 董光璧 지음, 이석명 옮김, 184쪽, 5,800원
유학자들이 보는 노장 철학 조민환 지음, 407쪽, 12,000원
노자에서 데리다까지 ─ 도가 철학과 서양 철학의 만남 한국도가철학회 엮음, 440쪽, 15,000원
이강수 교수의 노장철학이해 이강수 지음, 462쪽, 23,000원
不二 사상으로 읽는 노자 ─ 서양철학자의 노자 읽기 이찬훈 지음, 304쪽, 12,000원
김항배 교수의 노자철학 이해 김항배 지음, 280쪽, 15,000원

역학총서

주역철학사 (周易硏究史) 廖名春·康學偉·梁韋弦 지음, 심경호 옮김, 944쪽, 30,000원
주역, 유가의 사상인가 도가의 사상인가 (易傳與道家思想) 陳鼓應 지음, 최진석·김갑수·이석명 옮김, 366쪽, 10,000원
송재국 교수의 주역 풀이 송재국 지음, 380쪽, 10,000원

한국철학총서

조선 유학의 학파들 한국사상사연구회 편저, 688쪽, 24,000원
실학의 철학 한국사상사연구회 편저, 576쪽, 17,000원
윤사순 교수의 한국유학사상론 윤사순 지음, 528쪽, 15,000원
한국유학사 1 김충열 지음, 372쪽, 15,000원
퇴계의 생애와 학문 이상은 지음, 248쪽, 7,800원
율곡학의 선구와 후예 황의동 지음, 480쪽, 16,000원
다카하시 도루의 조선유학사 — 일제 황국사관의 빛과 그림자 다카하시 도루 지음, 이형성 편역, 416쪽, 15,000원
퇴계 이황, 예 있고 뒤를 열어 고금을 꿰뚫으셨소 — 어느 서양철학자의 퇴계연구 30년 신귀현 지음, 328쪽, 12,000원
조선유학의 개념들 한국사상사연구회 지음, 648쪽, 26,000원
성리학자 기대승, 프로이트를 만나다 김용신 지음, 188쪽, 7,000원
유교개혁사상과 이병헌 금장태 지음, 336쪽, 17,000원
남명학파와 영남우도의 사림 박병련 외 지음, 464쪽, 23,000원
쉽게 읽는 퇴계의 성학십도 최제목 지음, 152쪽, 7,000원
홍대용의 실학과 18세기 북학사상 김문용 지음, 288쪽, 12,000원
남명 조식의 학문과 선비정신 김충열 지음, 512쪽, 26,000원
명재 윤증의 학문연원과 가학 충남대학교 유학연구소 편, 320쪽, 17,000원
조선유학의 주역사상 금장태 지음, 320쪽, 16,000원
율곡학과 한국유학 충남대학교 유학연구소 편, 464쪽, 23,000원
한국유학의 악론 금장태 지음, 240쪽, 13,000원

연구총서

논쟁으로 보는 중국철학 중국철학연구회 지음, 352쪽, 8,000원
김충열 교수의 중국철학사 1 — 중국철학의 원류 김충열 지음, 360쪽, 9,000원
논쟁으로 보는 한국철학 한국철학사상연구회 지음, 326쪽, 10,000원
반논어(論語新探) 趙紀彬 지음, 조남호·신정근 옮김, 768쪽, 25,000원
중국철학과 인식의 문제(中國古代哲學問題發展史) 方立天 지음, 이기훈 옮김, 208쪽, 6,000원
문제로 보는 중국철학 — 우주, 본체의 문제(中國古代哲學問題發展史) 方立天 지음, 이기훈·황지원 옮김, 232쪽, 6,800원
중국철학과 인성의 문제(中國古代哲學問題發展史) 方立天 지음, 박경환 옮김, 191쪽, 6,800원
중국철학과 지행의 문제(中國古代哲學問題發展史) 方立天 지음, 김학재 옮김, 208쪽, 7,200원
현대의 위기 동양 철학의 모색 중국철학회 지음, 340쪽, 10,000원
역사 속의 중국철학 중국철학회 지음, 448쪽, 15,000원
일곱 주제로 만나는 동서비교철학(中西哲學比較面面觀) 陳衛平 편저, 고재욱·김철운·유성선 옮김, 320쪽, 11,000원
중국철학의 이단자들 중국철학회 지음, 240쪽, 8,200원
공자의 철학(孔孟荀哲學) 蔡仁厚 지음, 천병돈 옮김, 240쪽, 8,500원
맹자의 철학(孔孟荀哲學) 蔡仁厚 지음, 천병돈 옮김, 224쪽, 8,000원
순자의 철학(孔孟荀哲學) 蔡仁厚 지음, 천병돈 옮김, 272쪽, 10,000원
서양문학에 비친 동양의 사상 한림대학교 인문학연구소 엮음, 360쪽, 12,000원
유학은 어떻게 현실과 만났는가 — 선진 유학과 한대 경학 박원재 지음, 218쪽, 7,500원
유교와 현대의 대화 황의동 지음, 236쪽, 7,500원
동아시아의 사상 오이환 지음, 200쪽, 7,000원
역사 속에 살아있는 중국 사상(中國歷史に生きる思想) 시게자와 도시로 지음, 이혜경 옮김, 272쪽, 10,000원
덕치, 인치, 법치 — 노자, 공자, 한비자의 정치 사상 신동준 지음, 488쪽, 20,000원
육경과 공자 인학 남상호 지음, 312쪽, 15,000원
리의 철학(中國哲學範疇精髓叢書 — 理) 張立文 주편, 안유경 옮김, 524쪽, 25,000원
기의 철학(中國哲學範疇精髓叢書 — 氣) 張立文 주편, 김교빈 외 옮김, 572쪽, 27,000원
동양 천문사상, 하늘의 역사 김일권 지음, 480쪽, 24,000원
동양 천문사상, 인간의 역사 김일권 지음, 544쪽, 27,000원
공부론 임수무 외 지음, 544쪽, 27,000원

강의총서

김충열교수의 노자강의 김충열 지음, 434쪽, 20,000원
김충열교수의 중용대학강의 김충열 지음, 448쪽, 23,000원

퇴계원전총서

고경중마방古鏡重磨方 — 퇴계 선생의 마음공부 이황 편저, 박상주 역해, 204쪽, 12,000원
활인심방活人心方 — 퇴계 선생의 마음으로 하는 몸공부 이황 편저, 이윤희 역해, 308쪽, 16,000원

인물사상총서

한주 이진상의 생애와 사상 홍원식 지음, 288쪽, 15,000원

일본사상총서

일본 신도사(神道史) 무라오카 츠네츠구 지음, 박규태 옮김, 312쪽, 10,000원
도쿠가와 시대의 철학사상(德川思想小史) 미나모토 료엔 지음, 박규태·이용수 옮김, 260쪽, 8,500원
일본인은 왜 종교가 없다고 말하는가(日本人はなぜ 無宗教のか) 아마 도시마로 지음, 정형 옮김, 208쪽, 6,500원
일본사상이야기 40(日本がわかる思想入門) 나가오 다케시 지음, 박규태 옮김, 312쪽, 9,500원
사상으로 보는 일본문화사(日本文化の歷史) 비토 마사히데 지음, 엄석인 옮김, 252쪽, 10,000원
일본도덕사상사(日本道德思想史) 이에나가 사부로 지음, 세키네 히데유키·윤종갑 옮김, 328쪽, 13,000원
천황의 나라 일본 — 일본의 역사와 천황제(天皇制と民衆) 고토 야스시 지음, 이남희 옮김, 312쪽, 13,000원
주자학과 근세일본사회(近世日本社會と宋學) 와타나베 히로시 지음, 박홍규 옮김, 304쪽, 16,000원

예술철학총서

중국철학과 예술정신 조민환 지음, 464쪽, 17,000원
풍류정신으로 보는 중국문학사 최병규 지음, 400쪽, 15,000원
율려와 동양사상 김병훈 지음, 272쪽, 15,000원
한국 고대 음악사상 한흥섭 지음, 392쪽, 20,000원

동양문화산책

공자와 노자, 그들은 물에서 무엇을 보았는가 사라 알란 지음, 오만종 옮김, 248쪽, 8,000원
주역산책(易學漫步) 朱伯崑 외 지음, 김학권 옮김, 260쪽, 7,800원
동양을 위하여, 동양을 넘어서 홍원식 외 지음, 264쪽, 8,000원
서원, 한국사상의 숨결을 찾아서 안동대학교 안동문화연구소 지음, 344쪽, 10,000원
녹차문화 홍차문화 츠노야마 사가에 지음, 서은미 옮김, 232쪽, 7,000원
거북의 비밀, 중국인의 우주와 신화 사라 알란 지음, 오만종 옮김, 296쪽, 9,000원
문학과 철학으로 떠나는 중국 문화 기행 양회석 지음, 256쪽, 8,000원
류짜이푸의 얼굴 찌푸리게 하는 25가지 인간유형 류짜이푸(劉再復) 지음, 이기면·문성자 옮김, 320쪽, 10,000원
안동 금계마을 — 천년불패의 땅 안동대학교 안동문화연구소 지음, 272쪽, 8,500원
안동 풍수 기행, 와혈의 땅과 인물 이완규 지음, 256쪽, 7,500원
안동 풍수 기행, 돌혈의 땅과 인물 이완규 지음, 328쪽, 9,500원
영양 주실마을 안동대학교 안동문화연구소 지음, 332쪽, 9,800원
예천 금당실·맛질 마을 — 정감록이 꼽은 길지 안동대학교 안동문화연구소 지음, 284쪽, 10,000원
터를 안고 仁을 펴다 — 퇴계가 굽어보는 하계마을 안동대학교 안동문화연구소 지음, 360쪽, 13,000원
안동 가일 마을 — 풍산들가에 의연히 서다 안동대학교 안동문화연구소 지음, 344쪽, 13,000원
중국 속에 일떠서는 한민족 — 한겨레신문 차한필 기자의 중국 동포사회 리포트 차한필 지음, 336쪽, 15,000원
고려시대의 안동 안동시·안동대학교 안동문화연구소 편, 448쪽, 17,000원
신간도견문록 박진관 글·사진, 504쪽, 20,000원
안동 무실 마을 — 문헌의 향기로 남다 안동대학교 안동문화연구소 지음, 464쪽, 18,000원

민연총서 — 한국사상

자료와 해설, 한국의 철학사상 고려대 민족문화연구원 한국사상연구소 편, 880쪽, 34,000원
여헌 장현광의 학문 세계, 우주와 인간 고려대 민족문화연구원 한국사상연구소 편, 424쪽, 20,000원
퇴옹 성철의 깨달음과 수행 — 성철의 선사상과 불교사적 위치 조성택 편, 432쪽, 23,000원
여헌 장현광의 학문 세계 2, 자연과 인간 고려대 민족문화연구원 한국사상연구소 편, 432쪽, 25,000원

예문동양사상연구원총서

한국의 사상가 10人—원효 예문동양사상연구원/고영섭 편저, 572쪽, 23,000원
한국의 사상가 10人—의천 예문동양사상연구원/이병욱 편저, 464쪽, 20,000원
한국의 사상가 10人—지눌 예문동양사상연구원/이덕진 편저, 644쪽, 26,000원
한국의 사상가 10人—퇴계 이황 예문동양사상연구원/윤사순 편저, 464쪽, 20,000원
한국의 사상가 10人—남명 조식 예문동양사상연구원/오이환 편저, 576쪽, 23,000원
한국의 사상가 10人—율곡 이이 예문동양사상연구원/황의동 편저, 600쪽, 25,000원
한국의 사상가 10人—하곡 정제두 예문동양사상연구원/김교빈 편저, 432쪽, 22,000원
한국의 사상가 10人—다산 정약용 예문동양사상연구원/박홍식 편저, 572쪽, 29,000원
한국의 사상가 10人—혜강 최한기 예문동양사상연구원/김용헌 편저, 520쪽, 26,000원
한국의 사상가 10人—수운 최제우 예문동양사상연구원/오문환 편저, 464쪽, 23,000원